基于知识整合的企业双元性
创新平衡机制与组织实现研究

Research on the Balance Mechanism of Enterprise's Ambidextrous Innovation and
Realization in the Organization Based on the Knowledge Integration

李俊华 著

经济管理出版社
ECONOMY & MANAGEMENT PUBLISHING HOUSE

图书在版编目（CIP）数据

基于知识整合的企业双元性创新平衡机制与组织实现研究/李俊华著.—北京：经济
管理出版社，2022.8
ISBN 978-7-5096-8662-1

Ⅰ.①基…　Ⅱ.①李…　Ⅲ.①企业创新—研究　Ⅳ.①F273.1

中国版本图书馆 CIP 数据核字（2022）第 146382 号

组稿编辑：宋　娜
责任编辑：宋　娜
责任印制：黄章平
责任校对：王淑卿

出版发行：经济管理出版社
　　　　　（北京市海淀区北蜂窝 8 号中雅大厦 A 座 11 层　100038）
网　　　址：www.E-mp.com.cn
电　　　话：（010）51915602
印　　　刷：北京晨旭印刷厂
经　　　销：新华书店
开　　　本：720mm×1000mm/16
印　　　张：16.25
字　　　数：233 千字
版　　　次：2024 年 5 月第 1 版　　2024 年 5 月第 1 次印刷
书　　　号：ISBN 978-7-5096-8662-1
定　　　价：98.00 元

第十批《中国社会科学博士后文库》编委会及编辑部成员名单

（一）编委会

主　任：赵　芮

副主任：柯文俊　胡　滨　沈水生

秘书长：王　霄

成　员（按姓氏笔划排序）：

卜宪群　丁国旗　王立胜　王利民　史　丹　冯仲平

邢广程　刘　健　刘玉宏　孙壮志　李正华　李向阳

李雪松　李新烽　杨世伟　杨伯江　杨艳秋　何德旭

辛向阳　张　翼　张永生　张宇燕　张伯江　张政文

张冠梓　张晓晶　陈光金　陈星灿　金民卿　郑筱筠

赵天晓　赵剑英　胡正荣　都　阳　莫纪宏　柴　瑜

倪　峰　程　巍　樊建新　冀祥德　魏后凯

（二）编辑部

主　任：李洪雷

副主任：赫　更　葛吉艳　王若阳

成　员（按姓氏笔划排序）：

杨　振　宋　娜　赵　悦　胡　奇　侯聪睿　姚冬梅

贾　佳　柴　颖　梅　玫　焦永明　黎　元

《中国社会科学博士后文库》
出版说明

为繁荣发展中国哲学社会科学博士后事业，2012 年，中国社会科学院和全国博士后管理委员会共同设立《中国社会科学博士后文库》（以下简称《文库》），旨在集中推出选题立意高、成果质量好、真正反映当前我国哲学社会科学领域博士后研究最高水准的创新成果。

《文库》坚持创新导向，每年面向全国征集和评选代表哲学社会科学领域博士后最高学术水平的学术著作。凡入选《文库》成果，由中国社会科学院和全国博士后管理委员会全额资助出版；入选者同时获得全国博士后管理委员会颁发的"优秀博士后学术成果"证书。

作为高端学术平台，《文库》将坚持发挥优秀博士后科研成果和优秀博士后人才的引领示范作用，鼓励和支持广大博士后推出更多精品力作。

《中国社会科学博士后文库》编委会

国家社会科学基金青年项目"基于知识整合的企业双元性创新平衡机制与组织实现研究"（项目号：13CGL015）

江西省博士后科研择优资助项目"基于TMT双元心智模式的企业双元性创新能力形成机制及组织实现研究"（项目号：2018KY54）

摘　要

　　在知识经济和信息经济并存的高速发展时期，知识资源成为企业越来越重要的战略资源，广义上企业所有的生产能力、技术能力或管理能力都依赖于知识，组织在不断学习和获取知识的过程中逐步演化和发展。在知识密集型的新经济发展模式下，企业的专业分工日益精细化，拥有的知识基础和知识能力各有不同，孤立的、零散的知识已经无法适应全新商业生态竞争环境的需要。由于组织学习的方式不同，企业的运作能力和竞争能力因组织学习方式的差异而各有不同，从而影响到创新路径的选择和创新绩效的提升。然而，在冗余资源、动态环境和复杂竞争的干扰下，单个知识或组织内部分散知识的简单叠加并不能产生企业技术创新所需要的知识，整合的知识正在取代知识本身而成为构筑企业创新能力的基础。如何储存和运用内部知识、如何获取和利用外部知识、如何协调和整合内外部知识，以及如何安排知识主体的学习过程并协调其关系，关系到整个组织的生存与发展。

　　在众多的企业组织结构中，一个企业为何以现有组织结构形式存在？为何不断地改变现有形式？企业既要基于组织现状和技术能力配置资源，又要突破组织惯例寻求与知识基础和新技术能力相适应的组织范式；通过知识的有效整合，打破原有的知识体系，实现知识的转化与重构并建立新知识体系，才能够提升组织的知识运用和创造能力，促进挖掘性创新和探索性创新活动的开展。然而，双元性组织构建不仅是创新路径的选择，更是融合知识、技术和组织要素的复杂过程，在企业文化、组织结构、流程优化和战略定位等方面与技术创新系统相适应，使组织成员对组织有强烈的认同感和归属感，形成有新的生命力的组织模式。在运作当前事业和适应未来的双重压力下，企业竞争环境的不确定性、技术创新的不可预测性、组织和市场的高度融合性，对组织的环境适应能力和创新能力提出了更高的要求，企业单纯依靠自身能力已经很难适应快速变化的市场需求，以知识为核心的企业知识整合及其创新实现机制成为知识经济时代重要的研究课题。

本书在文献梳理和实际调研的基础上，以双元性创新为研究基石，以知识、技术和组织及其关系为逻辑纽带，以知识能力如何转化为组织的创新能力为研究主线，探索知识价值实现过程中的知识整合问题和创新活动过程中的组织平衡问题，阐明企业知识资源在技术活动过程中以何种组织形式有序并有效地发挥其作用、基于知识价值实现的组织逻辑演化范式及双元性组织的构建策略。本书通过对"知识—技术—组织"三维创新系统的融合机理分析，对知识创新系统、技术创新系统和组织创新系统协同演化过程进行探讨，并将企业双元性创新过程中知识整合的微观运行机制纳入这一融合系统进行考察；通过对企业知识整合机制的构建及整合视角下企业双元性创新过程机理的分析，从个体层面、团队层面、组织层面和组织间层面提出了个人知识的扩充机制、团队知识的溢出机制、组织知识的协同机制和外部知识的内部化机制，并基于此分析了主体层面、内容层面、结构层面和过程层面双元性创新过程的运行机理，构建了基于跨层次知识整合下的双元性创新平衡机制模型。研究综合运用理论和实证相结合的方法，分析了知识整合及其前因组织学习对双元性创新的影响机制；选取华为、新飞电器和佳都科技三个企业作为案例，对其创新资源配置和组织结构演化进行了剖析和比较，分析了双元性创新平衡运行的组织基础和组织过程；提出了从基于知识整合的开放式创新模式、基于动态平衡的组织流程优化模式、基于三维创新融合的自组织模式、基于战略共识的 TMT 双元心智模式和基于事业合伙的价值创造与共享机制五个途径构建双元性组织平衡运行机制，对双元性创新组织实现的逻辑范式和构建策略进行了探讨，并给出了具体的建议。

关键词： 双元性创新；知识整合；挖掘性创新；探索性创新；双元性组织；双元性创新平衡机制

Abstract

In the high–speed development period of knowledge economy coexisting with information economy, more and more knowledge resources become the important strategic resources of enterprise. Broadly all production ability, technical skills or management ability of enterprise depend on the knowledge. Organization evolves and develops step by step in the process of continuous learning and obtaining knowledge. Under the new economic development mode with knowledge–intensive type, the specialization of enterprises is increasingly refined, and enterprises have different knowledge bases and abilities. Isolated and scattered knowledge can no longer meet the needs of the new business ecological competition environment. Due to the differences in organizational learning styles, the operational ability and competitive ability of enterprises are different, thus affecting the choice of innovation path and innovation performance. However, under the interference of redundant resources, dynamic environment and complex competition, the simple superposition of single knowledge or decentralized knowledge within an organization cannot comfortably produce the knowledge for the needs of enterprise technological innovation. Accordingly integrated knowledge is replacing knowledge itself to become the innovation ability foundation of enterprise. How to store and use internal knowledge? How to acquire and use external knowledge? How to coordinate and integrate internal and external knowledge? And how to organize the learning process of knowledge subjects and coordinate their relations? The answers to these questions are related to the survival and development of the entire organization.

Why does an enterprise exist in the form of its existing organizational structure among many other organizational structures? And why constantly change it? Enterprises should not only allocate resources based on the status quo of the organization and technical capabilities, but also break through organizational conventions and seek for organizational paradigms compatible with knowledge base and new technical capabilities. Through the effective integration of knowledge, breaking the original knowledge system, realizing the transformation and reconstruction of knowledge and establishing a new knowledge system, the enterprises could improve the knowledge application and creative ability of the organization which effectively conduct the development of exploitation innovation and exploration innovation activities. However, ambidextrous organization structure not only involves the innovation path selection, but also concerns about the knowledge integration, and the complex process of the technology and organizational elements. With the enterprise culture, organization structure, process optimization and strategic orientation adapting to the technology innovation system, the organization members of enterprises have a strong sense of identity and belonging, which the enterprises will become the organization mode of the form with new vitality. Under the double pressures operating the current business and adapting to the future, the characteristics of firms will be the uncertainty of the enterprise competition environment, the unpredictability of technology innovation, the deeply integration of organization and market integration. Which would put forward higher requirements for the height of the organization's environmental adaptation ability and the innovation ability. Enterprises rely on their own under the network environment that they have been difficult to adapt to the rapidly changing market demand. Thus the knowledge − centered enterprise knowledge integration and its innovation realization mechanism have become an important research topic in the era of knowledge economy.

Based on the literature review and practical research, this book considers the ambidextrous innovation as the foundation of its study. The relationship between knowledge, technology and organization is the logical link of the research. And how to translate the intellectual ability into the organizational ability is its main line, which researches on knowledge value realization in the process of integration and innovation organization in the process of ba-lance problems. Further, the study answers the question which organizational form of enterprise knowledge resources orderly and effectively play the role of in the process of technological activities, how the organi-zational logic paradigm evolves based on knowledge value realization, and what is its construction strategy. By analyzing the fusion mechanism of three−dimensional innovation system about knowledge−technology−organization, this study discusses the collaborative evolution process of knowledge innovation system, technology innovation system and organization innovation system, and incorporates the micro − operation mechanism of knowledge integration into this fusion system in the process of enterprise ambidextrous innovation. Based on the construction of enterprise knowledge integration mechanism and the analysis of enterprise ambidextrous innovation process mechanism from the perspective of integration, this research puts forward the mechanism of individual know-ledge expansion, team knowledge overflow, organizational knowledge coordination and external knowledge internalization from the four perspectives of the individual level, team level, organization level and inter-organization level. On this basis, it analyses the operating mechanism of the ambidextrous innovation process at the subject level, content level, structure level and process level, then constructs the ambidextrous innovation balance mechanism model with the multiscale know-ledge integration. This study analyzes the influence mechanism of knowledge integration and its antecedent organizational learning on ambidextrous innovation by using both theoretical and empirical methods. Combining with the comparison analysis of three cases about Huawei, Xinfei Electric and Jiadu Technology, the study extends the organizational basis and process of the balance operation of ambidextrous innovation, and further discusses how to achieve the logical paradigm and construction strategy of ambidextrous innovation in the organizational process. Finally, it puts forward five ways to build the balance operation mechanism of ambidextrous organization and gives some feasible recommendations from the open innovation mode based on the knowledge integration, the organization process optimization based on the dynamic e-quilibrium model, the organization mode based on the three-dimensional innovation fusion, the TMT ambidextrous mental model based on the strategic consensus and the value creation and sharing mechanism based on the business of the partnership.

Key Words：Ambidextrous Innovation；Knowledge Integration；Exploitation Innovation；Exploration Innovation；Ambidextrous Organization；The Balance Mechanism of Ambidextrous Innovation

目　录

第一章　研究概论 …………………………………………………… 1

　第一节　研究背景 ………………………………………………… 1

　第二节　研究意义 ………………………………………………… 2

　　一、实践意义 …………………………………………………… 2

　　二、理论意义 …………………………………………………… 3

　第三节　研究方法 ………………………………………………… 3

　　一、文献梳理法 ………………………………………………… 3

　　二、理论与实证相结合 ………………………………………… 4

　　三、归纳与演绎相结合 ………………………………………… 4

　　四、案例分析与比较分析相结合 ……………………………… 4

　第四节　研究思路及主要内容 …………………………………… 5

　　一、研究思路 …………………………………………………… 5

　　二、研究框架 …………………………………………………… 5

　　三、研究的主要内容 …………………………………………… 6

　第五节　研究可能的创新点 ……………………………………… 7

第二章　国内外研究现状述评 ……………………………………… 9

　第一节　双元性创新 ……………………………………………… 9

　　一、双元性理论探源 …………………………………………… 9

二、双元性创新悖论 ………………………………………… 10

三、双元性创新路径选择 …………………………………… 11

四、双元性创新的组织实现形式和构建途径 ……………… 12

五、双元性创新的主要研究范畴 …………………………… 13

第二节 知识整合 ………………………………………… 16

一、知识整合的内涵和层次 ………………………………… 16

二、知识整合的途径 ………………………………………… 17

三、知识整合机制 …………………………………………… 17

四、知识整合与企业绩效 …………………………………… 19

第三节 组织学习 ………………………………………… 20

一、组织学习的内涵 ………………………………………… 20

二、组织学习与知识整合 …………………………………… 21

三、组织学习与双元性创新 ………………………………… 22

第四节 企业创新网络 …………………………………… 23

一、网络能力 ………………………………………………… 23

二、创新网络 ………………………………………………… 24

三、知识网络 ………………………………………………… 25

第五节 述评小结 ………………………………………… 26

第六节 核心概念界定 …………………………………… 27

一、知识整合 ………………………………………………… 27

二、双元性创新 ……………………………………………… 28

三、双元性组织 ……………………………………………… 29

四、组织学习 ………………………………………………… 32

第三章 基于知识整合的双元性创新理论研究的逻辑架构 …… 35

第一节 知识整合的组织基础 …………………………… 35

一、开放性的组织环境 ……………………………………… 35

二、复杂多变的网络环境 …………………………………… 37

三、灵活弹性的组织结构 ……………………………… 37

四、知识冲突下的组织融合 …………………………… 38

第二节　"知识—技术—组织"三维创新融合机理 ………… 40

一、知识和技术的关系 ………………………………… 40

二、知识和技术的组织实现过程 ……………………… 41

三、"知识—技术—组织"三维融合机理 ……………… 42

四、"知识—技术—组织"三维融合的动态过程 ……… 44

第三节　融合效应下双元性创新的运行机制 ……………… 46

一、双元性创新运行的组织特征 ……………………… 46

二、三维融合的双元性创新运行机制 ………………… 47

三、双元性视角下的组织创新平衡运行机制 ………… 50

四、双元性视角下的创新扩散机制 …………………… 52

第四节　知识整合下双元性创新的组织逻辑 ……………… 55

一、复杂背景下组织变革的逻辑指向 ………………… 55

二、知识整合背景下的组织结构演化 ………………… 56

三、组织知识体系的重构 ……………………………… 57

四、知识创新—技术创新—组织创新的协同演化 …… 59

第四章　知识整合下企业双元性创新能力形成的过程机制 …… 61

第一节　双元性创新过程中的知识整合模式 ……………… 61

一、主体层面："个人知识—团队知识—

组织知识"整合模式 …………………………… 61

二、内容层面："分布式知识—协调化知识—

系统化知识"整合模式 ………………………… 62

三、过程层面："知识需求—知识获取—知识利用—

知识创造"整合模式 …………………………… 63

四、结构层面："内部知识—外部知识—

融合性知识"整合模式 ………………………… 64

　　五、实质层面：“原有知识—新知识”整合模式 ·············· 65

第二节　知识整合过程中企业内外部网络关系 ············· 66

　　一、企业网络能力的维度解析 ······················· 66

　　二、企业网络内部关系控制 ························· 68

　　三、企业网络外部关系治理 ························· 69

　　四、网络环境下知识整合的过程 ····················· 70

第三节　双元性创新的动力机制 ··················· 72

　　一、双元性平衡的创新驱动力 ······················· 72

　　二、双元性组织的要素整合力 ······················· 74

　　三、组织适应的重组转型力 ························· 75

　　四、组织创新的协同制衡力 ························· 76

第四节　企业双元性创新能力形成机制 ··············· 78

　　一、网络环境下挖掘性创新和探索性创新的冲突 ·········· 78

　　二、知识整合视角下创新路径的选择 ················· 81

　　三、组织内外部逻辑下双元性创新能力生成机制 ·········· 82

　　四、组织内外部逻辑下企业知识资源整合路径 ·········· 83

第五章　知识整合下企业双元性创新的平衡机制 ········· 85

第一节　组织学习引发的企业知识整合机制 ··········· 85

　　一、个体层面：个人知识的扩充机制 ················· 85

　　二、团队层面：团队知识的溢出机制 ················· 86

　　三、组织层面：内部知识的协同机制 ················· 87

　　四、组织间层面：外部知识的内部化机制 ·············· 89

第二节　知识整合下企业双元性创新的过程机理 ········· 90

　　一、主体层面：单个主体→创新网络 ················· 90

　　二、内容层面：离散性知识→整合性知识 ·············· 91

　　三、结构层面：组织惯例→组织开放 ················· 92

　　四、过程层面：线性创新→开放式创新 ·············· 93

第三节 知识整合下企业双元性创新平衡效应 …………… 95

一、三维融合机制下的协同效应 ………………… 95

二、组织资源张力下的平衡效应 ………………… 96

三、知识体系重构下的整合效应 ………………… 98

四、知识整合下的双元性创新效应 ……………… 99

第四节 组织学习、知识整合与双元性创新的影响机制分析…… 100

一、概念模型与研究假设 ………………………… 101

二、数据与方法 …………………………………… 106

三、统计结果分析与检验 ………………………… 110

四、讨论与启示 …………………………………… 116

第六章 双元性创新平衡机制的组织实现 ……………… 119

第一节 传统物质和利益驱动下的组织困境与出路 ……… 119

一、组织困境与创新悖论 ………………………… 119

二、组织惯例的复制与突破 ……………………… 120

三、组织双元性的适应能力 ……………………… 122

四、创新型企业案例：新飞电器的商海折戟沉沙 … 123

第二节 知识经济时代组织结构嬗变的逻辑范式 ………… 133

一、组织环境的时代特征 ………………………… 133

二、组织体系的适应机制 ………………………… 134

三、组织演化的逻辑范式 ………………………… 135

四、创新型企业案例：佳都科技创新路径的演变 … 137

第三节 知识整合下双元性创新平衡机制组织实现的途径…… 142

一、双元性创新平衡机制运行的组织条件 ……… 142

二、双元性创新平衡机制运行的组织过程 ……… 143

三、双元性创新平衡机制的组织实现 …………… 144

四、创新型企业案例：华为的创新战略和流程优化…… 150

第四节　企业双元性创新平衡机制的组织构建策略 ··········· 160

　　一、企业双元性创新路径的跨案例比较与启示 ··········· 160

　　二、双元性创新的组织特征 ····················· 164

　　三、双元性组织体系的构建模式与策略 ············· 168

　　四、双元性组织体系运行建议 ··················· 174

第七章　研究结论与未来展望 ······················· 177

　第一节　主要结论 ····························· 177

　第二节　研究局限与未来研究展望 ················· 180

参考文献 ······························· 181

索　引 ······························· 207

附录1　调查问卷 ··························· 211

附录2　访谈提纲 ··························· 215

专家推荐表 ······························· 219

Contents

1 Research Overview 1

  1.1 Research Background 1

  1.2 Research Significance 2

     1.2.1 Practical significance 2

     1.2.2 Theoretical significance 3

  1.3 Research Methods 3

     1.3.1 Literature review 3

     1.3.2 Combination of theory and demonstration 4

     1.3.3 Combination of induction and deduction 4

     1.3.4 Case analysis and comparative analysis 4

  1.4 Research System and Main Contents 5

     1.4.1 Research approach 5

     1.4.2 Research framework 5

     1.4.3 Main contents of the research 6

  1.5 Research Possible Innovations 7

2 Review of Domestic and Foreign Research Situation 9

  2.1 Ambidextrous Innovation 9

     2.1.1 Sources of ambidextrous theory 9

     2.1.2 Ambidextrous innovation paradox 10

     2.1.3 Ambidextrous innovation path selection 11

2. 1. 4　Organizational realization form and construction

approach of ambidextrous innovation　$\cdots\cdots\cdots\cdots\cdots$ 12

2. 1. 5　Main research categories of ambidextrous

innovation research　$\cdots\cdots\cdots\cdots\cdots\cdots$ 13

2. 2　Knowledge Integration　$\cdots\cdots\cdots\cdots\cdots\cdots\cdots\cdots$ 16

2. 2. 1　Connotation and level of knowledge integration　$\cdots\cdots\cdots$ 16

2. 2. 2　Approaches to knowledge integration　$\cdots\cdots\cdots\cdots\cdots$ 17

2. 2. 3　Knowledge integration mechanism　$\cdots\cdots\cdots\cdots\cdots$ 17

2. 2. 4　Knowledge integration and enterprise performance　$\cdots\cdots$ 19

2. 3　Organizational Learning　$\cdots\cdots\cdots\cdots\cdots\cdots\cdots$ 20

2. 3. 1　Connotation of organizational learning　$\cdots\cdots\cdots\cdots$ 20

2. 3. 2　Organizational learning and knowledge integration　$\cdots\cdots$ 21

2. 3. 3　Organizational learning and ambidextrous innovation　$\cdots\cdots$ 22

2. 4　Enterprise Innovation Network　$\cdots\cdots\cdots\cdots\cdots\cdots$ 23

2. 4. 1　Network capability　$\cdots\cdots\cdots\cdots\cdots\cdots\cdots$ 23

2. 4. 2　Innovation network　$\cdots\cdots\cdots\cdots\cdots\cdots\cdots$ 24

2. 4. 3　Knowledge network　$\cdots\cdots\cdots\cdots\cdots\cdots\cdots$ 25

2. 5　Summary of Comments　$\cdots\cdots\cdots\cdots\cdots\cdots\cdots$ 26

2. 6　Definition of Core Concepts　$\cdots\cdots\cdots\cdots\cdots\cdots$ 27

2. 6. 1　Knowledge integration　$\cdots\cdots\cdots\cdots\cdots\cdots\cdots$ 27

2. 6. 2　Ambidextrous innovation　$\cdots\cdots\cdots\cdots\cdots\cdots$ 28

2. 6. 3　Ambidextrous organization　$\cdots\cdots\cdots\cdots\cdots\cdots$ 29

2. 6. 4　Organizational learning　$\cdots\cdots\cdots\cdots\cdots\cdots$ 32

3　Logical Framework of Theoretical Research on Ambidextrous

Innovation Based on Knowledge Integration　$\cdots\cdots\cdots$ 35

3. 1　Organizational Basis of Knowledge Integration　$\cdots\cdots\cdots$ 35

3. 1. 1　Open organizational environment　$\cdots\cdots\cdots\cdots\cdots$ 35

3. 1. 2　Complex and changeable network environment ············ 37

3. 1. 3　Flexible and flexible organizational structure ··············· 37

3. 1. 4　Organizational fusion under knowledge conflicts ············ 38

3. 2　Fusion Mechanism of Three-dimensional Innovation about
Knowledge-technology-organization ···························· 40

3. 2. 1　The relationship between knowledge and technology ······ 40

3. 2. 2　Organization realization process of
knowledge and technology ································· 41

3. 2. 3　Three-dimensional fusion mechanism about
knowledge-technology-organization ························· 42

3. 2. 4　Dynamic process of three-dimensional fusion about
knowledge-technology-organization ························· 44

3. 3　Operation Mechanism of Ambidextrous Innovation under
Fusion Effect ··· 46

3. 3. 1　Organizational characteristics of ambidextrous
innovation operation ····································· 46

3. 3. 2　Ambidextrous innovation operation mechanism of
three-dimensional fusion ································· 47

3. 3. 3　Balance mechanism of organizational innovation
from the perspective of ambidexterity ····················· 50

3. 3. 4　Innovation diffusion mechanism from the
perspective of ambidexterity ····························· 52

3. 4　Organizational Logic of Ambidextrous Innovation under
Knowledge Integration ·· 55

3. 4. 1　Logical direction of organizational change under the
complex background ····································· 55

3. 4. 2　Evolution of organizational structure in the context of
knowledge integration ··································· 56

3.4.3　Reconstruction of organizational knowledge system ········· 57

3.4.4　Collaborative evolution of knowledge innovation-
technological innovation-organizational innovation ········· 59

4　The Process Mechanism of Enterprise's Ambidextrous Innovation
Capability Formation under Knowledge Integration ····················· 61

4.1　Knowledge Integration Mode in the Process of Ambidextrous
Innovation ·· 61

4.1.1　Subject level：The integration mode of individual
knowledge-team knowledge-organization knowledge ······ 61

4.1.2　Content level：The integration mode of distributed knowledge-
coordinated knowledge-systematic knowledge ··············· 62

4.1.3　Process level：The integration mode of knowledge
demand-knowledge acquisition-knowledge utilization-
knowledge creation ··· 63

4.1.4　Structure level：The integration mode of internal knowledge-
external knowledge-integrated knowledge ··················· 64

4.1.5　Substantive level：The integration mode of original
knowledge-new knowledge ······································· 65

4.2　Internal and External Network Relations in the Process of
Knowledge Integration ·· 66

4.2.1　Dimension analysis of the enterprise network
capability ·· 66

4.2.2　Internal relationship control of the enterprise network ······ 68

4.2.3　External relationship network governance ··················· 69

4.2.4　Knowledge integration process in the network
environments ··· 70

4. 3　Dynamic Mechanism of the Ambidextrous Innovation

　　Balance ·· 72

　　4. 3. 1　Innovation driving force of the ambidexterity balance ······ 72

　　4. 3. 2　Integration force of the ambidextrous organization

　　　　　　elements ·· 74

　　4. 3. 3　Restructuring and transformation force of organizational

　　　　　　adaptation ··· 75

　　4. 3. 4　Collaborative checks and balances of the organizational

　　　　　　innovation ··· 76

4. 4　Formation Mechanism of Enterprise's Ambidextrous

　　Innovation Capability ·· 78

　　4. 4. 1　Conflict between exploitative innovation and exploratory

　　　　　　innovation in network environment ··························· 78

　　4. 4. 2　Innovation path selection from the perspective of

　　　　　　knowledge integration ·· 81

　　4. 4. 3　Generation mechanism of ambidextrous innovation

　　　　　　capability in the network environment ······················ 82

　　4. 4. 4　Enterprise innovation resource integration strategy under

　　　　　　the view of the internal and external organization logic ······ 83

5　Enterprise's Balance Mechanism of Ambidextrous Innovation under

the View of Knowledge Integration ··· 85

　5. 1　Mechanism of Enterprise Knowledge Integration Triggered by

　　　Organizational Learning ·· 85

　　　5. 1. 1　Individual level: The expansion mechanism of personal

　　　　　　　knowledge ·· 85

　　　5. 1. 2　Team level: The spillover mechanism of team

　　　　　　　knowledge ·· 86

5. 1. 3　Organizational level：The coordination mechanism of
　　　　internal knowledge ································· 87

5. 1. 4　Inter-organizational level：The internalization
　　　　mechanism of external knowledge ··············· 89

5. 2　Process Mechanism of Enterprise Ambidextrous Innovation under
　　Knowledge Integration ······························· 90

5. 2. 1　Subject level：Single subject→innovation network ········ 90

5. 2. 2　Content level：Discrete knowledge→integrated
　　　　knowledge ··· 91

5. 2. 3　Structure level：Organization routines→organization
　　　　opening ·· 92

5. 2. 4　Process level：Linear innovation→open innovation ······ 93

5. 3　Balance Effect of Firm's Ambidextrous Innovation under
　　Knowledge Integration ······························· 95

5. 3. 1　Synergistic effect under the 3-dimensional fusion
　　　　mechanism ·· 95

5. 3. 2　Balance effect under the organizational resource
　　　　tension ··· 96

5. 3. 3　Integration effect under the knowledge system
　　　　reconstruction ···································· 98

5. 3. 4　Ambidextrous innovation effect under the knowledge
　　　　integration ·· 99

5. 4　Analysis of the Influence Mechanism of Organizational
　　Learning, Knowledge Integration and Ambidextrous
　　Innovation ··· 100

5. 4. 1　Conceptual model and research hypothesis ··········· 101

5. 4. 2　Data and methods ······························· 106

5. 4. 3　Analysis and testing of statistical results ··········· 110

5. 4. 4　Discussion and enlightenment ·································· 116

6　Realization of the Ambidextrous Organization under the Balance
Mechanism of Ambidextrous Innovation ······················· 119

6. 1　Organizational Dilemma and Outlet Driven by Traditional
Material and Interests ······································· 119
6. 1. 1　Organizational dilemma and innovation paradox ············ 119
6. 1. 2　Replication and breakthrough of organizational
routines ·· 120
6. 1. 3　Adaptability of organizational ambidexterity ·············· 122
6. 1. 4　Innovation-oriented business case: The failure of
Xinfei Electric ·· 123
6. 2　Logical Paradigm of Organizational Structure Evolution in
the Era of Knowledge Economy ······················· 133
6. 2. 1　Characteristics of the organizational environment ········· 133
6. 2. 2　Adaptation mechanism of organizational system ············ 134
6. 2. 3　Logical paradigm of organizational evolution ·············· 135
6. 2. 4　Innovation-oriented business case: The innovation path
evolution of Jiadu Technology ···························· 137
6. 3　Ways to the Balance Mechanism of Ambidextrous Innovation
in the Organization under Knowledge Integration ·········· 142
6. 3. 1　Operational conditions of the balance mechanism of
ambidextrous innovation in the organization ·············· 142
6. 3. 2　Operational process of the balance mechanism of
ambidextrous innovation in the organization ·············· 143
6. 3. 3　How to realize the balance mechanism of ambidextrous
innovation in the organization ···························· 144
6. 3. 4　Innovative business case: The innovation strategy and

process optimization of Huawei ·················· 150

6.4 Building Techniques of the Organization for the Balance
Mechanism of Enterprise's Ambidextrous Innovation ······ 160

6.4.1 Cross-case comparison and enlightenment of enterprise's
ambidextrous innovation pathway ···················· 160

6.4.2 Organization characteristics of the ambidextrous
innovation ·················· 164

6.4.3 Construction mode and techniques of the ambidextrous
organization system ·················· 168

6.4.4 Suggestions about the operation of the ambidextrous
organization system ·················· 174

7 Research Conclusions and Future Prospects ·················· 177

7.1 Main Conclusions of the Study ·················· 177

7.2 Research Limitations and Future Prospects ·················· 180

References ·················· 181

Index ·················· 207

Appendix 1 Questionnaire ·················· 211

Appendix 2 Interview Outline ·················· 215

Recommendations ·················· 219

第一章 研究概论

第一节 研究背景

在知识经济和信息经济并存的高速发展时期，知识资源成为企业越来越重要的战略资源。知识是改变能力的基础，组织的成长力、竞争力是在不断地学习和吸收知识的过程中逐步演化和发展的。在知识密集型的新经济发展模式下，企业的专业分工日益精细化，拥有的知识基础和知识能力各有不同，孤立的、零散的知识已经无法适应全新商业生态环境的需要。由于组织学习的方式不同，企业的运作能力和竞争能力也有所不同，从而影响到创新路径的选择和创新绩效的提升。然而，在冗余资源和动态环境的干扰下，单个知识或组织内部分散知识的简单叠加并不能产生企业技术创新所需要的知识，整合的知识正在取代知识本身成为构筑企业创新能力的基础。知识的整合过程是组织知识资源的优化和集成过程，技术创新是不同的知识面交叉、互动产生新知识的结果（Garud & Nayyar，1994），由此引致新的创新路径涌现并促使组织结构向新的行为规则和战略过渡，进而带动组织系统的重构和整体优化。

双元性理论是在企业面临的创新悖论和组织困境下提出的，企业在成长和发展过程中始终面临着如何利用既有知识提升现有技术能力、拓展未来新技术和选择新市场领域的问题，而企业的竞争优势得以持续的根本原因在于不断改进成熟技术、优化产品性能和推出新的产品，这就需要企业兼顾现有市场和未知市场。企业既要基于组织现状和技术能力配置资源，又要突破组织惯例寻求与知识基础和新技术能力相适应的组织范式；通过知识的有效整合，能够打破原有的知识体系，实现知识的转化与重构并建立新知识体系，提升组织的知识运用和创造能力，促进挖掘性创新和探索性创新活动的开展。在运作当前事业和适应未来的双重压力下，竞争环境日益复杂、技术创新面临的不确定性增加，而现代经济社会下的组织和市场具有高度的融合性，市场变化从而要求企业有更高的环境适应能力和创新能力，单纯依靠自身能力已经很难适应快速变化的市场需求，以知识为核心的企业知识整合及其创新实现机制成为知识经济时代重要的研究课题。

基于此，本书探索知识价值实现过程中的知识整合问题和创新活动过程中的组织平衡问题，回答企业知识资源在技术活动过程中以何种组织形式有序并有效地发挥其作用，以及基于知识整合的双元性组织运行逻辑及其构建策略，具有重要的意义。

第二节　研究意义

一、实践意义

党的十八大提出"完善知识创新体系""促进创新资源高效配置和综合集成"的有力号召；党的十九大提出"加强国家创新体系建设，强化战略科技力量""深化科技体制改革，建立以企业为主体、市场为导向、产学研深度融合的技术创新体系，加强对中小企业创新的支持，促进科技成果转化"。知识经济和信息经济并存的今天，面临环境的变革，如何整合企业内外部知识并发挥效应，以优化稀缺创新资源的配置，进而突破创新困境和管理悖论，成为企业发展亟待解决的问题。在当前知识经济和创新制胜的背景下，本书通过对知识整合背景下企业创新路径及其平衡机制的探析，为企业稀缺资源配置和创新路径选择提供实践指南；通过对双元性创新平衡的组织实现路径研究，探求出企业在该平衡机制下的组织适应和组织优化途径，为企业跨越创新悖论提供有效方法。通过企业实地调研和数据分析，考证理论建构的可行性，为企业双元性组织构建提供实践指导。

二、理论意义

双元性创新理论是管理学领域一种新兴的研究领域，理论从萌芽到系统提出历经 30 余年，进入 21 世纪以来，由于理论的时代契合性显著，近几年在国内外迅速掀起研究的热潮。随着创新理论和知识管理理论研究的推进，新旧理论的融合与对话、理论与实践的对接与互促以及理论体系内部的完善与整合为本书提供了理论研究契机。本书从知识整合角度探索企业创新路径的平衡机制以及双元性组织的实现路径，可以丰富和发展组织理论、技术创新理论和知识管理理论。同时，以双元性创新平衡机制与双元性组织的实现为研究重心，揭示双元性创新路径选择、平衡机制以及组织演化方向，可以促进双元性理论的纵深化研究。

第三节　研究方法

一、文献梳理法

在厘清已有研究脉络、主要观点和最新进展的基础上，对双元性创新理论、知识整合理论、组织学习理论和企业创新网络理论等国内外研究现状进行梳理；同时进一步对研究涉及的问题及其主要关系进行梳理，并对相关概念进行界定，建构本书的理论分析框架。

二、理论与实证相结合

以知识整合的组织要素、内容和实现分析机制为起点，分析"知识—技术—组织"三维创新系统融合的过程机理；知识整合和技术创新融合的基础条件、组织过程和融合机理。在此基础上对双元性创新的组织条件、创新路径、动力机制、运行机制等进行理论分析和模型建构，同时对组织学习、知识整合以及双元性创新的关系机理进行实证分析。

三、归纳与演绎相结合

通过对已有研究文献的归纳，在解读、分析和综合的基础上总结出当前研究的进展和局限。以此为基础，对双元性创新平衡运行机制及其组织实现途径进行探讨，应用理论演绎的方法探索"知识—技术—组织"三维创新系统融合的运行机理，进而揭示当前知识经济时代和网络环境中，知识整合视角下的企业双元性创新平衡运行机制及组织演化的逻辑范式，探讨形成和提升企业双元性创新能力的组织要素和组织条件，为企业双元性组织的构建找出有效途径。

四、案例分析与比较分析相结合

结合我国企业实践状况，选取若干家企业，通过横向和纵向比较，考察案例企业知识要素的流转和整合、创新路径的选择与平衡、组织知识整合平台和机制，深化理论分析与质性研究的内涵。考察网络环境下企业适应内外部环境变化的现实需要，探索企业创新瓶颈、困境以及创新突破的途径，剖析典型企业创新存在的主要障碍和问题成因。通过案例分析的方法和不同企业之间的比较，考察企业双元性创新能力生成与平衡运行机制。

第四节 研究思路及主要内容

一、研究思路

本书以知识整合为切入点，以我国企业尤其是高新技术企业的创新实践为研究背景，通过对企业创新实践的现实状况及困境考察，从挖掘性创新和探索性创新的关系机理、"知识—技术—组织"三维创新的融合机理、创新过程中的知识整合机理三个方面揭示企业双元性创新的过程。对关键要素整合、组织基础、现实障碍和路径选择进行分析，从知识整合的主体、过程和内容等层面探究双元性创新平衡的动力机制和运行机制。结合组织知识体系的重构、具体的企业创新案例及其组织资源的协同演化，探讨双元性创新平衡机制下组织实现的逻辑范式和构建策略。

二、研究框架

本书的研究框架如图1-1所示。

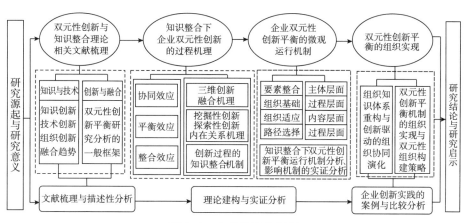

图1-1 本书的研究框架

三、研究的主要内容

1. 建立基于知识整合的双元性创新理论研究的逻辑架构

第一，在文献梳理的基础上提出研究的切入点、界定的主要概念，并建立起本书的逻辑框架，即基于知识整合的双元性创新理论研究的逻辑架构。第二，从组织内外部环境的视角对知识整合的组织基础进行分析。从知识和技术活动的微观组织活动分析入手，考察知识和技术的组织实现过程，对"知识—技术—组织"三维融合机理进行分析，探讨"知识—技术—组织"三维创新的融合机理及动态演化过程。第三，分析以知识流、创新流和技术流为脉动的组织融合基础、技术创新活动融合的组织特征、双元性创新平衡的组织过程和融合机制，对知识整合下的双元性的组织逻辑进行理论探讨，并构建起"知识创新—技术创新—组织创新"的协同演化机制。

2. 知识整合视角下企业双元性创新能力形成的过程机制分析

第一，通过对创新平衡的驱动力、要素的协调整合力、结构的重组转型力、协同制衡力的分析，以及知识整合过程中企业内外部网络关系及其治理，揭示组织创新平衡的动力机制。第二，探析挖掘性创新和探索性创新的关系，两者在知识基础和技术轨道、创新目标和创新程度、资源诉求和组织适应等方面的差异性。分析组织知识资源、技术创新资源和组织结构功能的内外部环境，对组织内外部网络视角下知识活动的现实障碍，与技术创新的融合机理和共生机理、融合协同效应和平衡效应进行分析，并探析企业双元性创新能力形成机制。第三，对双元性创新过程中的知识整合过程进行分析，从主体层面、内容层面、过程层面、结构层面和实质层面构建起跨层次知识整合模式。

3. 知识整合视角下的企业双元性创新平衡机制分析

第一，基于组织学习的视角对企业的知识整合机制从个体层面的个人知识扩充机制、团队层面的团队知识溢出机制、组织层面的知识协同机制和组织间层面的外部知识内部化机制进行解析。第二，对知识整合视角下企业双元性创新的过程机理进行分析，对从单个主体到创新网络、离散性知识到整合性知识、组织惯例到组织开放、线性创新到开放式创新的双元性创新过程机理进行理论推演和论证。第三，结合三维融合机制下的协同效应、组织资源张力下的平衡效应、知识体系重构下的知识整合效应，对知识整合视角下的双元性创新平衡效应进行分析，构建起跨层次、多维度知识整合下的双元性创新平衡机制模型。第四，采用问卷调研法、现场访谈法和统计分析法对组织学习、知识整合和双元性创新的关系进行实证分析，通过模型建构、关系梳理、量表设计和调查，使用SPSS20.0和Mplus7.0等工具对问卷调查搜集的有效数据进行统计分析。

4. 双元性创新平衡机制下的组织实现

首先，分析了传统物质驱动和利益驱动下的组织困境与出路，阐释双元性创新"倒逼"组织结构演化的过程，结合组织环境的时代特征、适应机制，探讨知识经济时代组织结构嬗变的过程和逻辑范式。其次，综合组织知识环境下双元性创新平衡机制运行的组织条件、组织过程，分析以知识流为核心的组织知识体系重构和创新驱动的组织协同演化过程。最后，对多个案例企业的创新路径历程和组织结构演变历程进行分析，并结合理论分析、模型构建和跨案例比较分析，探讨了知识整合的双元性创新平衡机制下组织实现的逻辑范式，对双元性组织建构和体系运行给出具体的操作化建议，为企业跨越创新悖论和提升竞争优势提供实践对策。

第五节　研究可能的创新点

一是"知识—技术—组织"三维创新系统的融合机理分析。以知识与技术的关系为起点，以组织知识基础、组织技术资源和组织结构要素的融合为主线，通过对组织知识活动过程的考察，分析了"知识—技术—组织"三个维度下创新系统的融合过程和融合机理，基于此探讨了"知识创新—

技术创新—组织创新"的协同演化趋势，并将企业双元性创新中知识整合的微观运行机制纳入这一过程进行考察。

二是企业知识整合机制的构建及整合视角下企业双元性创新过程机理的分析，从个体层面、团队层面、组织层面和组织间层面构建起个人知识的扩充机制、团队知识的溢出机制、组织知识的协同机制和外部知识的内部化机制，对组织内外部逻辑下双元性创新知识资源整合路径、知识整合下企业双元性创新的过程机理进行分析，并基于此分析了知识整合主体层面、内容层面、结构层面和过程层面下的企业双元性创新的过程机理，同时构建了基于跨层次知识整合下的双元性创新平衡机制模型。

三是组织学习、知识整合和双元性创新的关系和影响机制分析。通过理论建构和实证分析对组织学习如何影响知识整合效应的发挥、知识整合通过何种方式与企业技术创新路径匹配更有利于促进创新活动进行研究，揭示了组织学习、知识整合和双元性创新的关系和影响机制，阐释了企业知识资源的学习效应、整合效应和创新效应的关系及其对双元性组织构建的意义。

四是基于双元性创新平衡运行的组织基础与组织构建策略，分析了双元性创新平衡运行的组织基础和组织过程，探讨了双元性创新组织实现的逻辑范式和构建策略，提出基于知识整合的开放式创新模式、基于动态平衡的组织流程优化模式、基于三维创新融合的自组织模式、基于战略共识的 TMT① 双元心智模式和基于事业合伙的价值创造与共享机制五个途径来构建双元性组织运行平衡机制，并给出了具体的策略建议。

---

① TMT 全称 Top Management Team，是指企业高层管理团队。

第二章 国内外研究现状述评

第一节 双元性创新

一、双元性理论探源

双元性创新（Ambidextrous Innovation）的理论渊源可以追溯到 1976 年美国学者 Duncan，他在描述组织能力时将"双元性"（Ambidexterity）这一概念首次运用到管理学领域。1991 年，March 最早使用挖掘性能力（Exploitation Ability）和探索性能力（Exploration Ability）来描述组织学习的双元能力，Tushman 和 O'Reilly（1996）提出双元性组织（Ambidextrous Orgnization）概念，Benner 和 Tushman（2003）基于知识与技术偏离的程度将创新路径分为挖掘性创新（Exploitational Innovation）和探索性创新（Explorational Innovation）两种类型。双元性创新能够有效平衡组织挖掘性创新和探索性创新的矛盾，将不同的知识基础和技术逻辑与组织结构相匹配（Tushman & O'Reilly，1996；Simsek，2009），是应对创新困境的关键能力（He & Wang，2004；张玉利和李乾文，2006）。双元性创新理论已经成为当今管理学研究领域的一种新研究范式（Raisch et al.，2009；周俊和薛求知，2009；凌鸿等，2010；刘洋等，2011）。技术创新路径因知识基础不同而分离，又因知识融合而统一，应将知识的组织过程嵌入双元性创新过程，在基于组织现状配置创新资源的同时突破组织惯例，寻求知识基础与新的技术能力结合的组织范式。

二、双元性创新悖论

在创新过程中，组织的探索性活动和挖掘性活动是两类截然不同的学习能力或创新能力，两者对稀缺的组织资源具有争夺性，因而有相互冲突的一面，具有不可调和性（March，1991，1996，2006）。过分强调挖掘性创新而忽略探索性创新，企业可能会陷入组织规则和惯例制约的"核心刚性"（Core Rigidities）、知识老化过时和技术程式化的"能力陷阱"（Competency Traps），进而阻碍和抑制企业技术创新（Levitt & March，1988；Ahuja & Lampert，2001）。过分强调探索性创新而忽略挖掘性创新，企业可能会遭遇创新失败或成本制约的"创新陷阱"（Innovation Traps），只能在"次优均衡"（Suboptimal Equilibria）和"路径依赖"（Path Dependence）道路上使企业陷入"投资—探索—失败—投资"的不良循环中（March，1991；David，1990；Volberda & Lewin，2003）。所以，一个组织内部不可能同时实现探索性创新和挖掘性创新，应将有限的力量专精于其中一类活动（Miller & Friesen，1982；Denison et al.，1995）。两类创新方式既存在相互冲突的一面，也存在相互补充的一面，两类创新的平衡匹配对企业绩效和持续竞争优势产生直接影响（庞大龙等，2017；胡京波等，2018）。然而，企业长期效益的实现和竞争优势的持续获取要求组织兼具挖掘性能力和探索性能力，而不能仅偏执于其中一种（Levinthal & March，1993）。挖掘性创新和探索性创新存在相互竞争的一面，但一个企业内部又必须实现两类活动的协调，企业必须基于当前的和未来的两种资源和战略方向做出合理的取舍或平衡（Brown & Duguid，2001；Katila & Ahuja，2002）。

三、双元性创新路径选择

近年来，越来越多的学者认为，企业的持续成功须具备"双元性"（Ambidexterity）——战略经营思维和创新平衡能力（Eisenhardt，2000；Gavetti & Levinthal，2000；Lewis，2000）。基于不同知识基础和技术轨迹的两类创新活动对稀缺资源展开争夺，在经营思维、组织特征、管理特质和文化情境等方面都具有冲突性，企业必须寻求创新路径的平衡和协调（Tushman & O'Reilly，1996；Gibson & Birkinshaw，2004）。组织适应外界环境变化的能力是组织能否经得住市场考验的集中体现，通常这种能力表现在如何平衡这种变化以及常规资源安排、关系安排和组织部署上（Meyer & Stensaker，2006；Kabongo & Boiral，2017），体现在当前事业上的业务或技术的连续性与未来事业上的技术或市场的变化性的平衡，需要组织在组织结构特性、知识吸收能力和组织惯例重构（Feldman & Pentland，2003）、组织动态能力和经营管理战略（焦豪，2011；武亚军，2009）等方面加以反映。李利霞等（2010）、彭新敏和吴丽娟（2012）考证了间断均衡和双元均衡模式选择对组织绩效的不同作用，余菲菲等（2012）从文化和技术融合的视角探讨了科技型中小企业创新路径的转化。企业通过妥协的方式接受悖论的存在（Murnighan & Conlon，1991），而张玉利和李乾文（2006）认为，组织采取这种折中方式是缺乏效率和效益的；有学者认为企业可以采取内部冲突外部化的方式转移矛盾焦点，如通过具有冲突性质的业务外包，或者通过外购的方式从外部获取与主流业务存在冲突的技术或成果（Volberda，1998）。事实上，任何形式的外部化方式本质上都是对冲突的一种内在妥协，都是将这种冲突从内部转移到外部，消耗的资源与能力是显而易见的转嫁，矛盾并没有得到本质上的解决。也有学者认为，可以利用组织或空间分离的方法，通过部门单元的新设或通过不同层级指导关系的权力平衡来化解冲突（Poole & Van De Ven，1989；Floyd & Lane，2000），这虽然在一定程度上通过分离的方式避免了直接冲突，但却限制了创新活动的范围。企业开展任何一种形式的创新都会受到成本约束和资源能力的限制，现实中大量企业并不能通过上述空间分离的方式彻底解决挖掘性创新和探索性创新之间的固有矛盾。特别是那些组织结构小而松的企业，尽管极富创新精神，往往却因为致力于主流的探索性创新而无力对渐为成熟的技术采取空间分离的组织形式转移冲突，从而难以坚守技术领地而被迫放弃组织的当前效率，最终进入"创新陷阱"而失去成长能力。通过时间间断方式化解创新悖论，分时段开展挖掘或创新活动（Volberda，1998），虽然可以实现在同一个组织内部利用成熟的流程化组织结构进行程序性决策，但打破固有的组织秩序去适应资源配置的快速变化实施起来相当困难，跳跃性改变不具有现实操作性。路径选择冲突和创新平衡效应制约着创新效果，创新路径选择和平衡机制设置是研究难点，而单一的操作形式或实施技巧并不能从根本上解决问题。

四、双元性创新的组织实现形式和构建途径

周俊和薛求知（2009）研究指出了双元性组织理论的适用情境、组织建构方式、机会和要素识别以及执行阶段的主要活动和管理要领。双元性创新的组织形式有结构式、情境式和领导式等类型（Gibson & Birkinshaw，2004；Smith & Tushman，2005）。双元性创新绩效受组织学习（朱朝晖和陈劲，2008）、外部环境（钟竞和陈松，2007）、组织特性和资源配置（李忆和司有和，2009；李剑力，2011）、战略柔性（李桦和彭思喜，2011；臧金娟等，2012）、流程柔性（谢蓉等，2012）的影响。焦豪（2011）、胡冬梅和陈维政（2012）基于组织和战略视角，考察双元性组织的构建机制和现实路径。O'Reilly 和 Tushman（2004）认为，构建双元性组织必须协调好战略愿景、目标、领导团队和冲突处理。新的创新路径涌现会引致组织结构向新的行为规则和战略过渡，进而促进整个组织系统的重构和优化，已有研究重在强调组织绩效实现和双元性组织构建的关键要素。

五、双元性创新的主要研究范畴

1. 基于组织学习的观点

挖掘性学习是对现存知识的重新运用，探索性学习是对全部未知领域的探索（March，1991；Rosenkopf & Nerkar，2001；Vassolo et al.，2004）。成功的企业应着眼于企业的长期发展，实现挖掘性学习和探索性学习两种能力的平衡（Gupta et al.，2006；Levinthal & March，1993）。朱朝晖和陈劲（2008）认为，企业的开放式创新模式改变了组织内外部创新资源获取模式、组织学习模式和技术学习方式，挖掘性学习模式和探索性学习模式只有做到长期协同才能实现持续创新。Sanjay 和 Swati（2018）认为，组织学习能力有助于企业实现挖掘性创新和探索性创新，进而获得竞争优势。从组织学习的角度来说，挖掘性学习和探索性学习是企业在创新过程中发现知识、利用知识和创造新知识的两种不同方式，与双元性创新的两个维度即挖掘性创新和探索性创新在手段和方式上一致，组织学习积累的知识会促进企业技术能力的发展，影响到企业的创新路径安排。

2. 基于动态能力的观点

企业通过正确判断和识别市场信号，才能把握住新的市场机会、才能将组织资源配置到契合市场方向的领域，同时还要做到保护和管理好现有知识资产和技术能力，才能获取竞争优势（Teece，1998）。企业能够获得持续竞争力的关键在于企业能够根据外部环境的变化快速调整企业资源战略、整合各种内部资源、及时响应市场需求的动态能力（Augier & Teece，2009；Teece et al.，1997；Vergne & Durand，2011）。双元性组织能够处理好探索性创新能力和挖掘性创新能力，能够平衡好两者的资源冲突，这种快速响应能力和冲突处理能力是驱动组织动态能力的关键（Tushman & Smith，2002；焦豪，2011）。王敏和陈继祥（2008）从动态能力的识别、吸收和重构视角，探讨了企业如何克服创新困境实现双元性创新。简兆权等（2020）认为，吸收能力、资源拼凑和机会识别作为企业动态能力的三个重要维度，其组合效应对企业实现双元性创新具有显著的促进作用。从动态能力的角度来看，企业在能力发展过程中，会通过常规方式做得更好和超出常态做得不同这两种不同的技术路径来部署创新资源；这种动态能力在企业技术发展中会影响到企业创新资源的配置，进而影响企业在适应和变革中的柔性切换能力。

3. 基于企业联盟的观点

联盟伙伴间通过各种形式的合作可以实现资源互补、信息互动、风险同担，能够增加企业发展稳定性（Inkpen，1998，1996），也有利于企业获取外部知识资源，在探索未知领域，共享新知识、新技术和新市场方面形成互补优势，有利于实现新的技术突破（Hill & Rothaerml，2003；Robert & Grant，2013）。联盟关系涉及探索性创新和挖掘性创新的平衡以及资源在联盟伙伴间的配置（Yamakawa et al.，2011），基于战略选择的企业间联盟行为对组织创新能力具有积极的影响（He & Wong，2004），通过联盟关系获取多样化知识资源成为提高创新绩效的重要途径（Berchicci，2013）。企业主体的联盟能力是衡量企业能力的重要维度，通过联盟伙伴的甄选、联盟过程中问题的解决来获取联盟伙伴的知识（Kale & Singh，2007）。企业通过联盟关系获取的外部知识资源能够有效弥补内部知识的"短板"，扩展组织知识的宽度，从而促进组织创新绩效（马蓝等，2016）。罗仲伟等（2014）通过对腾讯微信知识整合和迭代创新的案例研究认为，整合合作伙伴、竞争对手以及先导客户的协同创新模式，使企业在开展组织学习和知识管理时，能够有效降低企业创新过程中的不确定性和风险，实现"微创新"机制支撑的颠覆式创新和知识价值创造。O'Reilly和Tushman（2004）研究发现，企业通过联盟的形式进行的知识和技术的交流，90%以上都实现了其联盟的目的。可见，企业与外部经济主体间的联盟关系对企业获取外部资源、平衡现有市场和新兴市场资源配置具有重要意义。

4. 基于网络的观点

企业所处的竞争环境日益复杂和动荡，每一个创新项目涉及的知识亦是愈加复杂化、动态化，创新所需要的知识联结着不同主体并以不同方式彼此交织在一起。经济全球化时代，任何企业都不可能置身其外进行封闭式创新，任何企业都会有一群相互关联的合作伙伴（如供应商、分销商、竞争对手和客户等），并建立起业务关系。为了适应外界瞬息万变的环境，企业需要拥有对内部和外部的资源进行整合、构建和重塑的一种动态能力，这种建立、发展和管理内外部网络关系的能力就是企业网络能力（徐金发等，2001）。在一个复杂的世界里，创新网络不仅是一种整合和传播知识的方法，更具有网络聚合效应，即聚合起来的网络整体的潜力要大于部分之和，是一种有效的创新形式（Birkinshaw et al.，2007）。Ritter（1999，2004）甚至把企业能力直接定义为企业发起、维持和利用商业关系，获取企业资源和在网络关系中建立竞争优势的能力。网络成员的关系可能会带来路径创造，带来新的创新机会，但过多的联系时间、过量的信息、长久的关系维持习惯及其成本会增加路径依赖的可能，降低信息获取的效率，导致惯性并对创新产生约束（Hakansson，1995；Koka & Prescott，2002）。Simsek（2009）认为，对组织双元性创新的研究，应该从社会网络的视角探讨其与组织行为和经济行动之间的关系，为此他构建起多层次理论研究模型，并探析了网络中心性、多样性与双元性组织的关系。

企业根据自身战略发展的需要，基于内部资源基础、知识累积经验和网络地位识别网络价值和创新机会，挖掘和获取网络资源，整合和平衡内部网络和外部网络的知识分布，对企业挖掘性创新和探索性创新都具有重要影响。

随着双元性理论研究的深入，越来越多的文献涉及更多的视角和领域，从不同侧面诠释双元性创新的理论基础和现实意义，为多侧面审视双元性创新提供了基础，然而鲜有研究从知识整合的角度考察双元性创新过程、构建创新平衡机制和探讨双元性创新是如何在组织中落地实现的。

第二节　知识整合

一、知识整合的内涵和层次

Henderson 和 Clark（1990）最早明确提出了知识整合的概念，认为知识整合是新产品开发活动中技术资源的重构。Iansiti 和 Clark（1994）将知识整合的概念扩展为客户知识和技术知识的双重整合。任皓和邓三鸿（2002）、赵修卫（2003）、张庆普和单伟（2004）、魏江等（2005）等发展和完善了知识整合的概念，认为知识整合是特定环境下基于既有知识和潜在的动态重构过程知识的技术、产品和服务。Grant（1996）将知识整合提高到了战略层面，认为它是组织能力的本质和基本职能，并提出了融合效率、融合范围和融合弹性三个评价维度。Garud 和 Nayyar（1994）认为，技术创新是不同知识面交叉互动产生新知识的结果。Petroni（1996）从企业内外部知识整合视角分析了知识整合水平与企业核心创新能力的关系，认为新能力必须在旧能力的基础上融合新知识或者对旧知识重构而实现。Boer 等（1999）认为，知识整合能力由系统化能力、社会化能力和合作化能力三个维度构成。其中，系统化能力指企业的生产运作、操作规范达到的标准化程度，以及按照操作流程和作业规范操作生产设备和处理信息的能力；社会化能力指在组织文化、价值观念和经营理念等的作用下，企业将隐性知识整合成新知识的能力；合作化能力指组织内部成员间，以及组织内外部单位或团体通过互动、沟通和交流，相互协作将显性复杂知识或隐性知识整合成新知识的能力。

魏江（2008）提出，知识整合分为评价层、途径层和要素层，并构建起了知识整合理论研究的一般框架。陈力和鲁若愚（2003）、高巍等（2004）认为，应将员工个人和组织整体有机融合，形成组织的核心知识体系。刘岩芳和袁永久（2012）从知识创新的视角研究了知识整合层级，根据知识整合发生的主体是个体、团队或是组织，将组织内部知识分成个体—个体、个体—团队、团队—团队、团队—组织、个体—组织五个层级。知识整合具有层次性，企业的知识整合过程也是企业生产力建立和提高的过程，不同层次的知识整合能够产生不同的生产力，反过来不同的生产力又要求不同程度、水平和范围的知识储备和知识层级相适应，通常越是处于高层次的知识整合，其程度越深、水准越高、范围越广（Zhao et al.，2014）。综上所述，知识整合是组织知识资源的优化和综合集成过程，其整合效应对创新路径的选择和创新资源的配置势必有深刻影响。

二、知识整合的途径

张可军（2011）研究认为，由于知识的空间离散和主体的认知离散导致知识离散，因而可以基于知识离散性的二维模型构建不同类型的团队知识整合途径（知识连接途径和人际互动途径）。Zheng 和 Wu（2012）从组织双元性视角提出企业为保持竞争优势和良好绩效须对本土性知识和全球性知识进行整合，并从组合资源、组织结构特性、组织文化以及路径依赖四个方面解析本土性知识与全球性知识的差异，指出结构式双元、情景式双元和领导式双元下两类知识整合的途径。魏江等（2005）研究了海尔集团的"人单合一"的案例，提出了企业微观层面知识整合途径的研究框架，并构建了基于组织知识形态、主体和相应平台的知识整合途径。从目前已有的文献研究来看，对知识整合途径的研究基本上还处于理论分析或个案分析的层面，其理论推演和企业实践仍有待检验。

三、知识整合机制

知识整合机制是知识整合理论研究中的重要内容，颇受学者关注。曹霞等（2012）运用社会网络分析技术分析了网络视角下企业知识整合的过程机理，通过对知识整合过程的仿真建构，提出了知识融合在不同阶段知识体系的重构过程。芮明杰和邓少军（2009）从价值链中心企业角度提出跨组织知识整合的纵向、横向以及其他参与者三种实现机制。Barki 和 Pinsonneault（2005）指出，知识整合是指组织内部不同部门间相互依赖的子单元、流程以及知识资源纳入整合过程被协调安排的活动。知识整合机制通过对组织内部不同但又相互依赖的组织单元、职能部门以及组织资源的重新协调、安排，实现跨职能交互或连接的过程，整合这一交互过程往往是通过对组织单元、结构和流程的重新调整和安排实现的（孙彪等，2012）。Olson 等（1995）指出，知识整合机制是企业用来协调安排具有跨职能交互作用的"横向连接方式或结构协调机制"。林向义和王艳秋（2011）对企业集成创新中的知识整合机理进行研究时指出了集成创新中组织生命周期各阶段的知识整合模式，并依据创新的程度和形式将知识整合模式区分为复制式、渐进式、突破式和混合式。Lee 等（2012）提出基于粒子群优化的多Agent 的知识整合机理，主张应该以最优方式和手段整合知识以彻底解决企业技术创新的难题。张宝生和张庆普（2014）基于耗散结构理论提出跨学科背景下科研创新团队的知识整合机制，提出熵减机制、学科互补机制、耦合机制和触发机制这四种整合机制。Huizingh（2011）研究指出，开放式创新对知识整合过程及其机制具有特别重要的作用，在开放式创新环境下采取新的知识整合过程和新的知识整合机制能更好地从组织外部获取新的创意、新的知识、新的技术等组织所需要的外部资源。Kevin 等（2012）根据知识整合机制发生的范畴不同而将知识整合机制区分为组织内部知识整合机制和组织外部知识整合机制。Laursen 等（2006）认为，外部知识整合机制以获取市场知识为主，这种机制有利于识别和吸收外部市场资源中的关键知识。Kale 和 Singh（2007）则认为，知识内部整合机制主要是发生在组织内部的知识共享，这种机制有利于利用组织内部的流程和路径整合组织成员及其知识。熊胜绪和栾卓坤（2014）认为，互补知识整合能力是企业技术创新能力的重要体现，并基于知识互补性的特征提出企业应当在组织内部构建起互补性知识的整合机制,其内容由多元化的知识交易机制、知识提供者的产权保障机制、共同知识与相互认同的机制、团队结构与共同治理机制、知识的有效分享与融合机制五个子机制构成。

四、知识整合与企业绩效

企业通过有效的知识整合手段促进组织知识的流动、转化和利用,从而更好地提高知识的创造能力和应用价值,故最终提升企业的核心竞争能力,从而实现企业获取持续竞争优势的终极目标(赵隽,2010)。知识型企业竞争优势的来源有赖于企业的知识整合能力,包括知识积累、知识储备、知识应用和知识创新能力,其中知识的有效利用、新知识的产生和知识的价值增值是企业拥有核心竞争力的关键要素(张洁梅,2013)。知识整合强化了企业组织文化、认知一致性,提高了企业运营和运作效率(Volberda et al.,1999)。知识整合只有涵盖与硬环境相关的系统化能力、与软环境相关的社会化能力和团队成员间的合作能力,才能实现知识整合能力的提升,进而增强组织绩效(Boer et al.,1999)。Tsai 等(2015)认为,知识整合能加速组织获取知识资源的速度,如知识的转化、吸收、传播与扩散,从而通过互动和学习机制提升团队成员的创新能力。Forés 和 Camisón(2016)认为,知识吸收能力对企业的突破性技术创新绩效具有积极的影响作用,并在很大程度上决定了企业技术创新的速度、水平和结果。梁阜和张志鑫(2019)认为,组织外部知识的搜索宽度和深度对双元性创新效应显著。Meier 和 Schier(2016)认为,组织获取外部知识的能力是提升企业技术创新能力的重要途径,因而企业应注意外部知识的吸收和利用。根据一般研究结论,知识整合对企业绩效尤其是创新绩效具有积极的影响作用,知识整合的过程与知识管理的范畴密不可分,知识整合是知识管理的综合体现,知识管理是实现知识整合的手段,即通过对内外部知识获取、知识吸收、知识共享等知识的生产和流动进行梳理、筛选、重构和再生产的组织化、系统化过程。Hansen 等(1999)认为,外部知识整合能够开拓组织知识领域，产生新思想、新发现、新知识以及创新组合，增强组织对市场机会洞察力和社会反应的敏锐性，更有利于探索性创新，而这对于仅专注于内部知识搜集、整理和传播的知识管理和交流途径来说机会则小得多。Kevin 等（2012）研究表明，根据组织现有知识基础的特点，把知识基础划分为广博的知识基础和深厚的知识基础，在此基础上与组织的内外部知识整合机制相匹配，才能有利于探索性创新。

第三节　组织学习

一、组织学习的内涵

组织学习理论是 Cangelosi 和 Dill 在 *Organization Learning：Observations toward a Theory*（1965）中率先提出来的。Argris 和 Schon（1978）的 *Organization Learning a Theory of Action Perspective* 标志着西方学者系统化研究组织学习理论进入新阶段。随后管理学大师彼得·圣吉（2001）在《第五项修炼》中从系统科学和动力学角度提出了"学习型组织"的管理理念、日本学者野中郁次郎从社会学的视角提出了"SECI 的组织学习转化模型"等，使学界迅速掀起了组织学习理论的研究热潮，并最终从理论走向了实践。我国学者对组织学习理论的研究始于 20 世纪 90 年代，一大批学者在该领域做出了许多贡献。

组织学习是组织知识基础的起点，是组织知识能力形成和发展的重要途径（Shrivastava，1983），也是组织获得、转移、运用知识以及知识的再生产过程（Garvin，1993），本质上组织是一个不断进行知识创造的实体。组织学习是将企业能接触到的各类资源转化为组织资源的关键途径，是激发组织成员行动和构建组织竞争力并让知识真正成为企业重要资源的过程

（Tidd，2000）。组织学习是企业在复杂的竞争环境中为适应生存环境，利用现有知识，持续产出新知识以寻求成长的一种行为改进，它是知识创新的前提和基础（Koh et al.，2000）。组织学习指企业在特定的组织行为和组织文化影响下，为增强企业的竞争力和对环境的适应能力，运用合适的工具、手段及方法建立和完善组织的知识流动和运作方式（Dodgson，1993；Goh，1997，1998）。国内学者魏江和焦豪（2008）认为，组织学习本质上是源于组织内部知识互动和知识创新，通过组织个体层面与集体层面的知识交叉和流动来实现不同层级的知识循环和再创造，包括知识获取、知识扩散、知识应用和知识创新等过程。根据组织学习理论，组织学习就是通过合适的手段或技术建立一种在组织内部以及组织内部与组织外部之间进行知识往来互动的交流机制，最终目的是实现知识的有效转化，进而提升组织的竞争优势，其与知识整合理论、双元性创新理论有一个共同的特征，即将知识基础作为组织竞争优势的特征资源。

二、组织学习与知识整合

Kessler 等（2000）认为，一定的组织学习能力和知识创造能力只是企业成功运作的基础，最终还取决于它能否有效地整合与应用所拥有的知识，因而知识整合是组织学习有效性的延伸和拓展，是实现组织学习效能的关键。由于知识的专属性、难以复制性，大部分知识是分散于不同组织或团体的隐性知识，所以组织学习的效果还有赖于学习过程中对专属的知识、黏性的知识的整合力度。Boer 等（1999）认为，知识整合只有涵盖与硬环境相关的系统化能力、与软环境相关的社会化能力和团队成员间的合作能力，才能实现知识整合能力的提升，进而增强组织绩效。组织学习表现为知识存量的增加借以丰富组织记忆而实现知识的价值，进而提升组织绩效；而知识整合是在知识存量增长有限的前提下改善知识结构来发挥知识的价值并实现组织绩效（高巍和倪文斌，2005）。

三、组织学习与双元性创新

组织学习是企业在复杂的竞争环境中，为适应生存环境，利用现有知识持续产出新知识以寻求成长的一种行为改进，它是知识创新的前提和基础（Koh et al.，2000）。现有知识是组织学习的起点和基础，未知知识是组织学习的导向与目标。组织学习的过程是现有知识和未知知识的交互和渗透，在现有知识的基础上识别和理解未知知识，通过对未知知识的掌握增加知识储量。然而组织学习具有路径依赖性（Kogut & Zander，1992），企业只有通过不断的学习才能充分认识外部环境、识别机会，显然企业技术创新所需要的知识资源是多元化的，不可能全部依赖于原有知识体系或者内部交流机制，因而除了内部学习，还要大量的外部学习。双元性创新是企业兼具在成熟市场上占据市场优势的能力以及在未来全新市场上推出新产品和服务的能力（Vassolo et al.，2004），前者是一种对现存知识的重新运用、改良和完善的能力，即挖掘性创新；后者是对全部未知领域的学习、试验、摸索和实践的能力，即探索性创新。由此可见，双元性创新本质上也是一个学习过程，即对现存知识的重新运用和学习、对全部未知领域的吸收和探索过程，但是二者的组织学习过程性质不同。March（1991）指出，挖掘性学习与改进、选择、执行和效率紧密联系，探索性学习与找寻、变革、试验、创造和发现高度相关。由于学习内容各异，二者拥有相反的知识体系和学习过程（Floyd & Lane，2000）。挖掘性创新知识的传递方向是从高层到底层，在组织内部的学习效率要高于外部的交流，从现有知识附近寻找创新机会和获利机会；而探索性创新则强调企业对异质知识的学习和利用，与组织外部交流和互动更能获取异质资源，因而更注重外部关系的协调和维护。

第四节　企业创新网络

一、网络能力

网络是知识经济时代企业最重要的外部环境，网络化背景下的企业组织不能游离于创新网络之外，而应积极嵌入某个创新网络之中（Gulati，1998）。企业网络能力分别来自企业内部各组织单元的交互作用与外部各单元层面交互作用，其实质是企业处理内外部网络关系的综合能力。Hakansson 和 Snehota（1989）认为，企业网络能力是企业通过改善自身在网络中所处位势以及治理网络中存在的各种关系的能力。Ritter（2003）认为，企业网络能力作为企业处理网络节点上与其他企业或组织关系的能力，能够通过各种渠道有效获取企业创新所需的关键资源、确立和处理外部关系网络，对企业创新绩效具有积极的影响作用，同时 Ritter 还将企业网络能力划分为网络任务执行能力、网络关系处理能力以及网络间的适应能力等。邢小强和仝允桓（2007）将网络能力界定为企业辨别网络价值、搜寻外部机会、建立和维持网络关系、获取企业所需网络资源的一种能力。当然，能力是在一定的资源条件下通过不断的学习而逐步累积获得的，网络能力可以说是一种高效的网络资源，能够通过学习机制获取，但企业的网络能力须通过整合的途径实现内化才能真正由潜在的能力转化为企业的现实创新能力（张延锋和李垣，2002）。频繁沟通、信息交流和任务合作能够加快组织间的知识流动、传播、扩散、吸收和应用，并通过信任关系的提升进一步强化组织学习的意愿和提升跨部门合作的效果。企业接触到外部网络资源并不必然意味着网络能力或创新能力的提高，企业还必须有效管理并激活网络资源，将其与企业创新路径进行合适的匹配才能真正提升创新能力。通过组织间的网络安排可以将企业的创新活动通过合适的方式与外部建立合作关系，这是创新网络的主要连接机制之一（Freeman，1991），因此企业网络能力的提出将对创新网络的研究从网络层面推进到企业微观层面，为企业管理和利用网络、发挥网络功能提供了微观基础。通过与外部企业建立关系，利用创新网络中与外部节点企业的互动能激发新的创想，可以获取异质知识和资源、加速创新进程、分担创新风险和成本，进而提升创新能力（Gulati，1998）。

二、创新网络

创新网络的概念是 20 世纪 90 年代提出的，Imai 和 Baba（1989）在提出系统创新和跨边界网络概念时对其有过表述，而 Freeman（1991）则首先对该概念进行了明确界定，认为创新网络是针对系统创新所做出的一种基本制度安排，指出创新网络构架内的企业之间通过合作创新的形式逐渐形成一种具有无形边界和制度规则的网络系统。企业与其所嵌入网络的其他主体通过网络连接产生信息互动，实现网络内企业的信息传播、知识溢出和技术推广，对于企业发展、技术创新以及区域经济发展都具有明显的推动作用。创新网络作为对企业创新活动的基本制度安排，其主要连接机制就是企业间的创新合作关系（Freeman，1991），对创新网络研究从单纯的网络关系层面推进到企业微观层面，源于企业网络能力的提出与研究。这为企业探究和管理创新网络并利用其创造新的能力、提升企业创新能力，进而获取企业竞争优势，为创新网络发挥作用提供微观基础（周江华等，2013）。创新网络可以在与外部节点企业的合作过程中，通过有效的手段对外部知识进行吸收、积累、转化和应用，并通过知识的整合和重构激发出新的创想，进而转化为实际的创新行为；通过创新网络企业可以获取异质性知识和资源，从而结合内部资源战略进行更加灵活的路径选择，以加速创新进程，同时也能够彼此分担创新风险和创新成本，从而获取竞争优势（Gulati，1998）。比起创新合作是一种创新行为方式来说，创新网络更是一种组织形式，解决的是企业之间所有创新合作关系的总和，合作关系只是创新网络的一种构成要素，而非网络本身（王大洲，2001）。知识经济时代企业利用外部资源的能力已经成为企业提升自身创新能力的关键途径。剧烈变革的市场环境和竞争形势促使企业技术资源与市场变化不断地协同整合，通过各种外部渠道的对接获取企业创新所必需的信息，在原有技术基础上通过识别和选择外部新的技术资源转化为企业自身的竞争优势（任宗强等，2013）。

三、知识网络

知识网络研究始于20世纪末，Beckmann（1995）将知识网络定义为知识生产与传播的机构及其相关活动，美国科学基金会（NSF）认为，知识网络是社会网络系统对知识和信息运用、输送和管理的子网络。Kobayashi（1995）认为，知识网络是若干节点的集合体，也是若干节点间通过信息互动所组成的网络系统，网络中的每个节点都是知识生产与利用的场所，节点之间通过某种方式进行知识与信息的互动。Partanen 和 Moller（2012）认为，知识网络是知识元素的空间架构的集合，即一个知识网络内集合了众多特征的知识内容。Brennecke 和 Bank（2016）认为，知识网络是不同知识元素和链接构成的网络系统，通过知识的生产与创造使分散性的知识元素得以连接。刘静华等（2018）基于学科交叉的视角认为知识网络是多学科交叉研究的产物。Chatti（2012）依据网络组织的节点层次不同将知识网络细分为个人层面的知识网络、团队层面的知识网络和组织层面的知识网络。知识节点之间的交流互动能够增强知识网络中知识交流和碰撞的机会，会刺激新思想、新观念、新想法的产生，从而产生更多的新知识，引导知识网络的演化和发展（纪慧生，2010）。徐露允等（2018）从知识整合的角度对企业知识网络进行了实证研究，发现企业知识网络密度对双元性创新绩效的不同维度具有显著的影响。Clarysse 等（2014）认为，企业所嵌入的外部知识网络的特征以及嵌入的位置是企业技术创新活动最重要的外部战略资源。Wang（2014）认为，企业内部研发人员拥有的专业知识及其专利成果是连接企业内部知识网络的知识元素。企业的技术创新过程实质上就是内外部知识整合并加以创造，同时以知识网络的组合方式创造新知识的过程。

第五节　述评小结

已有研究集中在双元性创新概念解析、理论溯源及对企业绩效的作用上，对双元性创新的路径关系机理、平衡机制、组织实现与组织建构等方面的研究不足。已有文献多从单因素理论视角下探讨双元性创新的必要性、活动内容和战略实施，强调双元性创新平衡和构建双元性组织的重要意义，缺少整合的和系统的观点，鲜有从知识整合的范畴加以研究；同时对如何识别创新机制的关键要素、将知识的活动与组织过程嵌入到双元性创新过程、知识整合视角下企业组织结构的演化和适应，以及组织实现途径、操作形式和技术、落地实施的要件方面的研究尚待推进。由于研究较为分散，缺少必要的案例支持和对创新实践的指导，因此立足于具体企业层面，跨层次分析双元性创新路径关系、平衡机制和组织实现等问题，具有重要的现实意义。

在如今日益复杂的网络关系中，企业单纯依靠自身研发力量进行的封闭式创新已经很难适应瞬息万变的市场需求，越来越多的企业意识到嵌入某个网络平台的重要意义。建立起企业内外部资源互通、知识共享、信息互动的知识网络，加强组织内外部的优势互补获得企业创新所需要的外部资源，已经成为众多企业在知识经济时代和信息技术时代的重要特征。企业只有技术或市场的单纯创新不够，重要的是在创新过程中对涉及的知识、信息进行重组和整合。在网络化背景下，企业通过组织学习、技术联盟或商务合作等方式与外部创新网络中的其他节点企业进行不同程度的合作，可以实现组织创新资源的最大化价值利用和最快化价值实现，这为企业充分利用内外部创新网络以实现当前成熟技术、市场充分开发与未来创新制高点的谋取提供可能，从而使企业持续获取超额利润和竞争优势地位。

本书在文献梳理和实际调研的基础上，以双元性创新为研究基石，综合利用理论和实证的研究方法，以知识、技术和组织及其关系为逻辑纽带，以企业知识能力如何转化为组织的创新能力为研究主线，探索企业知识价值实现过程中的知识整合问题和创新活动过程中的双元性创新路径平衡问题，分析双元性创新能力生成机制和知识整合对双元性创新的影响机制，阐述企业知识资源在技术活动过程中以何种组织形式有序并有效地发挥其作用，以及构建基于知识整合的双元性组织运行逻辑框架及其策略。

第六节 核心概念界定

一、知识整合

知识整合的概念自 20 世纪 90 年代提出，但发展到今天关于其概念的界定仍然存在较大分歧。关于知识整合的概念大概有关系论、能力论、过程论几种观点。持关系论的观点认为：①知识整合通过不同知识的连接促进知识的交流与互动，是组织个体与所在组织间的正式或非正式的关系，代表学者有 Inkpen（1998）；②知识整合也可以是组织内部知识与外部知识的一种连接，代表学者有 Laursen（2006）。持能力论的观点认为：①知识整合是一种能力，是组织运用现有知识与新知识的一种综合能力，代表学者有 Petroni（1996）、Grant（1996）、Kogut 和 Zander（1992）等；②知识整合是系统化能力、社会化能力和合作化能力三种能力的综合，代表学者有 Boer（1999）。持过程论的观点认为：①知识整合是将企业分散的知识资源或技术资源进行系统化的重构过程，代表人物有 Henderson 和 Clark（1990）、Petroni（1996）；②知识整合是客户知识和技术知识的双重融合过程，代表学者有 Iansiti 和 Clark（1994）；③知识整合是通过合并、利用和吸收企业原有的分散知识创造新知识的一种知识生产过程，代表学者有 Farrell（2005）、Bhandar（2007）等。

综合学界已有的观点，本书从过程、范围和功能三个角度对"知识整合"进行如下界定：①知识整合是知识的重构与综合过程，是知识在组织内外部流动和扩散时不同的知识主体通过对不同来源、不同功能知识的选择、梳理和重构，在原有知识体系的基础上孕育新的知识体系并创造性地加以有效利用的过程。②知识整合是组织在对不断变化的市场需求进行快速响应时重新安排和配置组织知识资源以有利于技术创新的一种手段。③知识整合综合体现了组织知识的生产、运用和传播能力，既可以发生在组织内部，是组织内部零散知识凝聚为团队知识并产生新知识的过程，具有知识的系统化和集成化功能；也可以借助技术交流、项目合作、商业来往、人员互动等方式实现知识的跨组织连通与互动，具有知识的协调化和合作化功能。

二、双元性创新

企业为应对快速变化的环境，在权衡和协调创新悖论时，对组织资源在当前和未来的配置要进行平衡，关于平衡过程的活动方式、能力需要、路径权衡和协调方式，众多学者进行了探讨，但对挖掘性创新和探索性创新的冲突平衡机制各学者却各有不同看法。学界关于双元性组织的概念已达成相对的共识，组织的双元性能力是指挖掘性创新和探索性创新两种能力，双元性组织首要的也是最突出的特征就是能够协调和平衡两种创新活动对资源和能力间的不同需求。Ducan（1976）在提出双元性概念时便指出，组织要在原有计划和创新实施活动中平衡好两者关系；Adler 等（1999）认为，要在组织弹性和组织效率间做出取舍和平衡；O'Reilly 和 Tushman（1996，

1997，2004）认为，渐进性创新和非连续性创新是构建双元性组织能力时应该解决的问题；March（1991）、Winter 和 Szu Lanski（2001）、Bennar 和 Tushman（2002，2003）、He 和 Wong（2004）认为，挖掘性创新活动和探索性创新活动的平衡和协调才是组织管理创新窘境的根本矛盾，在成熟和全新领域、在当前和未来领域企业应该做出合适安排以建立应对激烈竞争的关键能力。2004 年以后，学界对组织双元性平衡的概念才逐步形成共识，即认为双元性创新中的"双元"特指挖掘性创新和探索性创新两种活动，"平衡"特指组织创新资源、组织能力在这两类创新活动之间的配置、协调和调动，而前述学者提出的协作与适应、变化与维持、效率与效果、搜寻与稳定等活动则已经囊括在挖掘性创新活动和探索性创新活动的内涵中。

早期学者认为两类创新活动互不兼容，组织必须两者选择其一执行，随着研究的进展更多的学者逐渐持两类创新活动同时并举、互相平衡、互补和协调的态度，这与企业的创新实践中对两类创新活动的组织形式适应性安排和业务流程变革的方向基本一致。根据以上分析，本书对"双元性创新"进行如下定义：双元性创新兼具成熟市场上的挖掘性创新能力和未来领域的探索性创新能力。双元性组织采取某种方式或手段权衡和协调组织资源在挖掘性创新活动和探索性创新活动之间的分配，实现二者的平衡和协调，进而实现组织与资源相匹配以获取竞争优势。双元性创新平衡的创新过程，对于组织来说是时间上的机会和节奏的把握，空间上的组织能力与资源能力的匹配，形式上的两类创新活动的路径选择，过程上的平衡机制的协调和运行，功能上的创新平衡绩效的实现，文化上的双元性理念的塑造。

三、双元性组织

双元性（Ambidexterity）的中文含义是"左右手均能独特、灵活行动，具有同时善用两手的能力；怀有二心，欺诈，欺骗，诡诈，两面派手法；多方面的才能；很高的技艺，高度技巧，非常灵巧"。国内有学者将其译成中文时表述为"二元性""二元式""双元性""双元型"或"双元式"。本书认为"双元性"这一表述较为符合研究的语义、语境和中文释义。原因如下：第一，"双"比"二"更能体现协作、统一。"双"强调的是两者之间的联系，两者并举、合作和谐，内含"合""同"或"和"，重在统一、平衡和协调，在时间上具有同时性，在行为上具有一致性，而"双元性"组织文化的理念正体现了"双""和"的内涵；而"二"则重在区分事物之间的特性，强调两者之间的区别和差异，重在区分、割裂和竞争。具有双元性能力的组织是挖掘与探索能够并重、是两种性质不同的能力和创新活动和谐统一的有机体。从这个意义上来说，"双元"比"二元"更符合研究对象的科学范畴。第二，本书认为宜使用"双元性"而不是用"双元式"或"双元型"或其他各种表述来表达，Ambidexterity 的含义在于，"双元性"强调的是组织的一种能力，也是这类组织所具有的一种性质、性能、特性，具有本质性和持久性的含义；而"双元式"和"双元型"强调的是一种方式、类型、举措、形式，时间上具有短暂性和不连续性。基于以上分析，本书采用"双元性"这个表述。

根据对目前已有文献的关于"双元性组织"的研究梳理可以发现，1976 年 Ducan 最先使用"双元性"概念描述组织能力，1991 年 March 首次使用挖掘性创新和探索性创新这一对概念描述组织学习能力，1996 年 Tush-man 和 O'Reilly 首次对双元性组织的概念加以明确界定，之后 Gibson 和 Birkinshaw（2004）、He 和 Wong（2004）、Benner 和 Tushman（2002，2003）等都进一步对双元性概念进行了细化、明确和解析，大大推进了双元性理论研究的进展。本书在对前人概念进行梳理和理解的基础上，结合本书的问题特点、研究基础、文献解析和理论建构，对"双元性组织"和"组织双元性"加以界定。本书认为，双元性组织（Ambidextrous Organization）是指组织兼具挖掘性创新和探索性创新的双重能力，是既能够有效运作现有资源能力实现当前组织效率，又能够应对未来市场变化、适应环境变革、实现长期效益的一种组织模式。它是一种能够根据自身资源条件、外部环境变化、业务成长需要进行动态调整、主动适应、自我成长的创新性组织。

双元性组织是融合技术创新和市场适应的一种组织模式，技术创新上强调探索性创新与挖掘性创新相平衡，市场适应上强调组织进化与外部环境变化、内部资源禀赋以及社会网络关系相匹配，是针对企业创新两难悖论中寻求创新平衡和组织改进而提出的一种解决之道。它的双元性能力体现在组织既能够承担运作现有资源的挖掘性能力，又具有适应未来变革的探索性能力；它能立足于现在，较好地取得当前收益，也能够着眼于未来取得长期收益。

　　双元性组织（Ambidextrous Organization）本质上具有组织双元性（Organizational Ambidexterity）特性，"双元性组织"和"组织双元性"是既有区别又有联系的两个概念。两者关系恰如形式与内容的关系，反映了同一个问题的不同侧面，基于相同的本质和内容，只是各有侧重点。前者是双元性理论研究的实体指向，指具有双元性这一特性的有形组织或抽象意义的组织形式，在概念层面上具有静态意义；而后者则是指组织的双元性活动能力和程度，是有动态的可以量化的概念。这里需要特别指出，本书涉及的"组织"如无特别说明默认为是"企业组织"，这是因为：第一，双元性组织理论的提出、发展、演绎和应用，是基于企业组织而提出的；第二，本书的对象是企业，从问题提出、选题、数据采集、案例分析和实证分析都是基于企业层面上进行的；第三，企业组织是社会经济上最主要的创新主体，其严格的程序规则、严肃的纪律和管理、严密的技术和财务手段，为研究提供技术上的可能性；第四，企业以外的其他具有广泛性意义上的组织，如高校、研究机构、社会团体、政府组织等，在创新性、营利性、变动性和成长性并不具有鲜明的创新性特征，双元性理论是一种新兴的理论，在理论的探索和建构阶段还不适宜以这些机构为实证对象，与理论内涵不具有高度的契合性；第五，研究对象具有边界性，但理论的应用和推演是无界的，随着理论研究的推进和成熟，相信双元性理论和组织理念的应用前景会更加广泛，应该能够推演至多重领域，未来的研究视角的拓展和理论推广也会有在企业组织以外的其他组织深入的可能性，但是时间和精力有限，本书不进行过多讨论。

四、组织学习

关于组织学习的概念，国内外学者们主要是从组织学习的内容、组织学习的用途、组织学习的类型、组织学习的层次、组织学习的过程、组织学习与学习型组织的关系等角度加以阐释的。Kogut 和 Zander（1992）从组织学习的用途角度定义组织学习的概念，认为组织学习是组织知识增量的主要来源，组织的知识整合需要以组织知识存量为基础。Davenport 等（1996）从组织学习的过程角度定义，认为组织学习是组织在探测实践中对遇到的问题和错误给予及时解决和纠正的过程。Lee 等（2003）也从过程角度提出组织学习是个体与环境的互动过程，在这一过程中，个体一方面对环境进行解释并与之进行信息交换，另一方面对组织行为的因果关系进行学习。Crossan 等（1999）认为组织学习过程中依次经历着直觉、解释、整合以及制度化四个发展阶段。从组织学习的层次角度来说，Ahn（2002）认为，组织学习发生在个人、团队、组织以及组织间四个层面上，学习对象通常包括知识、技能、经验、观察力和情感控制力等内容；Crossan 等（1999）指出，组织学习是组织知识存量和知识流量相互作用的结果，在组织学习的直觉、解释、整合以及制度化四个发展阶段分别在个人层面、团体层面及组织层面同时展开，并认为在一般情况下，直觉发生在个人学习层面、解释发生在个人以及团体学习层面、整合发生在团体层面和组织层面、制度化则集中表现在组织层面。从组织学习的类型来说，组织学习是将显性的组织外部知识转化为特定的组织内部知识，实现新的知识（增量知识）与原有的知识（知识存量）相结合，进而通过知识关联以某种方式固定下来并在组织内部进行复制、推广和延续的过程（赵涛和艾宏图，2004），其类型有适应性学习和产生型学习（彼得·圣吉，1990），探索性学习和挖掘性学习（March，1991），维持学习、危机学习和期望学习（Fulmer，1998），显性知识学习、隐性知识学习和过程学习（王如富等，1999），有干中学、学中学、学中干等学习方式（芮明杰和樊圣君，2001）。

通过上述概念的梳理，本书认为组织学习是通过合适的手段或技术建立的一种在组织内部以及组织与外部之间进行知识交流和互动的机制，最终目的是实现知识的有效转化，进而提升组织的竞争优势，组织学习理论与知识整合理论、双元性创新理论有一个共同的特征，即将知识基础作为组织竞争优势的特征资源。知识整合是对以知识为纽带的组织学习的成果进行积累、转化、存储和共享的过程。因此，组织学习是推动知识多元化、丰富化的关键，同时推动了知识创新机制并引发组织结构变革。

第三章 基于知识整合的双元性创新理论研究的逻辑架构

第一节 知识整合的组织基础

一、开放性的组织环境

在知识经济和信息技术高速发展的今天，企业面临的生存环境和竞争环境日益严峻，前所未有地冲击着企业的组织秩序、组织规范、组织形式和组织惯例。如何有效运作当前成熟的业务领域，同时又快速地适应未来市场变革，成为企业必须面对又亟须解决的突出问题。企业既要转变惯性思维模式、突破常规知识框架，充分利用组织现有知识和技术资源维持当前业务发展，又要不断拓展新的技术和市场领域，应对快速变化的市场环境。而基于过去和面对未来的两类战略方向是基于不同的知识基础和技术轨道对企业的有限资源进行配置，两者在组织形式、组织文化、业务流程和制度情境等方面，都具有明显的差异性甚至是冲突性，企业须在两者之间做出选择或通过某种机制找出平衡和协调的有效途径（Tushman & O'Reilly，1996；Gibson & Birkinshaw，2004）。双元性创新理论是在针对创新管理悖论中的冲突背景下而产生的（Duncan，1976；March，1991），通过平衡挖掘性创新和探索性创新的矛盾，将不同的知识基础和技术逻辑与不同的组织结构形式相匹配（Tushman & O'Reilly，1996；Simsek，2009；凌鸿等，2010），被认为是突破创新困境实现双元创新的关键能力（He & Wong，2004）。

在知识密集型的新经济发展模式下，企业从未有过如此精细化的知识分工和专业分工，拥有的知识基础和知识能力各有不同，孤立的、零散的知识已经无法适应全新商业生态竞争环境的需要。由于组织学习的方式不同，企业运作能力和竞争能力也各有不同，从而影响到创新路径选择和创新绩效。在冗余资源、动态环境和复杂竞争的干扰下，单个知识或组织内部分散知识的简单叠加并不能产生企业技术创新所需要的知识，整合的知识正在取代知识本身而成为构筑企业创新能力的基础。知识整合发生在特定的组织环境中，知识整合机制的有效运行也需要在一定的组织基础上进行。在众多的企业组织结构中，一个企业为何以现有组织结构形式存在、为何不断地改变现有形式？显然企业既要基于组织现状和技术能力配置资源，又要突破组织惯例寻求与知识基础和新技术能力相适应的组织范式；通过知识的有效整合，打破原有知识体系，实现知识的转化与重构并建立新知识体系，才能够提升组织的知识运用和创造能力，促进挖掘性创新和探索性创新活动的开展。组织的知识存量和知识创造能力决定了组织技术创新轨道的配置方式、路径选择以及创新任务的实现形式或组织形式。组织各类资源在企业中高效、持续地发挥作用，首先是要对组织现有的知识进行梳理、选择、重组和融合，在知识整合过程中企业能够判断和识别出市场机会与组织知识资源的结合点，确定知识资源的利用方向，从而凝聚分布在不同组织成员、组织子单元、知识链和技术链条上的零散知识，促进知识与知识、知识与技术、技术与技术的重新组合以及创新主体不同形式的结合，最终通过量的积累促进质的突变，基于组织知识创新平台实现不同知识流和创新流在不同技术轨道上的融合，寻求新的知识基础、技术起点、资源安排和组织形式，并开启又一轮的技术创新活动，推动知识、技术与组织的再次契合。

二、复杂多变的网络环境

当前社会背景下，网络化是企业最重要的外部环境，知识网络、信息网络、社会网络、商业网络、创新网络等通过信息技术的连接和关系资本的构建庞大无比，使得任何一个企业都不可能游离于网络空间之外靠单打独斗获取竞争优势，企业应积极嵌入某个网络之中（Gulati，1998）。在复杂的网络关系中，企业单纯依靠自身知识能力和技术力量的封闭式创新已经很难应对市场需求的快速变化，越来越多的企业意识到通过某种优势能力或资源基础嵌入某个网络节点，才能获得企业创新所需要的外部资源。在运作当前业务和谋求未来发展的双重压力下，竞争环境的复杂性、技术创新的不确定性以及组织和市场的高度融合性，对企业的环境适应能力和创新能力提出更高要求，网络环境下企业单纯依靠自身已经很难适应快速变化的市场需求，以知识为核心的知识整合及其创新实现机制成为企业突破创新桎梏的途径。企业创新能力不仅依赖于内部创新资源制约，也受所嵌入网络的总体资源状况、综合能力及其关系疏密的影响。因此，基于成熟领域和新领域的双重战略需要，企业应善于识别网络机会并积极治理内外部网络关系，将组织发展的内部逻辑与外部逻辑连接在一起，建立适应企业创新需要、网络关系和市场变化的双元性创新能力生成机制，为提升技术创新能力寻求新的途径。企业通过与外部创新网络和知识网络不同形式的连接能加快内部知识资源的价值化和商业化，为企业充分利用内外部资源谋取当前事业和未来创新的制高点、获取竞争优势提供可能。

三、灵活弹性的组织结构

在动态变化的环境中，组织既是一个受外界复杂要素影响的客体，也是一个在社会经济系统中能够做出判断、选择和适应的主体。随着知识经济的到来，一方面企业与外界的沟通加强，组织边界日益模糊或消失；另一方面组织内部的群体性学习要求提高，个人学习与个体知识的应用更加依赖团队知识。目前，学界争论的焦点是知识的源头到底是什么，每个知识个体首先是知识的主体，而组织是不同知识主体构成的知识集合体。组织在适应外界环境变化的过程中，不断对自身及其资源结合方式进行重组和优化，通过对知识资源、技术能力、管理能力、经验技能、组织形式等的重构与安排，寻求新的发展机会。在这个过程中，企业不断在立体空间里进行各种要素的匹配和布局，在时间轴上通过完善自身成长逻辑不断发展壮大从而延续和保持生命力。组织自诞生以来，为获取和保持竞争优势在空间上和时间上都在不断地做出努力，不管是传统的有严格等级和分工的金字塔式结构还是更加灵活、富有弹性的扁平化、网络化结构发展，抑或是以合作、联盟等形式存在的跨组织形态，都是整个组织根据内外部需求的新变化做出的反应和自我调适，都是基于自身资源能力和战略定位走出的整体部署，也是在复杂竞争背景下与外部知识网络进行资源互动、知识交流和技术合作开展创造性活动的途径。就组织形式的演化趋势来看，当前经济社会背景下越加要求企业高层在企业整体经营目标和战略方向下，将更多的管理权力下放至管理层的最前沿甚至是一般员工，员工较以往任何时期具有更多的能动性和主体性。这才有可能使组织知识主体按照一定的工作流程在各自岗位上与同级之间、上下级之间进行信息互动，使个人的知识、观点和思想在不受束缚的组织背景下最大限度地转化为组织知识能力。

四、知识冲突下的组织融合

随着技术创新在各个领域的延伸和渗透，知识创新的组织过程和创造过程也发生了相应的变化，组织知识主体之间的关系亦呈现不同特征，且以团队组织形式创新带来的集聚效应已经超过个体创新带来的累积效应，成为组织创新的主要组织形式之一。异质性的知识交融和碰撞是激发组织创造力的源泉，然而这一过程中由于不同知识个体或团队拥有的知识各不相同，知识个体拥有着在年龄、性别、成长经历、教育背景、知识结构等方面的差异，知识团队由于专业优势、擅长领域、团队文化或决策认知等存在差异，在交流协作过程中会产生知识冲突。这种"知识冲突"（张钢和倪旭东，2007）源于组织个体知识结构的异质性，并由此导致了知识创新主体之间在认知、观念、思想、价值判断、思维方式和行为取向上的不同，从而对个人、团队和整个企业都产生不同程度的影响。知识冲突的结果可能是良性的，也可能是恶性的（张钢和倪旭东，2006）。良性的知识冲突是创新的基础，能够实现异质性知识的互补和流转，是知识交汇和创造的起点，可以激发知识主体的创造性思维，促进组织成员间相互学习、知识流动、知识增值和协同创新；恶性的知识冲突则妨碍成员间的知识交流，使知识转化、共享和传递出现障碍，破坏组织创新效率和文化氛围，不利于知识创造和创新产出。

组织中的知识冲突难以避免，而如何利用好知识的异质性引导知识冲突向良性知识冲突转化，是企业必须面对的问题。从个人层面来说，以开放包容的姿态承认和接受知识的异质性和文化的多元性，主动与其他知识个体沟通和联系，勇于表达不同的观点，但要源于问题、止于人身，客观冷静，特别是作为负责人、带头人、关键成员或骨干成员更应尊重主体的多样性并以身作则，不能将自己的观点强加于人；从团队层面来说，成员间平等关系是知识碰撞的组织基础，各成员在平等的基础上充分交流，鼓励不同的意见、观点或问题解决途径，鼓励观点交锋和集思广益，积极营造团队成员间坦诚相待、相互包容、相互尊重、团结协作的交流与协作机制，将团队成员的困惑、建议、见解或诉求畅通、及时地表达，以提高成员间的团队合作意识和组织认同感；从企业层面来说，须建立开放性创新文化，打破由于专业化分工导致的行政分割的组织单元格局，建立知识沟通和流转的学习机制、创新机制和利益机制，推动跨领域、跨部门的知识交叉和融合，构建企业层面主导下的分散知识交融创新平台和知识整合平台，克服知识力量分散、知识流转利用率低和重复率高的痼疾，强化知识融合和交流。

第二节 "知识—技术—组织"
三维创新融合机理

一、知识和技术的关系

企业拥有的知识能力是技术能力提升的基础,技术能力本质上是知识和经验的积累,知识只有通过组织系统并进入创新系统,才能转化为新的现实生产力。企业的技术创新是涵盖科学研究、技术开发、产品生产和服务等的复杂过程,随着科学技术的发展和科学与技术之间的界限日益模糊,企业的技术创新过程逐渐演变为以知识学习和知识应用为核心的组织知识创造与开发过程。本质上,技术创新是一个知识的利用与创造过程。企业利用已有的知识基础,可以加快技术创新的速度,在企业内外部基础知识融合与应用的过程中,如何将内外部知识最大限度地用于企业生产经营过程,成为复杂竞争背景下推动企业技术创新过程的关键环节。

Garud 和 Nayyar(1994)从知识活动和知识生产的过程揭示了技术创新的内涵,认为技术创新是不同层面的知识通过互动和交融产生新的知识并以有效的组织形式实现知识创造的过程,由此知识的积累、储备、应用和增值得以实现,知识在投入技术活动过程中得到利用、转化并被充分激活,加速了创新过程。Petroni(1996)从企业内外部知识整合视角建立起了知识整合水平与核心技术创新能力的关系,认为新的技术能力以原有的技术能力为基础,并通过不断融入新的知识内容或者对原有知识体系进行综合、取舍、筛选和重构而实现。企业的知识创新流对企业组织结构体系来说,不仅能催生新的技术能力,而且以创新流为核心带动整体组织文化的升级乃至组织系统演化,其终极目的并不单纯是产品的创新或服务的创新,它包含知识体系、撬动技术体系并充分激活组织资源实现组织向更高层次的智慧体演变，为企业长期的发展奠定了优势基础。组织拥有的知识基础是技术创新的基础和源泉，但是并非充分条件，企业所处的大环境和保障知识顺利流转和增值的机制、技术创新有效开展的组织体系的成长和优化才是技术创新流的终极目的，对企业具有战略意义。

二、知识和技术的组织实现过程

知识经济时代中的企业更像是一个知识集合体，它存在前提、运转过程、结构特性、组织边界、文化特征以及不同企业间的异质性等，都是由知识的性质所决定的（余光胜，2000）。Penrose（1996）认为，企业的成长能力取决于企业的知识能力，尤其是来自企业管理团队的知识储量和能力。知识的流动过程驱动组织资源的流转，并以知识资源转化成技术创新能力为中心实现产品或服务的创新，而企业的各类组织资源能否被知识资源带动并激活，能否转化为技术创新能力，在很大程度上依赖于组织的整合性知识的创造或创新能力。组织的知识整合能力可以将企业的分布知识系统化、协调化，通过有效的整合形式实现自我知识体系的更新和增值，并建立、协调和重构组织内外部知识资源以及组织能力，其目的是适应外界快速变化的环境，也可以说是动态能力的知识组合过程的一种体现（Teece et al.，1997）。根据演化经济学的观点，技术创新通过多种途径、手段和方式对组织结构系统的演化产生影响；组织结构系统反过来也会作用于技术创新的产生、发展和结果及其过程。知识和技术犹如一对孪生兄弟，而知识、技术与组织的矛盾却是长期并行存在的，组织的稳定和平衡只是暂时的，而变化、冲突、矛盾和不平衡则是永恒的。如果组织系统与技术创新系统能够相适应，两者就会相互促进从而激发组织活力，进而触发企业的知识创新系统并作用于组织创新资源使技术创新达到其目的。如果组织系统与技术创新的步伐不相适应甚至冲突时，往往组织系统应该做出让步或妥协，去适应以市场为导向的技术创新的变化，否则就会阻碍技术创新活动过程，脱离市场需求，最终制约技术创新效果直至扼杀技术创新。

就企业开展挖掘性创新和探索性创新活动的路径选择、路径转化与路径平衡过程来说，呈现出来的不仅是技术轨迹的变化，也伴随着在知识资源投入并带动组织其他资源的过程中，新的创新路径涌现、新的组织形式形成并产生新的组织规则、新的业务流程、新的价值体系、新的战略定位以及新一轮的路径选择，最终会导致更高层次的组织系统产生，进而实现整个组织结构系统的演化。因此，承载驱动组织要素、知识创造、资源整合的组织结构系统也面临着来自外部的剧烈变革的环境压力、日益复杂的竞争压力、内部组织成长和战略重新定位的压力。由于组织的资源在一定时期内是稳定的、有限的，知识生产能力和创新活动能力也是有限的，实现知识的组织转化、提高创新能力的技术转化和推动组织结构系统优化进而提升企业的整体竞争优势，仅依靠过去的管理经验、基于单一的管理实际、纯粹的依靠组织本身的能力无论是从理论上还是实践上都无法有效解决。从众多的企业突破创新悖论或组织困境的案例来看，其失败的根本原因并不是技术能力或者资源能力的差异，而是组织系统与技术创新系统不能很好地协同、适应。企业的创新路径因知识基础和技术轨道的不同相分离，又因知识和技术的融合相统一，而企业的组织系统必须伴随这一过程向新的组织系统过渡，从"知识—技术—组织"相融合的角度考察技术创新过程，可以更好地洞悉组织运行机制和以创新流为主线的组织价值实现过程。

三、"知识—技术—组织"三维融合机理

创新是企业的一个系统过程，从创新的涌现、累积、扩散、承续和突变，凝聚成一股以创新为动力的"流"——"创新流"，推动组织的各类资源、核心技术和组织体系协同跃进和演化。企业作为一个有组织、有计划的主体在公司层面上动员优势资源和力量开展创新活动，以"创新流"为主线，在组织要素层面、创新过程层面和组织变革层面全方位参与创新活

动的各个环节。企业集中创新优势资源将开展创新所必需的知识、要素和信息加以组合，并以知识为纽带将智力和物力要素整合在一起，将组织要素凝聚起来转化为创新动能并以创新结果的成功为导向调整整个活动过程。技术创新过程本质上是通过知识的有效整合转化为现实的组织能力，知识的创造力是通过技术创新活动催生新的生产力，技术创新的程度和结果确定了企业产品的综合品质和企业竞争力。

　　基于要素层面的知识创造、基于过程层面的技术创新和基于组织层面的组织结构变革，共存于一个组织系统，通过由点及线再到面和体，以知识为起点、以创新为驱动、以组织优化为基础，通过"知识—技术—组织"三个维度的连接和融合，实现组织的整合效应、协同效应和创新效应，最终构成三个层面和三个过程的交叉和融汇，呈现出三维融合效应特征（见图3-1）。这种融合不是各种要素的简单叠加或线性累积，而是呈现出非线性的级数扩散特征。知识的非线性增长是企业组织形态改进与演化的原始动力，企业演化规律实际上就是企业组织结构演化的现实动力（薛澜，2005）。"知识—技术—组织"三维协同演化的方向与组织当时的结构特性有关，也与组织历史发展中的创新路径选择有关。在权力等级划分明显、规则程序严格的组织体系中，企业运行状态较为稳定，面向成熟技术的挖掘性创新路径与之更为契合；而灵活、活力和柔性的组织结构是突破性技术诞生的组织基础，即适合探索性创新路径下的技术突破。从技术产生和涌现的组织环境来看，挖掘性技术活动容易在等级制、科层制、金字塔式的庞大结构系统中产生，制度化的作业流程、系统化的知识体系、部门化的子单元、程序化的互动方式、等级权限森严的级别组织使常规技术开发具有很高的效率，适用于生产过程中对成熟产品或技术的改进。而探索性技术需要新知识的应用和新市场机会的搜索和试错，面向全新的市场，要求与之匹配的组织结构体系更加灵活和多样，组织氛围的活跃和组织结构简洁高效为突破性技术创新提供了组织条件。

　　就创新过程的实质来说，新旧技术的更替和技术路径的延续或跃进都是以"创新流"为主轴的组织知识资源的综合利用和优化整合过程。企

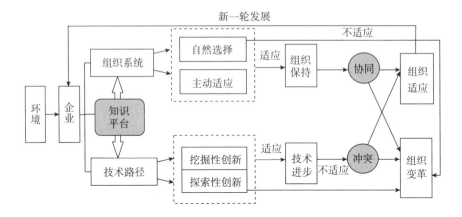

图 3-1　知识、技术和组织的融合过程

资料来源：笔者根据研究内容和相关资料整理。

业的技术创新路径是成熟技术条件下的不断改进和完善，还是通过全新技术、全新产品等突破性技术带来的新市场和新机会，对知识资源配置和组织结构系统的匹配性要求截然不同（Tushman et al.，2004）。即使组织结构变化会从一个极端走向另一个极端，或者组织流程和结构再造，技术创新流和组织创新系统也是一个凝聚持续力量和凝结持续要素的源源不断的闭合系统，在这个连续的系统内部，知识资源与技术创新能够更好地结合的基础是组织结构系统与之协同发展与协作共生。在"小和大、灵活和机械、垂直和扁平、有机和官僚、柔性和固定、弹性和僵化"等连续区间内，企业找寻自己的定位，为知识、技术和组织的平衡协调和协同演化提供空间。

四、"知识—技术—组织" 三维融合的动态过程

企业组织单元的设立首先体现了知识专业分工的需求，部门之间的流程、协调和互动体现了知识的流转性和系统性的要求（Tushman，2004）。知识的交叉性、集成性和复合性使组织的每一个知识个体通过知识交流得以连接，从而将个体知识转化为群体知识或组织知识，进而转化为组织生产力实现其商业价值。在知识生产和创造的过程中，知识的活动过程与技

术活动过程紧密联系在一起，最大限度地获取、吸收、交流和利用知识，通过组织的有效形式安排促进知识资源的流转，推动知识的技术化过程，从而提高知识的利用和创造效率。

从技术创新活动的过程来看，活动的开展主要受到两个方面力量的驱动：一是知识在广度或宽度上的挖掘，即企业利用组织的现有知识能力、资源基础、组织条件和技术能力对成熟技术、产品、服务和市场进行技术改良或改进，这一技术活动过程是连续的，形式上较为温和、稳定，过程持续较长，最终逐渐演变为企业技术开发部门的例行公事，实践中大多数的企业在成熟技术或业务上通常采用这种创新方式推进技术的改进和演化方向。二是知识在深度上的探索，为了巩固企业的竞争地位，组织通常会在成熟业务领域外开辟新的技术试验方向以实现技术新的突破，这一过程通常是非连续性的、间断的、不可预测的，形式上更为激烈，结果具有不确定性，但一旦成功则影响深远并会很快转化为商业价值，搜寻过程虽然不可预测，但结果确定后却能够取得市场的巨大突破。来自挖掘和探索活动两方面的驱动力量推动着企业技术创新的总体演化，这种事前安排会表现为形式上连续性的技术改进和突变性的技术突破，随着创新程度的提高和范围的延展，甚至能进一步推进关联产业的技术革命，深层次地改变原有技术惯例、组织惯例、生产过程、组织形式、生活方式和价值观念。例如，数码相机取代胶圈相机、智能手机取代电阻触摸屏、移动支付取代传统支付等，技术上的变革将引起人们生产、生活方式和价值观念的巨大变革。

在技术轨迹的变化过程中，新的组织系统会相伴演化，通常组织系统的演化沿着两个方面进行（见图3-1）：一方面是组织的自然选择过程。技术力量的推动、市场需求的变化、战略目标的重新定位等因素推动着企业组织选择新的组织形式，这是个连续性的过程，客观环境的变化为企业提供威胁的同时也为自然选择提供机会，企业是社会经济系统的一个生命机体，像生物环境中的自然选择一样，在企业生物群落里总是要先适应自然条件和物理环境变化再产生内生性演化需求，这决定着组织系统的演化性质和变革程度。另一方面是组织自身的主动适应过程。由于组织习以为常并赖以生存的基础发生了变化，企业识别到信号后会基于企业战略定位和战略目标对自身结构系统做出调适来积极适应内外部变化形势。这一演化过程可能是连续的也可能是非连续的，糅合着来自组织决策层的主观判断和行动策略，是有目的、有计划、有严格控制过程的系统变革，支配着组织系统演化的方向、过程和范围。来自这两方面的作用力共同驱动组织结构系统的演化过程和内容，因此企业组织系统的演化决定着组织结构的形式和相关的流程、制度和价值安排，从这个意义上说企业组织系统的演化实质是以组织结构体系变革、组织结构流程优化、组织创新能力提升为表现形式的动态优化过程，演化的动力来自知识和技术融合的双重驱动，从而会在挖掘和探索两类技术活动中做出有利于创新的组织安排。

第三节　融合效应下双元性创新的运行机制

一、双元性创新运行的组织特征

在创新活动过程中，企业利用内外部资源要素组合和重构借以提升企业的适应能力和竞争能力，并依靠强大的组织能力获取更大的差异化资源以构筑企业核心竞争优势，以期企业在未来市场上取得更大突破。随着外部创新网络的建立，企业面临的环境越来越具有开放性，企业的创新所需要的资源有赖于动态网络环境下企业自身创新平台的开放程度（Chesbrough，2003，2004）[1]，在创新过程中，来自企业利益最大化的诉求、市场

---

[1] Chesbrough 认为在市场环境迅速变化的今天，知识和信息的流动越来越多，产品和服务的市场响应速度越来越短，过去的那种企业在关键技术上完全依赖自己的，在创新过程中严格控制、严加防范的技术范式已经与时代发展不相适宜，取而代之的是开放式创新范式，企业应具有开放性创新思维，将内外部创新资源整合到企业框架内。

外部的竞争压力、内部资本增值的动力、战略重点重构的变革力促使企业在技术创新活动中将分散的资源或能力凝聚成强劲的资源重组整合力，将组织外部要素不断吸收进来并融入组织内部，同时结合自身知识储备、能力基础、技术条件和资源禀赋，通过知识创新、技术创新、产品创新、工艺创新、流程创新、管理创新和市场创新等综合手段，凭借组织资源整合能力和关键竞争能力打造企业的优势。通常企业通过捕捉组织结构重组转型的市场信号，不断跨越企业固有的组织边界，通过资本运作、联盟合作、协议契约等形式快速实现规模扩张，即企业量的方面的增长；同时突破既有技术轨道约束，在创新活动中依靠知识创造、整合和技术突破推动企业深度成长，即质的方面的提高。

挖掘性创新与探索性创新的知识基础、能力基础、技术轨道、组织形式迥异，组织在利用内外部资源时必须具备这样一种能力——通过某种手段有效实现组织内外部知识资源的整合和利用，只有整合的知识才能发挥知识创造的作用。这就要求企业要有适应高速变动环境下的动态学习机制，一方面吸收外部知识不断扩大和更新知识库容，另一方面通过内外部知识的融会贯通实现知识的内化、转化、系统化和协调化，良好的学习机制是知识整合的基础，也是持续维持企业知识能力的基础。当然，这种学习既包括面向成熟技术的学习也包括面向全新技术的学习，既包括内部熟练知识的学习也包括外部新知识的学习，既是组织交流知识的一种状态，更是促进知识资源流转、扩散和利用的一种学习机制。从某种程度上来说，双元性能力的实现需要以这种组织学习机制和知识整合机制为基础，才能实现创新资源的持续、调整和选择。

二、三维融合的双元性创新运行机制

双元性创新的实现不仅是创新资源的配置，还是一个复杂的系统性过程，受诸多内外部因素的影响和制约。图3-2反映了企业在开放的创新环境下技术创新系统组织实现的过程，以现有组织基础为起点，在知识平台中学习机制和整合机制的作用下，企业的知识、技术沿着不同的技术轨道进行选择，组织的业务流程和资源的结合方式随知识和技术的性质做出适应和调整，从而使知识元素、技术元素和组织结构得以融合，并在原有市场和新市场间做出平衡和协调。Christine 等（2003）指出，组织外部环境因素、组织内部要素综合作用于不同的技术创新类型在结果表现形式上会呈现出不同。外部环境的动态变化要求组织系统不断地以新的组织方式和行为方式与之匹配，当组织所处环境发生变化时，组织需要突破已经建立起来的惯例、规则和程序。一是基于外界环境的变化和组织体系对环境做出自适应性改变；二是通过修补、改善、调整和变革等主动性选择和扬弃的方式对组织形式进行不断的创新和重造，反过来作用于组织情境，实现知识创造和技术路径的再度选择。最终在组织的内外部因素综合作用下，组织新模式、新的业务流程与新的组织形式的选择和技术创新路径选择相统一，在组织资源纳入资源创造的过程中实现组织系统的修补、调整和选择行为，表现为或交替进行或相伴而为。当然，组织的变化适应并不是一劳永逸或一蹴而就的，而是一个不断修补、不断调整、不断优化、不断打破平衡的动态过程。

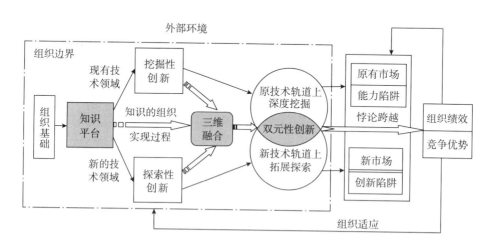

图 3-2　三维融合的双元性创新运行机制

资料来源：笔者根据研究内容和相关资料整理。

组织进化过程有三要素，即惯例、搜寻和选择（Nelson & Winter，1982）①。演化经济学采用"变异—选择—保持—发展"的基本分析框架分析机体的演化，企业作为社会经济系统中的一个有机体，自身生命周期呈现出与生物有机体一样的特征，因此组织系统作为社会系统的一个经济主体，其演化轨迹也遵循着这一演化规律。"变异"是外界环境条件发生改变时，组织系统为适应环境在资源和能力上表现出的特征，决定了组织采取何种组织方式推动结构变革来适应变化，每个组织的起点和基础不同，也决定了变异程度和组织外在表现形式的差异；"选择"是企业基于自身特定生存环境对"变异"因素进行利弊甄别判断后的行动趋向，在取舍过程中做出有利于自身的选择，决定了组织系统的演化方向；"保持"是企业基于遗传和继承规律在组织历史发展中保留下来的有利的组织基因，决定了组织的传承和延续；"发展"表现为企业在竞争群落中为适应未来竞争需要在某种基因上占据超越竞争对手的优势地位。对于一个企业来说，其组织能力主要表现在组织适应外界环境不确定性变化上，尤其是在平衡和协调这一变化及其与组织常规运营的关系等方面具有哪种优势，这种连续性、遗传性和变化性的平衡通常在组织特质、资源配置、能力形成、关系治理和惯例重构等方面加以反映（Meyer & Stensaker，2006）。

双元性创新本质上是组织动态能力的一种综合体现（Eisenhardt，2000），以知识获取和知识创造为核心的组织学习是促进组织双元性创新活动的基础，知识的获取、吸收与转化是运用整合性知识进行技术创新活动的基础，创新实质上是不同的创新资源与不同的知识资源结合以组织基础为载体将知识和技术进行不同程度的转化和创造的过程，沿着既定的技术轨道或全新的技术轨道进行技术、资源和能力的重新构造和结合，而知识整合能力是激活组织知识储量、触发创新机制、与组织资源进行匹配并转化为技术创新动能的基本推动力量。挖掘性创新与探索性创新在技术创新活动过程中吸取组织知识在不同技术方向上推进和延展，将组织资源引向

---

① Nelson R R，Winter S G. An evolutionary theory of economic change［M］. Cambridge，Mass：The Belknap Press of Harvard University Press，1982.

不同的组织过程和方向，从而表现为组织创新能力与不同组织形式、流程和规则的多种结合形态，表现出组织间的差异性和结构上的多样化。不同知识基础引致的技术创新流在组织层面上逐步分化，一方面表现为组织系统各组成要素和单元要适应新的流程、新的规则、新的制度体系，从而内化为组织文化或理念，促进新的组织惯例的形成，组织积累知识的深度和广度共同决定了组织搜寻和选择更适配的技术创新路径的效率以及创新空间的势能，并在日积月累的创新适应下逐渐形成成熟的技术轨迹以及习惯创新的步伐、方式、速度和路径；另一方面表现为组织体系进化过程中技术创新过程与组织结构体系的知识冲突引发的组织冲突，导致组织成员观念、思维、行为方式与原本的组织惯例产生冲突，具有决策权和影响力的高层团队或关键组织成员、知识型员工在组织惯例打破上往往带有主动性和示范性，以至于使组织流程或组织形式冲破原有的规则体系或组织边界形成新的组织规范、制度和体现，并内化为组织文化。

三、双元性视角下的组织创新平衡运行机制

在企业技术创新平台上，资源和技术是有限的，而有限的技术力量和组织资源投入促使利益最大化的企业须兼顾到短期收益和长期效率同时实现，组织往往会将集中优势创新资源在最能创造企业盈利机会和构筑竞争优势的方面体现，同时还必须考虑到企业的持续成长，使未来的商业价值、竞争力和发展力与当前的事业具有连续性。开启企业技术创新平台的现有成熟技术领域与全新的技术领域这两台发动机，既要具备足够的马力又要做到互不干扰，才能真正体现双元性组织的创新平衡力量。在开放式创新环境和开放式创新平台下，两个具有竞争性的组织创新过程在稀缺的组织面前的冲突性表现程度会有所不同，基于对资源的强制性要求和对环境的适应性要求，每一个创新过程在与组织体系和知识体系协同演化的进程中，客观上都要求对组织资源诉求与另一过程相兼容，提供另一种创新活动过程中所需要的技术和知识支撑，从而相互弥补和相互促进实现创新平衡。

开放式创新平台下的信息交互、人员交互和知识互动，既包括面向组织内部成员建立的常规的、正式的交流互动学习机制，也包括面向组织内部与外部之间建立的非常规、非正式的交互式学习机制（Lundvall，1992）。交互式学习过程为企业这一社会经济创新的最主要创新体①的知识获取、吸收、利用和传播提供基础，将外部知识资源和内部知识资源做到不同程度和范围的融合，在连续不断地与知识受体间发生交互作用中，创新平台内参与创新活动的各方进行知识、信息和技术的流入、流出与反馈。交互式学习过程中企业的创新要素依托其他创新主体的合作参与意愿以及真实行动，将这些创新要素通过知识和信息的互动连接在一个技术创新系统进行结合和转移，从而使创新主体共存于同一组织系统中又各骋所长、各取所得，看似无形又受互利互惠的体系约束（Lundvall & Archibugi，2001）。

组织要素在组织内和组织间从流转到最终实现价值创造的动态过程中，组织系统须适应技术创新过程的需要，一方面保证资源的流动效率，另一方面保证组织的运转秩序，使知识和技术在转化为挖掘性技术能力和探索性技术能力时，实现协同效应、平衡效应和创新效应的联动。原有技术领域的挖掘性创新活动保证了组织当前效率和产品利润，新技术领域内探索性创新则面向组织的长期绩效，两种创新活动在组织创新平衡的作用力下实现融合和互动，通过组织系统的有效安排使组织具备传统单一创新路经所不具备的双元性创新能力。开放式创新平台下构筑的组织创新平衡机制为企业组织创新要素流转和创新资源在不同创新路径下的互动和融合提供可能，从而能够突破空间分割带来的内耗，避免时间切换带来的资源争夺和过程的不连续造成的事业中断，实现组织系统与技术创新系统的协同。

企业根据市场的动态变化确定创新资源的投入路径以及投入比例时，动态开放的创新平台下，挖掘性创新过程中积累的成熟经验以及探索性创新过程中的新知识和新技术即使因时间的推移和知识的累积产品技术轨迹发生改变，基于共同组织目标和战略愿景也能够促使两者的相互促进。沿着技术轨迹，技术创新在量的积累或质的提高进入特定阶段时，基于突破

---

① 包括参与技术研发、产品改进、基础研究、合作研究等创新过程的组织个体和组织子单元。

性技术的探索性创新和基于渐进性技术的挖掘性创新可以相互转化，从而促进企业整体技术创新水平的提高，并不断开启新的创新平衡。组织的长期有效运行是一个与外界环境持续交换信息和利用资源的过程，某个时期内市场效率和组织效率的成功并不代表企业就能长盛不衰，企业还必须建立起与组织技术创新过程相适配的信息反馈、纠错和自成长机制，才能使组织根据内外部环境变化做出自适应。

四、双元性视角下的创新扩散机制

在知识经济和信息经济高速发展的今天，企业面临的竞争环境日益复杂，前所未有地颠覆着企业赖以生存的规则和惯例。通过平衡挖掘性创新和探索性创新的矛盾，将不同的知识基础和技术逻辑与组织结构相匹配，被认为是化解创新悖论的关键能力。挖掘性创新和探索性创新路径的选择、转化与平衡过程呈现的不仅是技术轨迹的变化，也意味着在创新资源的组织实现过程中，新的创新路径涌现并促进新的组织规则和战略行为产生，最终导致更高层次组织系统产生，进而促进整个组织结构系统的演化。因而，肩负驱动组织要素、整合创新资源的组织结构系统也面临着来自剧烈变革的外界环境的压力。一定时期内组织的知识储量有限，创新活动能力有限，在有效的组织能力下实现知识的组织转化、创新能力的技术转化和组织结构系统的优化，需要在组织生态大系统内积极嵌入开放式创新网络，显著提升企业的整体竞争优势，依靠过去的管理经验和基于单一的管理实际或理论是无法有效解决的。

在双元性组织体系的"结构—运行—功能"的逻辑范式下，组织内部分工协作体系在权力配置、要素互动、业务流程、沟通衔接、制度安排上构成了一个多层次的框架体系，这些组织要素及其关系是双元性组织创新平衡运行的基础。组织体系运行中在资源配置、平衡方式、路径选择上的做法，体现其资源适配、机制运行两大原理，在开放式学习平台和交互式学习机制下，通过创新资源的网络关系交互实现资源和技术的融合，构成创新平衡机制的核心环节。组织体系的功能是创新平衡运行机制的最终指向，具有生命力的组织架构、有效的平衡措施是跨越悖论获取竞争优势的根本。在对企业进行访谈调研时发现，在开放性市场环境下，企业的创新平台必须是开放性的，来自市场外部的竞争压力、内部资本增值的驱动力，促使企业在各方面的创新活动中形成强劲的资源重组整合力。开放式创新平台下的知识和信息互动，是一种同时面向组织内部之间以及组织内部与外部之间的交互式学习活动。这种交互式学习意味着企业的创新主体在知识的获取、吸收、应用和扩散的过程中，持续不断地与受体之间发生交互作用，进行知识、信息和技术的流入、流出与反馈，通过创新的溢出、集聚和辐射首先带动企业生态价值链上的其他企业，进而带动创新网络乃至产业内部的技术跃迁。

企业关键技术的变革引起的创新辐射的溢出效应会从企业层面扩展到整个关联产业层面，如图 3-3 产业创新和产业升级的"浴缸模型"所示，通过核心企业的带动作用，以及知识在联盟企业和合作组织间的溢出，在一定地理区域内或者在统一的产业链上，企业创新的主导作用明显，实现产业集聚到产业集群的跨越，从更中观和宏观的层面演示了"知识—技术—组织"三维融合创新体系的演进过程。产业集聚是地域化经济发展的初级阶段，它与产业在更广泛的扩散空间上共同构成一个既对立又共存的范畴；而产业集群则是地域化经济发展的高级阶段。根据各国经济的发展历程和产业演化规律，产业总是聚集在某一个特定的地区范围内并不断地发展和壮大是产业发展的一个显著特征，但并不是区域内所有企业都能均衡发展。产业集群是在某一特定领域内互相联系的、在地理位置上集中的公司和机构集合，它包括对竞争起重要作用的、相互联系的产业和其他实体（波特，1998）。产业集群通常向下触及销售渠道及其渠道关联客户，侧面可延伸到辅助性产品的提供商，以及与产品技能、产业技术或资源相关联的其他企业，另外还包括提供专业化培训、教育、开发、信息交流和技术支撑的部门、当地政府等机构。而产业集聚包含在某种特定产业或者相关支撑产业的范畴内，或属于异质类型的产业及其所嵌价值链上有所关联的支撑产业（波特，1998），其较产业集群范围相对狭窄、内涵相对缩小，在一定地域范围内地理位置集中，相关企业及其支持性机构在一些地方靠近集结成群，从而获得区域内依托地缘优势构筑起企业竞争优势和机制的特殊现象。

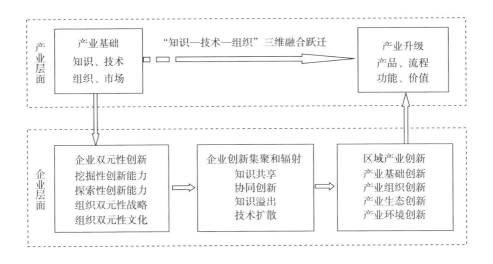

图 3-3 双元性视角下的创新扩散机制

资料来源：笔者根据研究内容和相关资料整理。

由单个企业的突破性技术创新带动区域产业创新是在多重影响因素的综合作用下实现的。这些因素包括市场需求（产业创新的最初导向）、技术创新（产业创新的基础条件）、经济投资（产业创新的推动力量）、政策支持（产业创新的宏观环境）等，它们共同构成产业创新的外源性动力。而区域产业创新的内源性动力来自企业之间的竞争与协作，以及企业在产业价值链分工上由于节约交易费用等形成的网络效应，在共同利益的基础上，本着双赢建立起来的竞合关系驱使企业在产业成长路径选择上走协同创新之路。外源性动力机制与内源性动力机制之间相互关联、相互影响和相互转换，在一定的条件下外源性动力可能会完全转化为内源性动力。从产业基础创新的"技术创新—市场导向"，到产业组织创新的"协同创新—产业竞合"，再到产业生态创新的"生态创新—产业共生"，最后完成对产业环境创新的"制度创新—政策优化"的传导，将企业创新的力量扩散至整个产业。

第四节　知识整合下双元性创新的组织逻辑

一、复杂背景下组织变革的逻辑指向

在组织理论领域，Woodward 揭示了技术与组织的关系，认为不同的技术对组织和个体有不同的要求，并且需要通过一种组织结构满足这些要求，他提出与技术要求最适合的组织结构才是最佳组织，也就是说企业的最佳组织方式并不是唯一的。组织结构不再是单纯的获取绩效的工具，也成为社会学取向的因变量（Scott，1975），随着理论的推进和实践的发展，影响组织结构变革的因素也扩展到规模、环境、技术等多元变量。在新一轮技术革命和竞争全球化趋势背景下，企业面临的不确定性和竞争形势前所未有，企业要持续不断地占据竞争优势地位，坚持创新导向的发展战略已成为共识，而技术创新又是其他一切创新的先导与基础，会对企业组织结构产生冲击，并要求组织结构与之相适应。

组织结构是企业实现战略目标和生产经营活动的空间载体，是一个聚集了各组织单元的连接渠道、组合方式、角色定位、业务功能等一切组织要素的系统。根据系统论的观点，企业组织结构是一个整体开放的社会子系统，企业组织结构的形成与变化既会受组织内部要素的影响，又会受企业外部环境变化的作用。按照核心竞争理论的观点，企业在复杂的竞争环境中获取竞争优势的关键是必须发展企业的核心竞争能力，因此企业须对外部环境变化做出积极反应，通过不断调整组织结构体系以适应环境压力的要求。随着企业对环境变化的认知度提升，对组织变革的认知也逐渐从被动走向主动。对广州、深圳和北京等地的企业追踪调查发现，越来越多的企业根据市场变化进行战略重新定位，首要的变化都体现在主动调整人力资源部署、技术资源以及其他功能性资源的配置上，通过削减、增加或调整组织单元适应新的战略需要，组织结构变革的速度和频率呈现越来越频繁的趋势。这种调整或变革既包括组织内部成员的主观感念（如目标、愿景、认知、态度）的改变，也包括客观状态（如技能、行为、决策、习惯）的改变；既包括组织结构的系统变革（如并购、联盟、分包、改制等），也包括组织结构的局部变革（如增设、删减、合并、分拆等）；既包括物的因素，也包括人的因素。可以说，组织结构变革是组织系统变革的核心，组织结构设计理念是推动组织结构演化的牵引力。

二、知识整合背景下的组织结构演化

如果说组织变革是宏观层面的变革方式，更多地关注组织整体的系统性变革，组织创新则是对组织内部影响组织资源流动、传递、协作方式的改进。前者更多地体现在组织架构、治理体系等方面，与制度、体系或者机制相关；后者则更多地体现在流程改造、技术改进、知识更新等方面，与知识和技术紧密相关。随着创新时代的来临，创新带来企业巨变，既反映在企业的市场机会和效益获取方面，也反映在企业的经营管理和结构形式方面，因此所有的创新都包含变革，但变革并不一定都是创新（Robbins，2003）。但也有学者认为，组织变革本身就包含着流程变革、管理创新、知识重构等内容，两者并没有明显的差别，对组织变革的研究往往伴随着组织创新的研究（Hill & Rothaermel，2003）。因此本书对两者不加以区别，将组织变革和组织创新结合企业实际共同运用在研究当中。

持续的创新是组织在激烈的竞争环境中必须具备的生存和发展的基本技能。创新是知识应用的结果，是提升知识的运用和创造效率的实践过程（Drucker，1993）。组织创新有赖于知识的获取与应用能力，而知识的获取与应用能力离不开组织知识资源的丰富性和系统性。新旧知识必须通过整合并融入现有知识库中，才能实现组织知识创造。Boer 等（1999）指出，企业的持续竞争优势来自知识整合能力，而不是占有单一的知识多寡，只有整合后的知识才能指引企业在快速变动的环境中结合产品创新和市场变化的需要进行新的知识组合和创造，从而有效地满足竞争效益最大化，所以知识整合通过促进产品创新而带动管理创新。组织利用知识整合能力，将外部知识迅速与内部知识融合并转化为企业内部知识、将个别零散知识系统化、将内化在企业心智中的隐性知识通过项目或合作的方式以语言或文件的方式显性化，从而将企业拥有的知识资源转变为企业的技术创新能力，在整合应用中带动各组织单元的参与和协作。组织知识的应用与创造是组织各组成单元之间、内部员工之间的知识流动、传递与协作过程，与一定的组织结构紧密相连，涉及不同组织的职能部门的分工与协作、不同专业技能人员的分工与协作。

三、组织知识体系的重构

知识已经成为继土地、资本、劳动力之后推动经济发展的第四大生产要素，企业作为经济活动的主体，对知识的重视也前所未有。知识管理概念的提出给企业管理模式带来了重大变革，知识要在企业经营活动中进行普及推广和应用，需要员工个体之间、团队之间不断地转移、交流和共享知识。为了便于知识的交流与运用，企业的组织结构也要与知识管理过程相适应，建立起与组织学习、知识互动、知识共享和知识运用网络相匹配的组织知识体系。从相关的文献资料中可以发现，企业组织知识体系的构建有三种具有代表性的观点：一是企业个人知识体系重构，认为影响企业创新活动的主要是个人因素和个体行为，如企业家。二是企业团队知识体系重构，认为企业创新活动的主体是创新团队，因此企业应该注重建设创新团队，开展知识交流，构建与创新活动相适应的组织知识结构。三是企业整体知识体系重构，即企业的组织文化、经营理念、规章制度、管理模式等都是知识传递与学习的通道，都对企业创新活动产生重要影响。诚然，对于第一种观点，企业家个人有鲜明的性格特点，如积极进取、喜欢挑战，有较强的魄力、胜任力和洞察力。这些有突出能力和鲜明个性特征的个体对企业知识活动的贡献不言而喻，但在知识经济时代，他们并不能与企业知识能力画上等号。以团队知识创新为主体具有一定的进步性，但随着越来越多的知识性员工参与企业的财富创造，孤立的创新团队也具有其局限性。

新的组织知识体系是企业对外界环境变化的结构性适应，是在既定的知识基础和认知水平上有意识行为的结果，不同企业所处的环境和发展阶段在知识管理和治理体系上存在很大差别。Damanpou（1991）提出，企业家的创新精神、积极进取的组织文化、非常规性的组织结构、柔性化的管理、完善的沟通渠道等为企业开展创新活动扫除了障碍。从世界大环境来看，如美国的企业文化突出个体性人力资本的专业化知识贡献，德国、日本则更注重知识主体之间的协作和知识的系统性、逻辑性联系，中国的企业文化更强调以知识创造的效率和结果为重心。知识经济时代，企业的财富创造来自多元化的人力资本的专业分工和协作，就现代企业的人力资本层次来说，包括一般性人力资本投资者、关键性人力资本投资者和特殊性人力资本投资者（见图3-4），而且相互间都具有不可或缺性和不可替代性，即使当某一类人力资本暂时稀缺时，高一层的人力资本都无法完全替代，甚至无法暂时替代。不同层面的人力资本投资者都具有有经济价值的专门知识和多种技能，在某种意义上，他们也变成了所在经济组织的资本家[①]。由于资产的专用性、关系资源的特殊性以及越来越多的契约特别设定，这些经济主体的资本投入具有较高的沉没成本和转移风险。在专业化分工和协作劳动中，每个经济主体都应在资本运动中实现价值增值，对于企业而言，应建立多元人力资本价值体系，并以之引导企业知识体系的构建，促进企业整体创新导向下个体知识、团队知识与组织整体知识的高度融合。

---

① 马克思的剩余价值学说认为，剩余价值是工人劳动所创造的价值与工人工资的差额形成的超额利润，由于该理论严格与生产关系和意识形态相关联，不属于本书的研究范畴，因此本书跳出剩余价值本身的生产关系属性考察增量剩余的生产过程，因此使用"增量剩余"和"增量财产权"的概念。

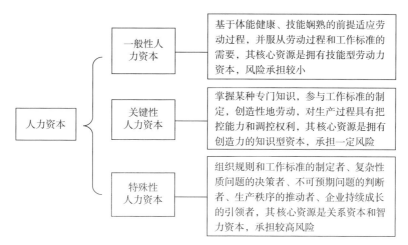

图 3-4 多元化人力资本所有者拥有知识和能力

资料来源：笔者根据研究内容和相关资料整理。

四、知识创新—技术创新—组织创新的协同演化

在企业发展的一个特定阶段，知识水平和技术能力共同决定了企业组织结构形式，在既定的组织资源条件下，企业在外部环境的作用和内部自身战略定位下，各创新参与主体之间按照既有的组织方式、管理模式和沟通协作机制存在于不同的各子单元的某个位置，以组织愿景为最高指向为完成企业价值和目标共同努力并各有所为，知识体系、技术能力和组织结构达到平衡，然而平衡是暂时的，不平衡和不断演化则是复杂环境下企业面临的常态。从组织学习的视角来看，知识水平和技术能力与组织结构协同的实质是在适应型组织愿景引导下，不同企业成员、不同组织单元、不同创新主体之间密切合作而进行的资源互动、知识共享、组织共进。适应型的组织视野使组织成员重视对知识的学习和分享，组织利益共同体以特定的方式相互关联并相互作用，促进产生更多的创新行为，曾经的组织结构模式因为这种新的变化而无法适应。

在这种变化下，组织以创新活动为中心，为增强参与主体对组织的认同感不断加强文化建设，建立有利于组织知识协同和创新资源整合的平台，

最终突破组织原有的经验、习惯和传统，对组织结构不断进行甄别、试错和选择，形成适应新的知识整合和技术创新需求的组织特色。在这一过程中，知识创新、技术创新和组织创新的协同演化受诸多因素影响并存在跨层次的行为，知识创新是技术创新的基础，技术创新是对知识创新的具体应用和外在体现，但是两者并不是发生在同一层面上，知识的交叉和融合是在个体层面、团队层面和组织层面分别存在并通常以静态的形式存在，而技术创新是以创新活动为中心集个体知识、团队知识和企业整体知识于一体的动态过程。组织创新是以技术创新为先导，技术创新以组织创新为保障，组织创新既是对外界环境变化的反应，更是对技术创新提供组织保证的前提，在组织结构、流程渠道、企业文化、经营管理和战略愿景等方面与技术创新相适应，使组织成员对组织有强烈的认同感和凝聚力，形成新的有生命力的组织模式，这种组织模式以适应环境变化的技术创新任务和项目开发为中心，嬗变为一个协同创新组织，并反过来感召和引导各知识主体和创新主体（见图3-5）。

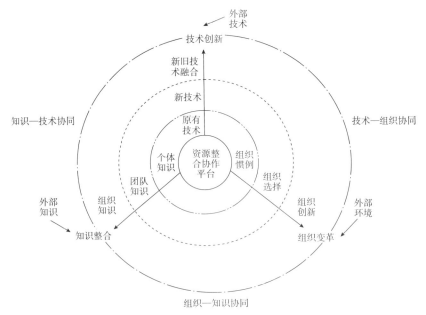

图3-5 知识创新—技术创新—组织创新的协同演化

资料来源：笔者根据研究内容和相关资料整理。

第四章 知识整合下企业双元性创新能力形成的过程机制

第一节 双元性创新过程中的知识整合模式

一、主体层面："个人知识—团队知识—组织知识"整合模式

一般来说，企业从事知识管理的人员包括三个层级：一是具有某方面专业知识的基层专业人员，在从事自身专业职能工作时，运用到已有的知识储备，并在该过程中重构知识、传播知识和储存知识；该层级可以称为知识型员工，虽然不具备管理权力，但拥有独立的知识学习、运用和创造能力。二是拥有某职能部门、项目或特别任务的知识管理人员。由于工作任务是围绕特定主题或知识的重要活动，需要专业知识管理人员对具体知识在特定活动中的运用进行协调和指挥，承担这类职能的人员一般是该团队的经理人员，既具有某方面的专业知识，又具有知识统筹的管理才能。三是企业知识管理的高级管理人员，这类人员可能不像第二层级人员那样有高精的专业知识，但是却具有对企业众多知识工程项目的知识基础和技术能力，最重要的是知识整合能力、组织协调能力和选择决断能力，能够统筹分散的项目和行政单元的知识资源，创造性地将不同性质、不同层次、

不同来源的知识叠加或重构，通过识别不同知识的内涵构成新的知识机会，并使各类知识在组织内部最大化传播、开发和共享。

经由三类重要的知识主体，企业的知识资源在企业技术创新过程中进行知识积累、知识交流、知识运用、知识更新和知识创造。个体知识是企业知识管理过程中的最小单位主体，也是最基础、最有活力、最重要的知识单元载体，个体知识以知识员工的专业、技能、经历、思维和成长背景为基础，通常以隐性知识为主。但是，每个人都是依赖于一个团队开展工作的，所属团队为知识个体提供交流互动的平台，是个体知识在个人知识基础上的隐蔽化、零散化、经验化，逐步成长为有特定目的和价值创造形式的系统化知识的重要枢纽和桥接系统。在企业层面的融合模式下，知识积累逐步丰富，知识储备急剧扩大，并以文件、图表、手册和档案等方式显性化、制度化。企业的实践要素与知识要素不断综合和集成，企业知识体系迅速发展壮大，并内化为企业的组织文化、经营理念和组织特质。

二、内容层面："分布式知识—协调化知识—系统化知识"整合模式

知识的承载主体是组织中的单个个体或团队，组织知识在不同主体间传递的过程中，往往首先以一种游离的状态分散地存在于不同的个体、团队或部门。通常这种分散的知识以两种形态存在于企业当中：一种是以隐性的方式存在于知识个体的头脑当中。这类知识很难用语言、文字精确地描述，具有隐蔽性、难以模仿性、难以复制性，多属于隐性知识。另一种是虽然以显性的方式如资料、总结、备忘录等方式出现，但表现较为松散、凌乱、片段，难以自成体系，并零星存在于各知识个体或工作组。这些零碎的知识通过口头面谈、电话交谈、公开会议、文件等方式将知识或信息加以呈现并相互连接在一起，需要专门的知识管理人员通过归类、分属、添加、合并等方式加以重构，即知识的系统化过程。通过对不同属性的知识碎片加以过滤、连接、优化和组合，可以将分散于不同个体或团队、任

务或项目的零碎知识整合到组织层面，从而形成书面资料诸如规章制度、技术手册、管理制度、业务流程、组织文化等，或者以数字化视听资料诸如录像、光盘讲座等形式存在，供组织内部长期储存、反复使用、共同学习和传阅，促进知识显性化，从而形成程序化的文件或操作手册，成为组织的系统性知识。

从零碎知识到系统知识不仅是知识的系统化整合过程，也涉及知识主体关系的协调化整合过程。知识主体通过文件、资料、电话、会议或面谈的方式将知识不同程度地联结在一起，不同的知识主体既可能是知识传递的主体，也可能是知识的受体，还可能是促进知识转移的协调者，这个负责关系协调的组织或个人不直接参与知识的创造过程，但为了便于知识的转移、扩散和共享，从形式上、技术上或关系上协调主体和受体的知识传递过程。不同于系统化知识整合按照正式的程序和交换机制促进知识的整合和系统加工，作为每一个单独的知识个体，尤其是知识型企业和创新型企业　都具有专业经验和专门的某种技能，通过开放式学习或非正式的交流，克服以完成任务为导向的正式的学习和协调机制的束缚，以多样性、灵活性、开放性为基础的知识整合是系统化知识的有效补充，也是知识整合的一种有效手段，有利于团队的协作和知识创造。

三、过程层面："知识需求—知识获取—知识利用—知识创造"整合模式

组织行为会诱发知识需求，知识需求是驱动组织学习与知识整合的前提。组织在任何时候都会有特定内容的知识需求，知识需求是组织存在过程中始终要面对的问题，需求的形式和内容会因企业发展阶段而不同（陈静，2010）。知识需求阶段的任务是界定知识的需求内容、甄别知识的来源途径，确定哪些知识内部能够获取，哪些知识通过合作、联盟、外包甚至购买等方式外部获取。知识需求阶段需要考虑到知识的获取成本、获取知识的质量以及获取优质知识的能力，同时又要严防组织关键知识资源的溢

出，延长核心知识带来的技术优势能力，维护竞争优势（Kuusisto，2005）。对于组织需求超越组织现有知识基础的知识，企业有两条获取路径，即内部获取途径和外部获取途径。一是组织内部成员及其团队通过不懈的"干中学"，从创新实践中总结经验、积累知识、改造技能，进而在原有技术轨道上改进、革新知识的运用。二是从组织外部（包括竞争对手、客户、研究机构、高等院所）搜寻知识来源，一旦确定知识源，则借助各种合作、联盟、并购等手段获取所需知识。

获取知识是为了更好地利用知识，知识利用是激活知识的重要环节，也是获取知识的重要目的。企业只有结合具体的问题、通过具体的项目组织生产过程，将整合后的外部知识与组织内部已有知识融合起来应用到企业技术实践当中，通过知识资源的重新配置或组合产生新的组织能力，才能提高知识的利用效率。组织的有效利用是知识创造的前提，持续不断地运用知识、改进知识，逐步丰富和重构组织原有的知识体系。随着组织知识存量的不断改善、扩展，为了保证知识能力的持久开发和创造，企业会超越原有组织系统或组织惯例，促进知识在组织内部以新的规则或形式存在。组织知识整合以知识创造为目的，实现不同形式的知识转换和连接，以有效的知识形式为依托，通过整合的手段在更高一层的维度上沉淀，使知识主体对聚合的知识运用产生新的想法、观念和思考，从而实现知识的价值创造过程。

四、结构层面："内部知识—外部知识—融合性知识"整合模式

根据资源依赖理论，任何组织都不可能永远拥有创新过程中所必需的全部知识和技术，为赢得市场机会，降低风险和成本，企业需要与外部组织进行广泛、深入的合作。知识整合是组织应对环境不确定性和持续提升创新能力的关键途径，内外部知识整合后的知识决定企业的创新绩效，企业要在内部知识的基础上通过吸收并整合外部知识来提高企业创新能力

（孙耀吾，2012）。知识基础越好的企业知识吸收能力越强，企业通过搜寻、识别外部知识的价值，进行消化和吸收将外来新知识融入到企业原有知识体系内，并将过滤和提炼整合后的知识应用于企业创新实践过程。企业组织在开展业务活动过程中会受到来自组织外部环境的各种影响，这些影响包括组织文化、经营理念、组织形式等，这种影响既可能来自企业合作伙伴，也可能来自竞争对手，与各类知识主体产生互动的时候，由于吸收或模仿对方的知识，或者因为观点相左，可能导致彼此不够协调。从知识共享的角度，企业合作或联盟伙伴由于知识结构和知识基础、企业规模和知识储备、组织文化和企业发展轨迹各不相同，会对企业知识个体交流特征、团队行为方式、组织决策习惯等产生影响。组织将这种影响反馈到组织层面，进而持续到产品技术或经营管理上谋求更好的做法，通过知识的吸收、提炼、重构、整合和创新，完成外部知识与内部知识的融合，实现外部知识的内部化、外部隐性知识的内部显性化、外部零碎知识的内部系统化整合。

五、实质层面："原有知识—新知识"整合模式

组织中的原有知识是组织学习和技术学习的基础和起点，知识整合的实质是将组织中原有的旧知识通过过滤、融合和提炼获得可用的内容。通过知识地图对全部的知识元素进行盘点后的可用知识，构成组织具有价值的知识体系（曹霞等，2012），这一原有知识体系融合组织新获得的知识则重构出组织新的知识体系。即使在一个拥有雄厚知识基础的企业内部，如果不经常进行组织学习、更新知识体系，随着时间的推移，知识会逐步老化，其创新价值也会发生折旧，无法满足技术创新的新需求。所以，当企业意识到原有知识体系不可能一劳永逸地满足企业创新需求时，就要不断地更新知识库、丰富知识储量，通过源源不断地学习增强知识整合水平。

挖掘性活动通过在原有技术轨道上改进产品性能来升级技术，其知识基础仍然是以原有知识体系为基础，以这类知识进行技术创新的活动贴近

现有市场和现有顾客，通常来说是公司的常规技术开发业务，即以储量丰富的原有知识体系为基础技术轨迹线不断改良。而当公司在新的领域对市场情势可能的变化方向进行创新行动时，需要新的知识体系保证技术能力，而探索性创新活动利用知识的有效整合建立起来的新知识体系逐步在新的市场立足，原来的技术轨道发生断裂形成新的技术轨迹。此后通过对新技术的完善和改良，市场不断走向成熟，而延续市场成功的技术基础和知识基础又有了新一轮的更新，通过经验的总结，技术日臻完善，知识溢出、行动式学习转化为任务式学习，企业的知识储量增大，知识层次提高，通过又一轮知识整合的新的知识体系成长为成熟的知识体系，企业正是在原有知识体系和新知识体系间的改进、突破和轮回中开展挖掘性创新活动和探索性创新活动的。

第二节　知识整合过程中企业内外部网络关系

在复杂的网络环境下，企业内外部网络资源及其关系整合备受关注，已有研究多是集中在网络能力与创新产出的统计对应关系上。企业网络能力对双元性创新能力的传导和辐射作用在网络环境下不容忽视，本节对企业网络关系及其能力的主要内容和维度进行解析，探索在企业内外部网络视角下双元性创新能力的形成过程机理，以及企业网络能力对双元性创新能力的作用机理，同时基于企业内外部网络效度探索双元性创新能力生成机制，为探索双元性创新能力的提升路径寻找新思路。

一、企业网络能力的维度解析

企业网络能力分别来源于企业内部层面的交互作用和外部层面的交互作用，其实质是企业处理网络关系的能力。徐金发等（2001）提出，企业网络能力的本质是通过寻求和利用网络资源获取企业竞争优势的能力，并认为网络构想能力、网络关系整合能力和网络角色管理能力是衡量网络能力的三个尺度。任胜刚等（2010）把企业网络能力分为网络愿景能力、网络建构能力、关系治理能力和关系组合能力四个维度，并从网络合作的治理方式以及组织内部网络效度两个角度分别考察内外部网络因素对企业创新绩效的作用。基于此，企业网络关系的组建和网络能力的形成至少包含以下两个层面：一是组织内部各子单元之间的交流、互动和协调以及各单元内部成员间的互动、交流和协作；二是跨组织间的合作、联系、互动、联盟等内外部资源和信息的整合。

Ritter 等（2003）认为，企业利用、管理和发展外部网络关系以获取具有竞争优势的网络能力，包括资格条件和任务执行两个维度。资格条件由企业所具有的专业资质和社交资质组成，即企业拥有何种从事网络关系的专门知识和技能条件；任务执行由特定关系和跨关系任务执行构成，即企业如何通过协调、管控和运作网络关系来提升自身能力。国内学者陈光学沿用 Ritter 的两维度划分，研究了知识经济背景下企业网络能力对企业创新活动的影响，并引入市场变化、技术变化和竞争强度三个调节变量考察影响的调节因素。Ritter 关于网络关系的两维度划分包含企业嵌入网络关系中的行为、条件、运行和内容；企业基于自身关系能力和资格条件建立广泛、有效的内部合作关系网络和外部合作关系网络，通过知识增值的途径提高组织成员主动性学习意愿。企业在不同的技术轨道通过对新旧知识的取舍、选择和重构内化为企业专属的资源和创新能力，从而有利于企业建立起有一定合作基础的关系网络及其管理机制，为纳入创新平衡系统形成知识的整合效应和创新效应提供可能。

外部网络关系的利用使组织资源的动用范围扩展到组织边界以外，为稀缺的组织资源后续补充提供外部途径，也使挖掘性创新和探索性创新在时间上和空间上对组织资源配置上存在的根本冲突提供平衡的可能途径，即跨时间和跨空间的双元性创新平衡能力。创新网络中网络关系嵌入的强度对组织的挖掘性创新和探索性创新都具有正向影响作用（魏江和郑小勇，

2010），两类创新的交融在组织层面或系统层面比在单个的或子单元层面上更容易实现（Gupta et al.，2006），这说明网络关系下企业创新路径的冲突可能得以解决，通过组织间的合作或交易，每个组织都能从网络合作伙伴关系中得到互补的资源和能力，最终在协调创新路径和调配创新资源中有利于组织整体的或系统的平衡。组织对现有知识的重复利用和现有技术的改进开发，如果能够与外部互补知识结合则会更有效，所以组织对互补知识的吸收会促进现有知识和技术的开发和利用，从而形成良性循环激发组织对成熟技术的挖掘和改进，即有利于挖掘性创新活动的开展。而在组织内部的多个组织子单元之间，挖掘活动和探索活动更多的是对资源的争夺和相互竞争，但跨越组织层面与外部组织建立网络联盟或协同行动，却能够实现一个领域的高挖掘或高探索与另外一个领域的高探索或高挖掘互补和并存。这也解释了实践中众多成功的企业为什么都倾向于以合作创新的形式与外部组织建立伙伴关系，而且企业的创新平台也越来越具有开放性，会以开放的姿态拥抱组织开源生态社区。

二、企业网络内部关系控制

根据企业网络能力的分析可见，网络关系并不是网络能力的全部内容，网络结构也是网络能力分析中应考察的基本要素（邬爱其，2006）。网络结构对于企业组织而言，是企业以有形的组织客体嵌入到网络中去，从企业内部视角看，组织结构是保证组织正常运转并实现组织目的的有形载体；从企业外部视角看，组织结构是企业网络关系中一个节点的形式特征，通常是虚拟或无形的。不论企业组织结构如何区分或以何种表现形式存在，组织结构的首要目的总是先保证组织效率的实现，为此不断增加组织的灵活性和稳定性，寻求组织结构特征、组织运行与组织的业务特征以及经营战略相匹配。挖掘性创新与探索性创新作为两种不同的创新活动，建立在不同的工程原理和科学基础上，对组织创新资源尤其是知识资源有不同的利导趋向。就企业的技术创新路径来说，挖掘性创新和探索性创新活动的开展形式上表现为对创新资源的争夺。实质上，不同技术路径导致的资源配置上的冲突和差异，是对组织特征的不同要求以及对组织文化适应性的差异，因此这种本质上的冲突消除需要依赖组织结构的调整和修正，以与创新路径相匹配。组织的关系整合能力通常表现在对组织资源配置、战略选择偏好、矛盾冲突管理以及对团队成员的信任和肯定等方面，具有高度整合能力的高层团队能够促使组织内部群体协同、高效地实现组织任务，提升组织绩效（Smith & Tushman，2005）。嵌入某个创新网络节点后，企业须用更灵活的手段进行组织情境分析，从而对组织权变能力提出要求。基于资源配置的杠杆效应和规模效益，团队成员更倾向于超越个人利益，在认知一致性基础上提高资源的配置效率、改进创新路径的适配度，所以创新网络中高权变能力能激发双元性创新能力。

三、企业网络外部关系治理

复杂的社会网络关系中，追求开放式创新的企业通过与外部网络不同强度的合作能实现内部创新资源的快速价值化。Teece（1992）认为，两个或两个以上的伙伴企业为实现资源共享、优势互补等战略目标进行不同程度的合作行为能提升组织能力。在外部网络关系中，企业寻求外部技术合作，与高等院所、科研机构结成强连接关系，有利于企业快速识别技术和市场需求的变化，对原有技术和产品进行改进。企业嵌入的外部网络为企业带来差异化的信息优势（Gulati，1998），能让员工依托现有技术领域和知识基础获得特定领域的深度知识。如产学研联盟中经常的技术互动、知识交流、系统开发、项目论证，能够促进复杂知识的扩散和学习，提高网络节点的学习水平。

根据企业间合作程度和频率的不同，企业间的连接关系有强弱之分。网络弱连接关系能够大大降低知识和技术的获取成本，对搜寻全新的知识最有效；强连接关系则需要耗费巨大的维持成本和转换成本，对传递现有的知识最有效（Lavie & Rosenkopf，2006）。强连接关系建立起来的互动关系，使分享网络成员间的核心技术成为可能，成员间的频繁接触使得网络关系同质化程度越来越高、差异化越来越小，长期下来各节点间的异质性知识大为减少，以至于企业投入高昂的成本，耗费大量的资源投入探索性创新活动，却没有得到相应回报。可见，网络关系的强连接能够促进挖掘性创新却并不利于探索性创新活动。弱连接关系的互动频率较低，极少受网络关系的约束，成员间保持着独立性，便于脱离既有知识范畴去搜寻全新知识，从而有利于探索性创新。网络关系在促进组织学习时提供性质完全不同的全新知识，由于探索性创新的本质就是为企业提供脱离现有知识范畴的全新知识，所以网络关系的弱连接能促进探索性创新。

知识获取和技术合作作为企业参与创新网络的主要目的，通常会因各种复杂因素的影响作用于企业网络关系，同时网络关系的强弱也影响到知识和技术的交流程度。网络关系的弱连接成员的信任度较低，存在机会主义和道德风险，对风险的防范和戒备阻碍了企业间复杂知识的学习和扩散，多是停留在技术层次较低的程度上，因而外部网络强连接关系对企业网络能力与挖掘性创新能力的关系有一定的促进作用。企业间复杂知识的传递难度较大，传递方传递的意愿不足，不会轻易与关系不够紧密的伙伴分享。同时，复杂知识的互动又需要很强的背景知识和辅助知识，企业间关系较弱也不利于信息的传递，网络成员间从外部弱关系中改进和提升既有知识的动力不足，从而不利于挖掘性创新活动的进行。

全球经济一体化和信息技术的不断融合，要求分散化、专用性、不同分工的知识和技术只有通过网络连接才能生存，无论是组织内部单元还是组织间层面，网络关系的构建都与最终价值获取多寡有关，因此企业不但要建立与外部不同强度的网络关系，还要结合建立关系的动机对不同的网络关系进行分化治理，以实现挖掘性创新与探索性创新的平衡，使网络能力更好地服务于创新能力。

四、网络环境下知识整合的过程

知识经济和网络时代的到来，使知识越来越多地成为企业竞争取胜的关键要素，技术创新成为企业成长和发展过程中的关键竞争能力。双元性创新对企业的持续发展和持续获取创新绩效有着重要意义，作为企业技术发展逻辑与组织发展逻辑相结合的新组织范式，是企业突破创新管理悖论的有效路径。当前，企业与企业之间由单纯的竞争逐渐转向复杂的竞合局面，企业间的关系由点对点的线性关系逐步发展为以企业为中心的点对面发散关系，以产业为中心的链式关系和以行业、市场和集群地为中心的网式关系。实践的发展和研究的深入使双元性创新理论的研究视角也逐步从单个组织层面扩展到组织间层面，从单个的企业主体扩展到复杂的网络成员之间，从企业微观运行层面扩展到企业宏观治理层面。复杂的网络关系中，企业通过与外部网络不同程度的合作能实现内部创新资源的快速价值化，为企业充分利用当前的成熟资源谋取未来创新的制高点、获取竞争优势提供可能。

企业嵌入知识网络中成为其中一个节点，以价值创造为目的通过参与创新活动的不同环节实现与其他网络节点的互动，而知识是创新的承载，是各节点间连接的纽带和基础，知识的获取、吸收和利用是网络节点互动的前提。网络环境下企业间合作的基础是共赢，各具优势的异质性合作主体都能通过创新协同发挥自己的知识特长，创新主体在合作过程中通过知识网络的无形连接进行着异质性知识的传递、转移、融合和创新，各参与主体在协同他人进行创新的过程中实现自身知识的增值。通过对网络内外部知识的选择、吸收、梳理、转化和重构等整合手段实现知识的内化、显性化和系统化，将知识形态以数据、文字或视听等形式进行重组、编码和整理，以整合性知识纳入企业知识库，从而实现知识体系的更新。在知识网络中，由于各参与主体的知识异质性和战略目的差异性，常常产生价值观念、行为方式或利益分配等的矛盾和冲突，而整体最优和共赢是企业合作的基础，所以应该有协调冲突的常规机制和制度安排，尊重文化和价值多样性、合作利益最大化应该是协同创新各方秉承的重点。

第三节　双元性创新的动力机制

双元性创新作为融合技术创新和市场变化的一种新的组织范式，是来自企业内外部各种力量的一种融合和协调的动态创新系统，企业技术创新系统与外部环境变化、组织资源配置、业务流程优化、网络关系匹配等相互作用过程中，涉及战略层、要素层、主体层和结构层，来自不同层面、不同维度的力量一方面推动着组织结构体系的演化，另一方面推动着技术创新系统的演化，这些不同力量的集合影响到组织创新平衡机制的运行和效果，共同推动和影响着双元性创新平衡运行，构成双元性创新的动力机制内核。

一、双元性平衡的创新驱动力

创新驱动是推动社会经济增长的主要动力和方式，在双元性创新组织背景下，这一驱动过程的重点不再单纯是以效率为中心实现其经济绩效，还包括知识资本、人力资本和制度资本等多重资本要素在内的新的组合形式，促进科技创新成果在不同创新主体以及组织形式上的应用和扩散，以及对企业、产业等创新文化的全方位辐射和覆盖。创新理论的先驱熊彼特（Schumpeter）尤为强调创新在经济发展中的主导地位，认为创新是驱动经济和社会发展的最原始动力，他将技术创新的动力、组织变革的动力和社会演进的动力相联系，研究了技术创新、市场结构和社会结构系统的互动关系，自熊彼特首次提出技术创新的概念以来，越来越多的学者将技术创新视为经济增长的内生因素。"创新驱动"的完整概念由波特（1990）最早提出，他在竞争三部曲之一的《国家竞争优势》① 中论述国家经济发展的四

---

① ［美］迈克尔·波特：《国家竞争优势》，陈小悦译，华夏出版社 2002 年版，第 527-557 页。

个阶段时，将一个国家的竞争力形成和发展过程区分为生产要素驱动、投资驱动、创新驱动和财富驱动四个阶段，并全面阐释各阶段特征及演进过程。波特认为，当一个国家进入创新驱动阶段时，对物质要素和财物资本投资的依赖会越来越少，企业在引进、吸收和改进国外技术和生产方式的同时，自身也要具有充分创造力，当在创新方面已经接近精致化程度、达到一定高度时，其创新能力又会为新产业的出现和发展提供新的原动力。

技术创新的原动力来自"技术推动"和"市场拉动"两方面的综合力量（王耀德，2003），企业作为技术创新的核心主体，通过提供产品、服务的形式，将技术创新的过程、效率和成果展现于世。一方面，通过有效地组合现有技术能力、知识资源不断挖掘、改进和优化，实现技术创新活动中组织资源向价值的快速商业化；另一方面，通过有效地组织业务形式实现企业技术创新路径与外部市场的同步变化，跳出既有的组织边界寻找新的发展机会，从而有利于企业成长中的过程优化和优势获取。He 和 Wong（2004）认为，在技术创新情境下，组织双元性的两种技术创新维度是对创新活动的事前安排，不仅是进军新的市场领域的探索性创新，还是巩固现有产品市场的挖掘性创新，驱动着组织的市场方向和结构形式。市场导向强调企业的长期利润须在组织结合过程和组织结构的设计上体现出来，以更好地执行市场经营理念，促进创新导向下的创新绩效实现。Narver 和 Slater（1990）提出，市场导向的三个维度是顾客导向、竞争者导向和市场功能的组织和协调，Kohli 和 Jaworski（1990）的研究则认为，用顾客当前需要与未来需要的市场信号和情报的产生、判断、传播以及组织的响应作为测量维度来描述市场导向的概念更富有操作性和现实性。只有技术与市场相结合才能实现其目的，技术本身并不就是企业竞争优势的来源（波特，2005），只有以市场为导向的技术创新活动转化为企业经济价值或社会价值后，技术才有其存在的理由，从而实现真正的技术创新，所以企业的技术创新更是以市场为导向的，也是组织追求经济目标和战略目标的根本驱动力量。

二、双元性组织的要素整合力

根据 Ansoff（1987）的观点，企业战略管理最原始的出发点首先是企业能够生存下去，其次才是如何获取长期竞争优势，企业战略行为是对组织所面临环境的选择、控制和适应过程，以及由此导致的企业内部结构变化和组织要素配置优化的过程。战略的本质是组织与环境的相互影响和相互作用，企业依托自身的知识、资源和能力，通过调整组织目标以响应环境不确定性下组织的活动过程。在稳定、简单和明确因果关系的环境中，企业利用现有的技术能力、资源优势，通过充分挖掘现有能力可以获得市场成功；然而在动态多变、技术复杂和因果关系相对模糊的环境中，除了现有能力的应用外还要考虑市场可能变革带来的冲击，首先是企业在战略上要有充分的应对准备，其次是知识、技术和组织的准备，最后才是探索性创新道路的选择和作用的发挥。动态性、复杂性和竞争性是描述企业面临环境不确定性的重要因素（Dess & Beard，1984）。简而言之，动态性是指环境变化的速度和幅度，复杂性是指环境参与要素后呈现的差异化程度，竞争性是指市场参与主体获得市场机会的难易程度。企业面临的环境的动态性和竞争性越高、复杂性越低，其探索性创新和挖掘性创新的能力越强（Jansen et al.，2005）。

组织的要素分散于组织各主体或子单元间，通过组织系统的流程连接和组织成员的互动才能完成要素的流转过程。组织内外部环境之间、组织构成要素之间以及组织与环境之间是一种相互依存、相互作用的动态关系，构成组织生态系统。不同的组织战略需要不同的环境和不同的要素与之相匹配，而战略的实现又需要不同的组织结构系统与之相适应。站在企业战略的高度，组织双元性的意义更为明显，突出强调企业协调和平衡当前事业和未来事业、短期成效和长期成效之间的战略能力。从本质上来说，双元性创新的组织要素协调整合力是企业不断调动组织内外部资源、发动组织全部要素与组织所处的动态环境相匹配的活动过程。它以维持惯性为逻辑起点、以突破惯性为逻辑终点、以组织战略实现为重点，集合组织现实的和潜在的知识、技术等创新资源，在以技术创新和市场变革为导向的前提下，依据环境不确定性的程度、市场变化和战略诉求，选择、协调和平衡探索性创新与挖掘性创新活动，将组织各类要素纳入企业创新活动过程并转化为一种价值增值的能力。

三、组织适应的重组转型力

从特定空间维度上来说，在某个时点上一个组织存在的意义就是其效率性，才有可能在时间上延续。组织的生存和发展都要基于合理化分工和资源组合特点进行管理和优化，所以组织保持着不断的进化。进化过程中的遗传基因特征即所谓的组织惯例意味着企业在搜寻和选择的过程中，应重视环境的因素和组织的动态适应性，企业根据环境变化做出快速反应，通过多样性、遗传性和自然选择途径来实现组织的进化（Nelson & Winter，1982）。Adler 等（1999）根据对丰田生产系统的案例研究，针对组织效率和组织柔性两难悖论提出了包括双元性组织在内的四种组织设计机制①。针对挖掘性创新活动和探索性创新活动的特征，理论界和实践界先后提出了几对克服悖论的组织形式，如机械式和有机式、集权式和分权式、大而全和小而精的组织模式。企业发展壮大的结果很大程度上伴随着组织要素的不断升级，在一个组织部门或战略业务单元内，组织作为一个能量的复合体，其结构越来越复杂，能量低的企业必然伴随着效率低下、创新能力低和组织僵化等问题，表现出组织体系与动态复杂的竞争环境和技术创新活动的不相适应，所以组织的不断发展往往又倒逼着组织客体不断地重组、转型和优化，以适应复杂的竞争环境的客观需要。

组织健康的发展是主体、客体和组织体系的系统演变，一个企业的组织特性不仅与企业经营传统、组织文化和组织特性有关，还与高层管理团队的心智模式、领导特质、团队偏好和决策习惯紧密相关，高管团队的价

---

① 这四种组织设计机制分别是通过双元性、分割、转换和超常规的组织要素功能予以设计。

值指引力和战略领导力赋予一个组织更多活力。Gibson 和 Birkinshaw（2004）认为，企业高层管理团队在组织管理活动中的作用至关重要，通常情况下能左右着一个组织进化的方向。Smith 和 Tushman（2005）探讨了高层管理团队在结构式双元性组织中的矛盾处理情形和机制设计中的作用，认为高层管理者的矛盾思维能力和决策处置能力是双元性组织解决矛盾冲突的关键。Jansen 等（2008）在探究高层管理团队及其领导力时曾指出，高层管理团队的认知一致性和战略共识有助于组织双元性创新的实现。一个成功组织的延续绝不在于其设计得多么精美，而是其持久的生命力和竞争力，组织的成长力在于能够从客体和主体两个方面不断地推动组织结构体系的重组转型：一方面能够突破组织惯例轨迹和创新路径轨迹等客观因素的制约；另一方面还要根据组织资源和要素流动状况主动地搜寻、识别、分析和判断，对组织进化的路径和方向做出选择，组织惯性留下的基因遗传特性和高管团队的领导特质是企业组织结构重组转型中具有决定性的因素，在双元性能力的形成和创新平衡机制设计中意义非凡。

四、组织创新的协同制衡力

越来越多的国内外学者认为企业获取优势地位不再取决于单一的技术创新，从长期来说，注重组织系统与技术创新的平衡协调才是企业制胜的关键。技术创新不是真空行为，它以一定的组织为载体，受企业所处的内外部环境特征的影响；高程度的技术创新需要有效的组织创新协同，后者通常在组织资源配置、控制模式、管理方式上对技术创新活动施加影响（辛冲和冯英俊，2011）。Meyer 和 Stensaker（2006）认为，组织能力体现在两方面，即组织能够不断适应内外部变化，以及组织能够不断平衡这种变化和常规运营的关系。组织结构演化过程既具有动态适应性特征又不失连续性，往往是在长期均衡的变化过程中穿插着多个短期的非连续性变化（Tushman & Romanelli，1985）[1]。当组织创新平衡机制的动力和要素已经具

---

① Tushman 和 Romanelli 曾构建一个组织演进的长期均衡模型模拟这一变化过程。

备时，其首要任务就是保证 Meyer 和 Stensaker 所说的关系的平衡和协调，即对组织创新路径选择和组织结构修正、重组、转型和优化过程中的各种错综复杂关系的处理。根据理论力学的启发，力是物质间的相互作用，静止的或运动状态不变意味着一个力量的平衡场，此时来自不同方向的作用力相互结合构成平衡态势。对于组织来说，来自技术推动和市场拉动的组织创新驱动力、组织要素整合力、组织的重组转型力形成一种相互制衡的力量，由于存在时间上和空间上的差异性，以及组合性质和适应要求的不同，各种力量的变化会表现为程度各异、方向相反、大小不同的特征，加之具有综合性质的组合力量及组织结构固有的适应性和成长性，都要求组织创新平衡机制中创新制衡力的黏合和缓冲，只有这样企业才能在多种力量的相互作用下表现为短暂的静止和稳定的组织特征。

现代经济条件下企业处于一个开放性的创新环境中，来自组织系统内外部的物质、知识、信息和技术等资源和要素进行交换和融合，在推动企业组织发展的同时也对组织系统产生冲击，企业在组织创新平衡处理过程中需要平衡好外部驱动力和内部驱动力、创新力和控制力两对动力因素，这两对力量的协调和平衡是组织双元性能力形成和转化的重要环节，决定了创新平衡机制能否有效运作当前和未来两种不同的事业。如果说技术推动和市场拉动等是诱导和唤醒企业组织体系演化和适应的外部驱动力，存在于组织系统内部各单元和要素对系统演化方向、经营运行和组织效率产生的作用则是组织创新平衡的内部驱动力，对企业技术创新路径选择中的利益诉求和战略定位至关重要，促使组织驱动力由外及内的转化和两种创新力量的平衡。赵浩兴和彭星闾（2008）指出，创新力与控制力的统一是企业持续成长的基本要求，企业经营发展过程中应坚持创新力和控制力的统一，实现两力的共生与平衡。本书认为，组织的控制力是根据企业发展的内外部环境条件、组织资源能力、技术能力和战略目标，对影响组织变革的力量和要素进行适应性调整和变革性改进的能力，目的是将企业的经营活动和组织演化方向控制在战略所指方向。创新力是企业谋取发展先机、持续生存和获取竞争优势的根本力量；控制力是企业实现创新力并维持和获取利益的组织保障。企业外部驱动力是促使企业组织业务流程优化、组织变革演进和战略重组的外部机缘条件；内部驱动力是企业实现创新力和控制力相统一的根本。企业应把握好创新力与控制力、外部驱动力与内部驱动力的最佳平衡点，为组织实现双元性能力提供动力基础。

第四节　企业双元性创新能力形成机制

一、网络环境下挖掘性创新和探索性创新的冲突

根据 March（1992）、Benner 和 Tushman（2002）等的观点，企业从事挖掘性创新和探索性创新在知识基础、技术轨道和组织文化等方面有冲突，而开展创新活动又要求两者共容。企业过于从事挖掘性活动会陷入次优均衡状态，过于从事探索性活动会陷入创新成本不断攀升的创新陷阱。两者的资源争夺和路径冲突实质上是以零和博弈的方式对组织稀缺资源的竞争。

从组织理论的角度来看，组织结构是资源转化为目标的一种手段，由于组织目标的不同，企业的权力结构、沟通渠道、表现形式呈现多样化。组织结构作为企业配置各类资源实现组织目标的载体，其结构特征对创新过程和效果都有重要影响。挖掘性创新和探索性创新无法在组织内获得自然的平衡，所以组织必须进行取舍。高度专业化的业务流程、相对稳定的人力资源、以效率为导向的组织文化，促使创新活动沿着现有市场需求和产品技术轨道进行改进，创新形式往往表现为稳定的、渐进性的挖掘性创新活动。各组织单元较为松散、灵活，权力结构、组织文化、学习方式等都具有灵活、自由、异质化的特征，使创新受主流业务技术轨道的约束较少，有利于用破坏性创造方法获取新的知识，从而促进探索性创新。由于企业所处经营环境的变化日益加剧，技术生命周期大大缩短，创新本身存

在着极大的不确定性，既需要稳定的组织结构，又需要动态的协调机制，不管采取哪一种结构形式，最终都应有效配置资源以激发更多创新之需。

Benner 和 Tushman（2002）指出，挖掘性创新是对现有技术不断地改进，是建立在现有技术轨迹之上的，而探索性创新则转移到一个不同的技术轨迹上面。两类创新都涉及知识的交流和学习、技术改进以及对新知识和能力的获取，其根本区别在于创新是否在同一技术轨道上发生。Christensen（2010）认为，渐进性技术的特征是循着企业主流业务市场上主要顾客的产品需求曲线，加以改进成熟产品的性能，某一行业或产业中大多数技术进步和技术革新活动都具有该特征；而突破性技术的特征是快速并显著提高产品性能，且伴随着组织原有价值网络结构的变化。由此可见，渐进性技术是挖掘性创新活动的技术基础，它以改进、完善原有技术系统为目标，基于已有知识基础和技术轨迹，在相当长的时期内渐进而行，其变革程度较小、影响有限。突破性技术是企业开展探索性创新活动的技术基础，创新程度剧烈、影响范围较大、过程短暂，是对旧有技术的根本性破坏，对组织结构系统的冲击较大。如图 4-1 所示，突破性技术多数呈现为旧有技术的断裂，破坏式创新完全突破先前的技术轨道，技术应用与转化都要求在新的组织体系内进行，或者直接完成新旧组织体系的蜕变。当渐进性技术累积到临界点时，原有技术基础也会发生裂变，进而改变技术轨道的探索性创新活动的发生。

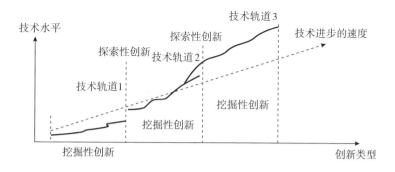

图 4-1　挖掘性创新和探索性创新的技术轨道

资料来源：笔者根据研究内容和相关资料整理。

Colombo 等（2004）指出，企业层面上的探索性创新表现为企业开发前所未有的拥有专利技术的新产品，对于产业层面来说就是开发该产业前所未有的新技术。这些非线性技术创新像原子裂变般呈级数扩展，形成新的产业或产业群，在逐渐取代原有产业的同时，对不能适应产业变革和技术进步的企业进行重新洗牌。如昔日计算机操作系统由 Windows 系统取代 Dos 系统的技术突变过程，使计算机由专业化普及到社会生活的各个领域，原有的商业价值模式也因之改变，由此冲击了计算机制造商的组织价值网络结构，由原来单个企业对单个企业的生产性消费和奢侈性消费的单一渠道演变为强大的无处不在的价值网络。单个的企业技术取得突破能让企业获得极大的市场利润和竞争优势，但对于整个产业来说，技术是不连续的，企业新的技术形式一旦变为成熟的技术形式，若只顾短期利润则会给企业带来巨大灾难。

同样面临渐进性技术变革，企业进行挖掘性创新活动时，倾向于运用成熟方法来解决技术上的难题，基于资源、过程和价值的组织价值网络结构也在不断完善，并形成一种组织惯性。另外，突破性技术一旦成功，这种获得组织内外部认可的新技术形式会日渐发展为一个技术轨迹而步入渐进性技术轨道，正是这种已成熟化为例行公事的技术惯性使企业的挖掘性创新活动顺利维持，但也由此形成一种障碍，阻碍突破性技术的产生，直至与原有组织网络价值结构不能兼容，从而在不断的技术创新活动中，组织结构系统日显僵化，影响了企业的创新预期。企业原本有效的沟通合作方式、流程和创新路径，反而成为企业获取创新利益的一种障碍，企业一时又难以克服惯例的制约。如苹果公司在个人电脑领域"独领风骚"数年，却在手提电脑上落后于行业领先者数年，手提电脑领域技术变革带来的便利性和亲民性对生产、生活领域的影响不言而喻；手机通信行业的诺基亚手机在平板手机上的优势无可替代，却在智能手机上步人后尘，当苹果、三星掀起智能手机的爆炸式革命时，诺基亚还留恋着塞班系统，而智能手机引发了从经济到社会生活各个领域的重大变革，昔日手机市场上的佼佼者终也涅槃。

二、知识整合视角下创新路径的选择

从创新路径的选择来看，挖掘性创新和探索性创新均涉及知识交流和学习、技术改进和知识的重构，其根本区别在于创新是否在同一技术轨道上发生，挖掘性创新循着现有技术轨迹对成熟技术渐次改进，探索性创新则转移到了一个不同的技术轨迹上。企业偏重运用成熟技术满足当前主流市场需求，这就意味着没有足够的资源保证全新领域的探索，一旦市场上出现突破性技术，现有市场也将被取代。由于路径依赖的作用，当挖掘性创新和探索性创新沿着既定的技术轨道行进时，其技术演化过程既可能进入良性循环不断优化，也可能在错误路径上迅速滑坡而被锁定在某种无效状态。这时再改变技术轨迹就相当困难，只有借助外部力量，引入外生变量才能扭转局面。双元性组织能够解决挖掘性创新和探索性创新两者之间的冲突，这类组织是由兼具高度差异化和松散耦合性质的子单元组成的机构，不同的子单元分别开展这两类创新活动（Benner & Tushman，2003），这实质上是一种通过空间分离的方式对组织资源的权衡取舍。长期来看，组织会经历不同的发展阶段，在不同阶段可以有选择性地专注于其中一个方面、放缓另外一个方面，即利用时间上的差异循环来实现两类创新的间断平衡，这实质上是通过时间分离的方式实现双元性创新平衡。

基于网络的观点认为，在组织内外部网络环境下挖掘性创新和探索性创新并不一定是 March（1996）认为的竞争关系，也可能是 Gupta 等（2006）提出的正交关系或互补关系（Hakansson & Snehota，1989）。企业面临的网络作为介于市场和科层之间的特殊组织形式，具有更大的灵活性、包容性和开放性，能聚集起更多前所未有的资源和信息，从而使更多的网络成员享用这一环境下知识的获取、利用和整合权利（Uzzi，1997），企业网络环境的特征和属性被越来越多的学者重视，通过组织间的社会网络关系，形成不同领域的战略联盟，以实现探索性和挖掘性创新活动（Lavie & Rosenkopf，2006）。Shaprio 和 Varian（1999）认为，组织可以利用内部资源，也可以使用外部资源，其供给弹性存在无限大的可能性，稀缺的资源在组织内外部网络环境下不再是稀缺的，此时挖掘和探索是相互促进的，也就是说，无论是基于局部还是整体网络层面，企业所嵌入网络的密度和特征都会对企业创新的行为和结果产生影响。

三、组织内外部逻辑下双元性创新能力生成机制

网络作为介于市场和科层间的松散形式，通过聚合不同来源的信息和资源，使得知识可以在更大范围内获取、利用和整合，提升了信息和资源的转化效率和程度，产生一种优越于市场和科层制的网络能力（Uzzi，1997）。组织结构系统是为了实现既定战略目标而设置的分工协作体系，表现为节点单元、空间位置、要素传递、过程控制、业务流程和互动机制等。基于组织内部网络治理的逻辑，企业创新要素从最初投入到最终产出的过程中，需要组织结构运行系统与技术创新运行系统协同一致，一方面保证创新资源的有效匹配和流动，另一方面保证组织系统的有序运转和优化。Ritter（2003）认为，组织内部的物力资源配置、网络关系导向的人力资源配置、网络环境下开放性组织文化氛围的营造、组织内部互动沟通机制的构建是企业发展网络能力的四个前提。如图4-2所示，来自技术变革的力量，促使组织运行系统在资源配置和创新过程中凝聚成资源整合力，将物力要素、人力要素和文化要素等资源融入企业创新过程，结合内部生产条件和技术途径，通过技术创新、产品创新、管理创新、服务创新、流程创新和市场创新等，形成持续的创新力量。

网络环境下市场具有开放性，过去的那种企业在关键技术上完全依赖自己的，在创新过程中严格控制、严加防范的技术范式已经与时代发展不相适宜，企业的创新平台也必须是开放性的（Rothaermel & Deeds，2004），网络环境下开放式创新取代原来的封闭式创新，技术和市场的快速发展推动着创新资源在企业间分散和流动，组织资源不再是单纯的内部流动，还必须在组织外部寻求创新的机会并有效内化吸收。企业通过内外部网络关

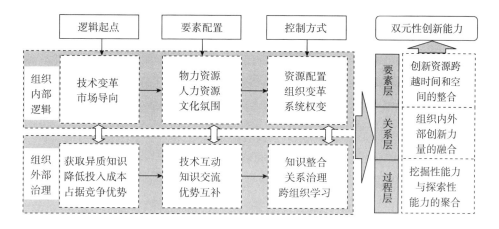

图 4-2　组织内外部逻辑下双元性创新能力形成机制

资料来源：笔者根据研究内容和相关资料整理。

系获取企业发展所需要的信息和资源的能力成为企业创新的关键能力，对提高企业创新绩效的作用日益明显（Ritter et al.，2004）。基于组织外部网络发展的逻辑，企业通过关系推动、巩固和优化企业双元及多元合作关系，促使合作活动顺利进行，并在合作过程中积累合作经验、降低投入成本和获取异质知识，促进价值资源在企业间流动和转移。

四、组织内外部逻辑下企业知识资源整合路径

由于企业组织内部、企业之间的组织协同是克服技术创新悖论的重要途径，所以在组织内外部同时寻求创新机会成为企业知识资源整合的重要方式。网络成员间的联盟行为或形式可以作为创新网络中企业探索性活动和挖掘性活动的一种分类形式（Rothaermel & Deeds，2004），联盟伙伴间依托网络平台建立起较为稳定和紧密的网络关系，既可以实现现有资源和技术的互补，降低风险，促进企业发展的稳定性，也能够获得探索未知领域，共享新知识、新技术和新市场，实现技术的新突破（Hill & Rothaermel，2003）（见图 4-3）。网络关系中涉及探索性能力与挖掘性能力的平衡以及

资源如何在网络成员间进行配置，无论是从理论上还是从实践上来看，这种基于联盟行为的强连接或弱连接关系对双元性创新有积极的促进作用。

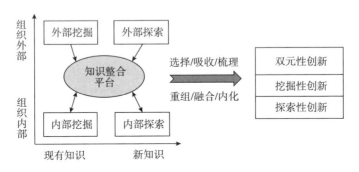

图 4-3　组织内外部逻辑下双元性创新知识资源整合路径

资料来源：笔者根据研究内容和相关资料整理。

　　企业通过关系推动、巩固和优化企业双元及多元合作关系，促使合作活动顺利进行，并在合作过程中积累合作经验和获取市场信息，促进价值资源在企业间流动和转移（Hill & Rothaermel，2003）。有效的新产品开发战略有赖于企业内部网络和外部网络间的良好沟通，企业可以根据企业内部成员和外部网络成员等多层次关系获取创新资源。网络能力有助于评估企业不同外部关系的重要性及其未来价值，能够动员和协调其他行动者的资源和能力，满足协同创新要求，达到创新工艺和改善流程的目的。

　　如图 4-2、图 4-3 所示，基于组织内外部关系网络属性的形成轨迹，源自组织内部技术变革和组织适应的原初动力与源自组织外部获取异质资源和竞争优势的竞争压力相连接，通过内外部创新要素的优化配置和治理控制，形成要素层面的创新资源跨越时空的整合、过程层面挖掘性能力与探索性能力的聚合，并在组织内外部网络关系层面创新力量的融合下，激发组织的双元性创新能力。作为企业整体战略能力的一部分，企业通过对内外部网络环境的管理、掌控和利用，建立起内外部网络关系沟通互动机制，从而将组织网络发展的内部逻辑与外部逻辑连接一体，在当前领域和全新领域都能更好地捕捉战略机遇，凝聚成超越自身的资源整合能力、网络融合能力和双元性创新能力，进而获取市场竞争优势。

第五章 知识整合下企业双元性创新的平衡机制

　　波特认为，企业竞争优势的主要驱动力来源于创新驱动，只有不断地创新组织才能适应环境变迁。技术创新的源泉是知识，组织学习是吸收、利用和扩散知识的主要途径，知识整合则是通过对组织学习过程中既有知识转移与新知识再造过程进行系统的管理、引导和协调的组织化、内部化、制度化和社会化的过程。按照 Crossan 等（1999）提出的组织学习理论框架，组织学习过程包括直觉感知、解释说明、归纳整合以及制度化四个子过程，这四个子过程分别在个体层面、团队层面和组织层面三个层次展开。根据前文分析，本书认为，在当前创新网络化背景下，企业技术创新和学习过程受嵌入网络的影响越来越大，因此组织学习的过程应该扩展至第四个层面即组织间层面，才能更完整地呈现组织学习的过程。

第一节 组织学习引发的企业知识整合机制

一、个体层面：个人知识的扩充机制

　　根据认知心理学的观点，对于单个个体来说，当面临着新的知识或新的信息环境时，认知主体就很难将自身的认知系统与外部信息相匹配，认

知感受就会因受到阻碍而促使组织中的个体不断改进自身的知识结构，提升认知能力（Austin，1997）。对于组织中的多个个体来说，由于存在竞争机制和比较心理，这种感受转化为行动的愿望会尤其强烈。知识主体会通过信息搜寻、感知反思、参与研讨、请教提问、反复斟酌等一系列行为补充知识盲点。在这个过程中，组织学习就在组织个体追求自身完善的心理暗示下得到强化，不管个体层面的知识扩充动机是主动的还是被动的，个体的知识结构都因为处在不断更新、改变的环境中而得到拓展。

当然对于一个企业来说，不同层次的人的认知心理、对组织学习的态度以及学习能力会有不同，当一个组织中个人的学习认知或能力不足时，员工可能只会在集体培训时被动地去接受新的知识而没有意识到应该根据工作的需要主动地提高自己。这一类完全被动的学习还会因为主体的努力学习和自身成长没有与薪酬体系和绩效管理相挂钩而效果倍减。因此，对于管理者来说，要有克服干扰的机制，更要有与个体层面知识扩充机制相呼应的团队层面、组织层面、组织间层面的适配机制。

二、团队层面：团队知识的溢出机制

基于专业分工和效率的原则，企业组织按照组织设计的原则将组织结构按功能划分为一个个工作单元，即传统意义上的部门，但这种划分客观上容易造成各部门注重部门局部利益和功能的最大化问题，而违背了从组织整体意义出发将组织整体利益最大化的初衷，同时也造成了部门间的知识冲突和分割隔阂。现代意义上基于特定任务或项目的团队更符合当前知识经济时代企业组织扁平化、虚拟化的趋势，可大大减少行政分割带来的冲突和隔阂，为跨团队知识和技能的溢出与融合提供可能，为跨组织的学习或跨组织的知识整合提供组织基础。

组织中的个人总是处于某一组织单元来开展工作或学习，因此个人的学习总是受到所在团队其他个体的影响。团队处于个人层面与组织层面的中间层，在组织学习和知识整合中具有关键的意义，Kessler 等（2000）强调，具备某个领域技术专长的"关键群体"（团队）对组织学习尤为重要。彼得·圣吉认为，团队学习是学习组织的第四项修炼，能彰显集体力量，调动团队成员目标一致地向同一个方向努力。通常团队是基于职能、项目或跨组织部门合作建立起来的具有特殊目标的群体性组织，其存在本身就是为了方便交流学习、降低成本和推动信息快速流动，参与成员通过正式或非正式的机会，围绕特定目的将知识或关键技术在团队内优先进行汇聚和共享。团队中的每个个体在集体学习氛围下受其他成员和整体士气的影响，不断与其他个体进行一致性知识互补、一致性行动暗示，重构自身知识结构、提高知识储备，从而对团队知识的高效率、高水平发挥提供帮助。每个个体既益于他人又受益于他人，在团队约定俗成的思维方式和价值取向下从团队知识溢出机制中将团队效率推向最大化。

三、组织层面：内部知识的协同机制

企业作为市场经济最重要的创新主体，是知识应用与知识交流的重要场所，具有生产、创造和运用知识的组织功能，并在这一过程中不断产生新的知识，推动着企业的不断成长。Jovanovic（1982，1994）甚至将企业的成长看作一个学习过程，认为是企业的技术学习和竞争的长期存在而使企业内部资源的异质性逐步消除。按照此观点，企业在开展组织学习过程中不断追求差异化的表现与企业在组织学习和相互竞争中使差异化逐步减弱是同时并存的，而这一实质上求异与结果上存同并存的格局是企业在复杂的环境中对外部变化的一种不自觉的适应。

相对于个体是单个的个人，团队是若干个个体结成的群体，组织则是一个有生命力的生态系统，由众多的个体、团队以及组织单元构成，组织层面的学习涉及个人、团队以及跨职能部门，内涵则更为丰富。从主体层面来看，不仅包括个体层面的认知水平和行为技能的改变，还包括团队层面的知识互动、交流和共享，以及基于组织目标的一致性和整体性而进行的系统的、有组织的学习。从内容层面来看，包括对企业零散知识的系统化整理、集成化重构和创造性移植，以及对隐性知识显性化的引导、激励和优化。从结构层面来看，包括组织结构、组织业务流程、规章制度等组织体系的改变和进化，基于内部知识和外部知识的关系协调和知识整合。从过程层面来看，是通过组织层面的学习，实现对企业内部既有知识的最大化开发利用和对新知识的最大化积累储备，以结合现有市场环境和未来可能的市场方向做出组织创新资源的调整与部署，使组织体系适应技术变化的需求和步伐。总之，通过组织层面不同知识主体的协同，以知识交流为手段、以创造价值为使命保持企业的竞争力，实现组织知识水平提升、技术创新能力提升和组织系统生命能力提升，同时组织整体的成功反过来也会使组织全体成员受益。图5-1从组织内外部关系协同视角阐释了企业知识整合视角下企业双元性创新的过程机理。

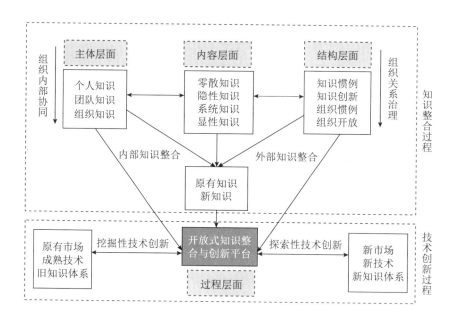

图5-1 知识整合下企业双元性创新的过程机理

资料来源：笔者根据研究内容和相关资料整理。

四、组织间层面：外部知识的内部化机制

组织学习不仅发生在组织内部，跨组织学习的现象也越来越明显。随着市场竞争的日趋激烈，组织占据市场竞争优势的关键已经从物质资本转向人力资本、知识资本。在经济全球化、信息化条件下，企业技术创新过程超越组织内部边界，在组织内部与外部同时进行信息交换。因此，跨组织知识整合下的创新主体为适应复杂的竞争和创新环境，由此结成各种正式或非正式的关系网络（李金华和孙东川，2006）。企业创新所必需的知识和技术往往分布在全球各地和组织单元，需跨越组织内和组织间的边界进行交流互动，协调和整合创新所需的不同知识和技术对企业来说尤为必要（Hamel & Prahalad，1991；Ruff & Frank，2006）。

就组织学习的外部逻辑来说，企业为了探索和挖掘组织技术创新所需的知识和技能，通过向创新网络的各个节点企业进行模仿、改进与创造来提高自身的创新能力以及企业组织与外部环境相适应能力。在企业经营活动中，知识转移、技术模仿与组织学习本身就是密不可分的。跨组织知识整合下的企业创新网络可以促进信息、知识和技术在组织间的流动，有利于各创新主体达成默认一致性，降低知识异质性带来的冲突，以更好地在组织外部捕捉有利于企业发展的战略机会（Hardy et al.，2003）。Crossan 和 Berdrow（2003）研究认为，组织学习是企业战略变革的动因，可以提升企业对外部环境的适应能力。企业一方面要有效利用现有知识资源和技术能力提高技术创新能力、降低产品成本以获取比较竞争优势，另一方面又要不断探索与开发未知知识来满足未来竞争态势不断变化的需要。知识在组织间的转移与组织间的学习能力息息相关，跨组织层面进行知识转移与知识的被动溢出还不尽相同，前者具有主动性、包容性和开放性，企业在特定产业背景下通过知识内部化，更有利于从组织系统的角度采取崭新的手段与方法，使组织站在新的知识高点既可以充分利用现有知识，又可以为未知领域不断积蓄可能需要的新知识，从而有利于技术创新（见图5-1）。

第二节　知识整合下企业双元性创新的过程机理

一、主体层面：单个主体→创新网络

从企业内部来看，存在不同的创新个体、创新团队，企业创新活动可以在不同范畴的主体位置上实现，从个人、团队再到企业组织，通过内部学习机制和网络连接机制，可以实现不同层级之间的知识转移和交换，也可以使单个主体嵌入组织整体中活动。内部网络效度越高越能够促进资源的内部交换和提高资源的共享水平，有利于促进原有知识的开发和新知识的创造，从而激发企业整体创新行为，同时能够增加单个创新主体的知识存量（任胜钢，2010）。当企业创新所需要的复杂知识不能从内部获得或创造时，企业就必须克服知识获取的惯性从外部获取。随着市场竞争的日益加剧、技术创新的日渐复杂，单个的创新主体已经很难超越特定的网络独自完成创新的整个过程，对企业内部单个创新个体如此，对庞大社会系统中的每一个创新节点的企业更是如此。内部创新网络借助内部知识整合手段，依靠内部关系治理，将不同层次、不同群体的知识通过学习机制变成共性知识，实现内部知识的协同和创新。外部创新网络中的企业只是其中的一个网络节点，其他有技术关联或业务关联的企业、政府、研究机构、教育或培训机构等都处在网络节点中的某个位置，企业通过正式或非正式的合作关系或制度安排等治理机制与其他节点发生联系，借助外部知识整合手段，使新观念、新技能、新成果等不断涌现。

不可否认，企业的网络化活动需要耗费企业内部资源，企业参与创新网络的程度和动力会受到企业内部资源条件限制及参与收益高低的影响。创新网络最本质的特征在于强调网络的参与各方进行全方位的交流与合作以实现创新共赢，内外部环境的变化客观上要求创新主体要不断规避创新风险、增强创新能力、充分利用有限资源和不断提升创新效益，利用企业所处的网络节点，对内集聚各创新个体和组织单元优势形成集聚效应，对外与其他关联创新主体通过某种方式结成相对稳定的关系，不断从外部创新网络获取新的技术知识，在内部资源整合和创新平台上实现知识的再创造，促进技术创新。融入开放式创新网络、向外部创新主体学习是提升企业创新能力的主要途径，企业应该重视从创新网络中学习知识，尤其是技术链关联企业上的最前沿知识、隐性知识，并借助于内外部知识整合手段使之融入自身知识体系，实现外部知识内部化，同时还要通过对市场趋势和技术趋势的正确判断进行适应性学习，如特定任务项目或开发对象的组织模式、管理理念等。

二、内容层面：离散性知识→整合性知识

从知识本身属性的角度来看，知识的产生与存在具有分散性特征。知识从来不以集中或整合的形式存在（Becker，2001），解决问题所需要的知识都是以分散的形态存在的，分属于不同知识主体、不同组织单元、不同企业，知识的来源各异、功用各异，在空间上具有分布式特征。张可军（2011）基于知识的分散存在性、学习机制的差异性以及知识的可转化性假说提出离散性知识和结构性知识（即整合性知识）是知识存在的两种基本形式。以往研究对知识存在形式的认识多建立在知识属性本身的基础上，从知识价值的角度来看，只有系统的、整合的知识才能产生协同和创新效应，各知识主体尽管表面上处于分散状态，但就实质来说，只有这些独立的个体或组织单元的结合性知识或者说是组合性知识才能够发挥功用，而知识主体之间、主体与客体之间相互作用的过程，也是分散状态的知识不断聚集形成整合性知识的过程，从这点上来说，整合性知识也是结构性知识。

知识整合是知识应用的关键，离散知识的整合化过程也是知识价值创造的过程，知识整合的过程本质是如何有效解决离散性知识的认知离散和

空间离散两大问题（张可军，2011）。每个人的专业知识和实践经历不同导致了知识异质性的特征，不同个体的相互认同是合作的基础，企业内部营造一种相互认同的文化氛围和交流学习机制是必要的。华为公司在知识整合上运用市场管理流程（MM）、集成产品开发流程（IPD）、任职资格体系建设等流程机制将数量庞大的各环节商业工程师聚集起来，打造高端人才库，在引入外部咨询变革组织业务流程的同时，不断吸纳国内外领先的管理理念，建立起端到端的组织体系，通过商业工程师（包括售前、研发和售后工程师），组建技术人才与管理人才的混合团队，打通市场领域和技术领域的边界，实行全流程导向的资源整合与知识管理系统。但本书团队走访一些地方企业时发现，由于地缘关系导致的封闭式企业文化，管理层内部的派系林立、小团体主义使原本在专业知识和技术上具有较高行业地位企业出现空间离散型障碍，信息传递仅停留在维持情面的日常业务交流上，个体和群体参与互动的积极性不高，意愿贡献度不强，殊不知知识整合并不单纯是知识客体的纯粹链接，相应的组织氛围、合作愿景、人际关系、业务流程等都会影响到知识整合效果，要保证知识客体和知识主体上关联的知识组合方式和人际互动过程相通畅。

三、结构层面：组织惯例→组织开放

威廉姆斯（1981，2002）指出，企业组织结构就是为了适应现行的环境条件而存在的，在某种程度上环境已经成为企业组织结构演化的最主要动力。企业本质上是一个知识集合体，是知识经济时代的一个基本细胞，可称为知识型企业。这类企业拥有大量的知识型员工，有独具的基于知识创新的核心竞争力，有面向组织学习、知识获取、知识共享的组织形式。同时凭借自身拥有的能力和资源参与市场行为，其首要任务是在激烈的市场竞争中能够生存下来，本质上企业的创新意愿是相当活跃的。企业擅长利用知识服务于生产，善于通过知识的融会贯通创造出新知识，并在新的领域加以利用。这就要求企业应该采取科学的，有利于知识获取、知识传递和知识共享的架构，也要有不断淘汰过时的技术、设备甚至是不胜任的员工的机制，促进企业在开放环境下不断与外界环境进行信息交换，保证企业在组织方式上满足知识和技术的需要，而企业组织结构演化是企业组织方式变革的关键，也是实现开放性创新在组织形式上必须具备的前提。

本质上，企业组织结构就是为了实现组织特定的目标而通过某种组织方式或安排形式并以分工和协作的方式呈现出来，是企业知识惯例和技术轨迹结合组织资源在组织方面的体现形式、延续机制和运行方式。从组织理论的角度来看，当企业出于组织结构原因导致市场竞争处于不利地位影响到企业生存与发展时，企业就会具有强烈的改变现有组织惯例的要求。从结果来看，就是通常所说的组织结构的调整或创新，成功的创新就是企业能够继续生存和发展，能够根据环境的变化因时制宜地打破原有的惯例并发展出新的惯例，如采用新的组织架构、新的决策机制、新的业务流程、新的利益格局等。当然这种对组织惯例的克服有渐进式的也有突变式的，不管采用何种演化方式，企业组织结构形式都是为了适应环境变化和内部战略需要而做出的调整，是一个创造性破坏过程，这一过程类似生物学上的生命演化规律，有复制、变异、选择与保留等演化机制，是打破原有的组织平衡状态而进行的改造或改革，需要进行不断的搜寻、试错和模仿，需要经历阵痛（如抵制、恐慌、风险等）才能由一种组织结构形式演化为另一种组织结构形式。当这种新的组织结构形式经过市场检验能够适应战略需要和外部变化时，就会保持一段时间的平衡与和谐状态，不过这种状态只是暂时的，一旦被打破，新的惯例突破与创造过程就会重新开始。

四、过程层面：线性创新→开放式创新

企业技术创新是一个过程化的概念，组织的技术创新平台上，从不同知识主体的沟通与协作、知识的管理与创造、内外部知识的治理到知识的整合与创新是一个完整的系统过程。自技术创新概念提出以来，线性创新长期占据主导地位并影响着各界的认知和行为。随着对创新价值实现的强

调，创新的范畴从单纯的技术创新扩展到企业经营管理和活动的各个领域。企业作为社会经济活动最主要的微观主体，其创新的过程涉及宏观、中观和微观层面，从创新的外部环境、整体状态和战略愿景，到参与和承载创新过程的基本组织单元和相应环节，再到知识，各层面、各单元及各参与主体相互影响，具有鲜明的动态性、共生性、复杂性即非线性特征。企业外部知识搜索的深度和宽度与渐进性创新和突破式创新呈现显著的非线性关系（梁阜和张志鑫，2019）。单纯的线性创新已很难适应复杂环境的需要，企业从资源要素、组织体系、管理机制、文化氛围、制度体系、供产销体制等非技术要素方面全方位参与创新过程并呈现多焦点特征，非线性创新成为更大范围和更多层面的知识流动和交互过程。这一过程既对各创新主体的现有知识体系有较高要求，也对其不断创造新的知识体系提出要求，各创新主体不断地获取知识并释放知识、不断地挖掘旧有知识并创造新的知识，知识的配置和整合交互进行，贯穿于企业创新的全过程。

资源的稀缺性和价值创造的效益性决定了企业开展创新活动应该将最优资源投放到最能创造价值的地方，同时还必须考虑到企业未来持续成长的价值。组织的创新要素通过复杂的非线性协作活动能够产生单个要素无法实现的整合效应或协同效应，在开放式创新环境下能够克服这种线性创新带来的弊端，此时的企业创新活动就不再是单纯的内部成员或组织单元间的交流与互动，而是跨越组织边界以自身资源为交换，在组织外部寻求合作创新或联盟的机会。尤其是在经济全球化和网络信息技术高度发达的今天，企业的创新不可能再与外界隔绝孤立进行。一方面，企业只有融入开放式创新环境和创新平台，根据自身对外部资源的期许，以及自身的交换能力，动态适应环境的变化，并参与标准的建造或遵循社区的规则与标准，企业才能在庞大的组织生态环境下与外部组织进行知识的交流、互动，通过外部学习来相互弥补、相互促进和相互融合。另一方面，开放式创新平台下的知识和信息互动，是一种交互式学习，交互双方都是利益的主体，也都有自身的优势与特点，每个创新主体都有所贡献亦有所收获，通过知识的获取、吸收、应用和扩散，持续不断地与受体之间发生交互作用，进行知识、信息和技术的流入、流出、往来与反馈（薛捷，2010）。这种学习过程中企业的创新要素依托于创新网络中各创新主体的共同创造，分散于同一技术创新系统，同时通过虚拟的或有形的结构形式将创新主体共同纳入某个持续不断运转的结构体系当中（Lundvall，2001），这种结构可以是协议合约，也可以是创新平台或者是要素的互动方式。组织的创新要素不管是在组织内还是在组织间都会经历从投入到最终产出的过程，这一资源流转方向与组织系统、技术创新系统演化方向协同一致，一方面能够提高资源的流转效率和提升流转的效果，另一方面可以为组织结构的运作秩序以及新的结构形式的产生提供组织基础，从而使知识的、技术的和组织的要素条件作用到探索性创新与挖掘性创新活动过程中，实现两类创新互动的平衡与协调。开放式创新平台下企业组织创新要素流转、创新资源的配置、创新路径的选择都克服了封闭式创新下的障碍，为知识融合、技术交流、流程优化进而是组织变革提供可能，既可以避免再以人为的空间分割方式造成创新的动能衰退，又可以避免资源争夺造成的浪费与冲突，还可以化解时间不连续造成的技术创新的中断或终止，实现组织资源与技术创新路径良好匹配。

第三节　知识整合下企业双元性创新平衡效应

一、三维融合机制下的协同效应

基于要素层面的知识创新、基于过程层面的技术创新和基于组织层面的组织创新的"知识—技术—组织"三维融合机制，解释了企业技术创新过程中知识管理与整合的手段与目的以及由此引起的组织系统的演化规律。对于企业来说，既要获取外部知识又要创造性地运用内部知识，同时要将两种知识创造性地融为一体应用于企业的产品和服务开发过程，最大限度地利用知识资源推进创新速度，在知识的技术化过程中不断形成层次鲜明、结构规范的组织体系，通过企业知识资源、技术能力和组织结构的协同关系，实现知识价值最大化、技术创新最强化、组织结构最优化的协同效应，使以知识整合和技术能力为基础的企业核心能力得以形成和稳定，并使企业管理流程和业务流程得以巩固，形成标准化、制度化的运行机制或组织体制。

这一协同效应对于组织内部而言，是如何利用个体嵌入三维融合机制下的机会运用好知识平台上的全部网络资源，同时将个人的默会知识变成结构性知识，提高个人的贡献度；对于组织外部而言，是不同的创新主体之间如何开展跨组织学习、资源互动与共享、信息交流与传递，这直接关系到协同运作的效率以及周期。知识整合不仅是单纯的知识流动或知识连接，而且重点在于知识传递流程和知识技术化流程的再造与管理。只有这样才能真正实现"知识—技术—组织"三维融合机制的协同效应，而在这一流程影响的技术创新不管是原有技术轨道上的挖掘性创新还是新技术轨道上的探索性创新，都是强调手段、强调知识的应用方式，对知识整合具有一定的反馈作用。这种作用与反馈使组织的知识系统、技术系统和组织协同能够协调同步。协同作为创新的主要手段在复杂的社会环境下发挥着越来越重要的作用，在协同效应下，组织内部个体、各单元通过相互协作增强内在的学习动力和彼此间的互动，加强知识的传播、学习和应用；创新网络内各网络节点充分利用网络内部信息、丰富知识库存，提高节点自身的创新效率和能力；内外部协同作用下，企业不断提高组织个体、团体和组织整体的创新水平。

二、组织资源张力下的平衡效应

双元性理论发展至今研究的核心内容就是挖掘性创新和探索性创新的平衡和协调，作为两种具有冲突的创新行动，它们对企业资源存在争夺并影响企业建立不同的战略目标和组织演化的不同方向（March，1991），知识体系的重构使组织随着时间推移形成有特定业务模式、操作流程和战略方向的企业，日益增大的企业规模和市场需求让企业在发展壮大的同时掌握了丰富资源，而实际上也失去了在小型新兴市场的竞争能力，不能部署组织资源来对抗小型破坏性市场未来不断发展壮大带来的潜在冲击力（Christensen，2010）。从组织内部视角来看，挖掘性创新和探索性创新的确存在着对资源的争夺与冲突的问题，而在复杂的网络关系中，企业的知识网络边界是开放的、多维的、动态的，创新网络的各个节点中企业的知识质量和知识势能决定了该知识节点的知识深度（詹勇飞，2009），开放性创新环境下企业突破组织边界链接到外部的创新网络中，企业的组织资源就有无限扩展可能的张力。

在环境波动程度较高时，组织双元性更加必要（Jansen et al.，2006）；在高动态性和竞争性的环境下，企业开展双元视角下的创新协同对于企业可持续发展的各种能力维度均具有积极的促进作用（彭灿等，2020，2021）；同时，Jansen等还指出，企业处于的社会关系网络越复杂，越有利于企业开展创新活动。知识经济时代，企业技术创新不再是与外界隔绝的封闭式活动或孤立式事件，而是企业根植于一个知识网络，跨界知识整合机制和跨组织学习机制在开放性的环境下为企业聚集知识势能。基于组织间知识整合的视角，企业利用网络对知识由内而外进行搜寻、筛选和获取，再由外而内进行吸收、消化和应用，内化为企业的知识能力，使企业用最少的时间、以最快的速度获取知识资源，并以最有效的方式实现内外部知识整合。企业从被动地适应到主动地发起，利用其他网络成员的知识、信息以及更多其他关键资源并结合内部技术能力来提高创新绩效，从而建立起"组织学习+知识整合+创新绩效"的组织资源获取模式，有效解决知识需求和知识分布的结构性矛盾，理论上使资源获取能力无限扩张。从企业创新实践来看，越来越多的企业在全球范围内构建起组织资源获取的全球知识网络。华为公司在全球范围内建立研究所，利用全球优质技术人员，坚持并持续优化开放性创新能力，与400多所研究机构和900多家企业开展创新合作，为在全球范围内获取大量优质资源提供可能。

三、知识体系重构下的整合效应

企业的知识既可以由内部创造而得，也可以自外部获取（Lane & Lubatkin，1998），开放性创新环境下，企业更是整体融入外部创新网络，在全社会范围内利用知识资源，以提升自身的研发能力和创新能力。科技进步飞速、产品生命周期缩短，企业的知识体系从单纯依靠内部力量构筑到重视外部知识获取，并借由外部知识的快速融入实现低成本知识优势。知识体系的重构、知识整合机制以及组织文化存在一定的关联作用（陈明和周健明，2009）。组织内跨主体间的知识整合和跨组织边界的知识整合对企业的知识连接方式、技术交流模式、创新主体互动方式等方面都存在影响。单个个体或团体的知识与其他主体进行知识连接时，在个体和团体的层面，知识得到分享和应用，扩散到组织各处，进一步上升为企业整体知识；外部知识通过技术、市场和顾客等多层途径，分别从技术性知识、产品知识、市场和顾客管理等方面与外界保持着持续的互动，将企业作为开放性环境下社会经济大系统中的一个子单元。从知识整合的范围和过程来看，无论内外部知识，都必须经过内部的消化和应用，最终目的是增进新产品的商业化过程。

知识整合过程受到知识惯性的影响，对新知识有一定程度的排斥和抵制，因此打破企业原来的条条框框、处理程序惯例，建立动态知识流动机制、拓宽知识来源途径、跳出原有规则框架变得尤为关键。组织知识整合模式强调企业文化、流程和价值的一致性，在资源分配方式、人员互动方式、组织单元运作方面逐步建立适应新技术应用、新产品开发的关键流程，伴随知识的流动实现知识主体的互动、沟通、协调和决策新模式，整合过程中这些工作方法和互动模式逐步被详细记录、明确规定并被自觉遵守。原本为解决特定任务而进行知识连接的整合手段，逐渐形成扎根于企业文化的操作流程，整合效应随着时间的推移变成习惯性的工作程序，作为流程或价值关键被规定下来，成为企业文化的一部分，构成组织资源和组织能力结合的具体方式，并具有稳定性和灵活性的特点。对于有成长潜力和战略愿景的知识和能力被成功地转移到企业流程、价值观当中，并被赋予特定的文化内涵，而那些未能建立操作流程和价值观念的冗余知识和能力很快就失去活力，不断被新的知识和技术所取代。

四、知识整合下的双元性创新效应

结构式双元性理论流派认为挖掘性创新和探索性创新具有互补性，两者的组合才是双元性理论研究的核心，两者并行无碍，可以相互弥补对方的不足从而并存于互补领域，该流派主要分析组织结构的组合方式对双元性创新水平的影响（Gupta et al. , 2006；Burgelman & Grove, 2007）等，认为双元性组织兼具机械式和有机式的特征（Su et al. , 2011）。情境流派认为组织情境影响双元性创新水平，如组织纪律性、成员信任度、组织结构弹性、高层领导的支持等会影响双元性创新水平（Gibson & Birkinshaw, 2004）；高层管理团队采取更加灵活、弹性的方式重新配置组织资源来适应快速变化的环境时，双元创新水平会更高（O'Reilly & Tushman, 2008）。从内部视角来看，组织的前因变量有结构特质、组织情境、内部流程、吸收能力、组织文化、领导特质等；从组织间视角来看，组织的前因变量有组织社会关系的多样性和网络位置等。根据前文分析，基于组织基础、组织的关键要素和知识能力的内外部知识整合机制、网络环境下的企业双元性创新能力形成机制揭示了双元性创新运行过程的微观机制，组织内外部逻辑下企业创新资源整合过程涉及个人知识的扩充机制、团队知识的溢出机制、组织知识的协同机制、外部知识的内部化机制以及组织学习引发的企业知识整合机制揭示了双元性创新运行过程的跨层次、多维度特征。

在开放性创新环境和创新网络环境下，企业与外界进行资源交互的两条主要途径就是内部知识整合机制和外部知识整合机制，通过这两条途径实现了企业多元化来源途径的知识资源的重构、整理与融合。在这一过程中，主体层面上的单个创新主体演变为具有复杂节点的创新网络，内容层面上的分布式知识转化为整合性知识，结构层面上的突破组织惯例将组织置于动态开放环境下，过程层面上的线性创新模式被开放性创新所取代，企业的技术创新路径在知识特征和技术特征上从单纯的依赖内部资源过渡到以外部知识资源为主，外部知识资源日益超过内部知识资源成为企业突破技术创新的关键性资源。"知识—技术—组织"三维融合机制下的协同效应、组织资源张力无限扩大化带来的平衡效应、知识体系重构框架下的整合效应，为企业以知识资源、技术资源和组织资源为基础的组织演化提供可能。技术创新是组织竞争能力、组织结构变革及企业成长力的重要来源（Day，1994），企业的技术创新必须以动态多变的市场环境为方向，不断寻求、整合和重构与之相适应的组织能力，这种动态能力有助于企业在动荡的环境下获取持续的竞争优势（Teece et al.，1997；Eisenhardt & Graebner，2007）。企业既要不断深化和升级现有技术能力与经营模式以确保当前发展，又要利用新的知识基础着眼未来发展在新的领域不断探索，并不断催生新的商业模式、技术规则、组织形态以快速应对技术和市场的变化，从而迅速地实现战略更新。

第四节　组织学习、知识整合与双元性创新的影响机制分析

在实践中，企业大都面临着如何利用既有知识提升现有技术能力、拓展未来新技术和新市场领域选择的问题，组织竞争优势得以保持的原因在于不断提高成熟产品的性能并能够推出全新的产品、更新成熟产品。尽管许多研究都认识到组织学习对技术创新的重要作用、知识是改变能力和提升竞争优势的基础，然而对组织学习如何影响知识整合效应的发挥、知识整合通过何种方式与企业技术创新路径匹配更有利于促进创新发展、企业知识资源的学习效应、整合效应和创新效应的关系及其对企业竞争力持续

提升的影响缺乏研究，基于此，本书对组织学习、知识整合和双元性创新的关系问题进行理论解构和实证分析，揭示组织学习、知识整合和双元性创新的关系和影响机制。

一、概念模型与研究假设

1. 组织学习对双元性创新的作用机理

组织是一个通过不断学习累积并创造新知识的综合体。组织学习是企业在复杂的竞争环境中，为适应生存环境，利用现有知识持续产出新知识以寻求成长的一种行为改进，它是知识创新的前提和基础（Koh et al.，2000）。现有知识是组织学习的起点和基础，未知知识是组织学习的导向与目标。组织学习是现有知识和未知知识的相互交互和渗透的过程，在现有知识的基础上识别和理解未知知识，通过对未知知识的掌握增加知识储量。然而，组织学习具有路径依赖性（Kogut & Zander，1992），企业只有通过不断的学习才能充分认识外部环境、识别机会，显然企业技术创新所需要的知识资源是多元化的，不可能全部依赖于原有知识体系或者内部交流机制，因而除了内部学习，还需要大量的外部学习。为提升和保持知识网络中的优势地位，企业还会跨越组织边界进行组织学习，其目的在于获取异质性知识，并通过对知识的吸收、解构和重组而融入组织内部知识体系，从而创造出单个企业无法创造的价值。

双元性创新是企业同时兼具在成熟业务领域上的竞争能力以及对全部未知领域的学习和突破性创新的能力（Vassolo et al.，2004），前一种能力即挖掘性创新，后一种能力即探索性创新。挖掘与探索是组织两种截然不同的学习能力，挖掘性学习能力是在组织现有知识储备和技术条件上利用组织的成熟的经验技能开展常规化创新；探索性学习能力是突破组织现有知识领域，利用新的知识和新的技术或者引入组织外部知识和新的技术资源探索组织以前完全不具备的新的能力。由此可见，从组织学习的角度来看，双元性创新也是一个组织学习的表现过程，即对现存知识的重新运用和学习、对全部未知领域的吸收和探索，但是二者的组织学习过程性质不同。March（1991）指出，挖掘性学习与改进、选择、提高、实施和效率密切相关，探索性学习与试错、摸索、破坏和发现密切相关。由于学习内容和学习途径各异，两者拥有截然相反的知识体系、学习过程和结果（Floyd & Lane，2000）。挖掘性创新知识传递方向是从系统化走向分散化的形式，或者说是从高层到底层，在组织内部学习的效率要高于外部的交流，从现有知识附近寻找创新机会和获利机会；而探索性创新刚好相反，它强调企业对异质知识的学习和利用，与组织外部交流和互动更能获取异质资源，因而开放的组织环境和组织文化更注重外部关系的协调和维护。显然成功的企业应着眼于组织的长期发展，做到两种学习活动或创新能力达到平衡与统一（Gupta，2006）。因此，本书提出以下假设：

H1：组织学习对双元性创新有显著的正向影响。

H2：组织学习对挖掘性创新有显著的正向影响。

H3：组织学习对探索性创新有显著的正向影响。

2. 组织学习对知识整合的作用机理

组织学习既包括组织内部成员以及组织各单元之间的知识互动，也包括组织间的学习交流和知识互动，与外部组织间的知识互动是获取外部知识的首要前提。组织学习通过对组织所获取的外部知识进行吸收、重组与理解，并通过与现有基础知识进行融合产生新的知识，以转化为企业创新能力。由于知识的专属性、难以复制性，大部分知识是分散于不同组织或团体的隐性知识，所以组织学习的效果还有赖于学习过程中对专属的知识、黏性的知识的整合力度。Kessler 等（2000）认为，一定的组织学习能力和知识创造能力只是企业成功运作的基础，最终还取决于它能否有效地整合与应用所拥有的知识，因而知识整合是组织学习有效性的延伸和拓展，是实现组织学习效能的关键。Boer 等（1999）认为，知识整合的系统化能力指企业的作业流程、规则秩序、操作程序等达到的标准化程度，组织成员根据组织书面载明的指南或手册，按照既定的工作流程和作业规范能够自主操作技术设备、执行生产和处理信息的能力；社会化能力指在组织文化、价值观念和经营理念等的作用下，企业将隐性知识整合成新知识的能力；合作化能力指组织内部成员之间在任务面前能够协调配合，组织内外部成员、单位或团体之间以合作为导向在资源互动、信息沟通和学习交流时相互配合、求同存异、相互协作，将显性复杂知识或隐性知识整合成新知识的能力。Robert 等（2008）用协调化知识整合能力涵盖了社会化能力和合作化能力，知识整合只有涵盖与硬环境相关的系统化能力、与软环境相关的社会化能力和团队成员间的合作能力，才能实现知识整合能力的提升，进而增强组织绩效（Boer，1999）。

组织学习表现为知识存量的增加借以丰富组织记忆而实现知识的价值，进而提升组织绩效；而知识整合是在知识存量增长一定或有限的前提下通过改善知识结构、融合知识特征来激活知识的创造价值并实现组织绩效的（高巍和倪文斌，2005）。可见，组织学习的内涵侧重于如何利用有效的组织学习保障机制，掌握和吸收更多的知识，着眼于知识储量的增加、知识增量的提高，将知识的结合方式以系统化的知识整合方式加以呈现；而知识整合关注的重点是如何最大限度地发挥知识的作用，在知识储量一定的前提下通过改变知识的结构和组合实现知识的创造和转换，侧重于知识结构的改善。掌握知识的多寡或者知识基础的多寡并不必然产生结果，而通过知识整合将零碎的、感性的、孤立的知识内化为组织专属特质并充分激活储量知识的效能才能使组织学习的效果充分实现。曹兴等（2017）研究了联盟企业技术能力的提升过程，认为知识状态本身对技术能力没有影响，企业是通过组织学习不断挖掘现有领域知识和整合外部新知识提升技术能力的。组织学习的最终指向就是知识整合，组织学习以恰当的科学方法对不同来源、不同层次、不同结构、不同内容的知识资源进行分类、归纳、综合和集成，并通过知识的不断融合实施知识体系再建构，使分布式知识和单一知识、旧知识和新知识、显性知识和隐性知识等经过整合提升为组织新的知识体系。因而，知识整合能力影响到组织学习能力的发挥及其对组织绩效的作用。

因此，本书提出以下假设：

H4：组织学习对知识整合有显著的正向影响。

3. 知识整合对双元性创新的作用机理与中介作用

在企业实践中，外部知识引入现有知识体系中，通过碰撞、融合、修正和重构，能够触发组织学习思维，最终产生新的知识。Henderson 和 Clark（1990）认为，知识整合能够促进新产品开发活动中技术资源的重新配置，Grant（1996）认为，知识整合是组织能力的本质和基本职能，并提出整合效率、整合范围和整合弹性三个评价维度。Petroni（1996）从企业内外部知识整合视角建立起知识整合水平与企业核心创新能力的关系，认为新能力必须在旧能力基础上融合新知识或者对旧知识重构而实现。任皓和邓三鸿（2002）、魏江等（2005，2008）等认为，知识整合通过特定环境下既有知识和潜在知识的动态重构，实现企业技术、产品和服务的创新。Knudsen（2007）研究表明，不同的知识整合方式包括互补性知识和辅助性知识都对企业创新绩效具有积极的促进作用。Santiago 和 Alcorta（2012）认为，企业通过整合获得的新知识对组织知识的挖掘和探索均有正向的影响作用。整合性知识重组后的新知识一方面有助于提升现有产品的现有市场占有率而达成企业当前绩效，为挖掘性创新提供资源基础；另一方面能填补知识空白开辟新的市场领域，有助于企业长期绩效的达成（Guan & Liu，2016）。综上所述，知识整合对企业技术创新路径的选择和创新资源的配置势必有深刻影响。

企业初始知识资源零散分布在组织的不同单元，由于企业知识具有隐晦性和异质性，组织单元存在一定程度的封闭性，分散的知识无法自觉发挥其整合效应，而知识整合是创新的关键，在企业知识转化和创造过程中，不管是个人知识与组织知识的有效整合，还是隐性知识与显性知识、原有知识与新知识、内部知识与外部知识的有效整合，重构起来的系统化知识能够引导企业知识流向进而产生整体效应，从而激活技术创新系统。Luca 和 Luca 等（2007）研究发现，跨部门创新协同与市场知识通过知识整合的中介作用影响企业产品创新的绩效。Zahra 等（2000）认为，知识整合作为调节变量，能够调节组织国际化成长与技术知识获取之间的关系。本质上创新是一种知识实践活动，无论上述哪类知识整合，都是学习实践和创新实践的具体过程。本书认为，知识整合并不单纯指原有组织知识体系的重新建构而构成新的知识体系，知识的整合和创造过程还会出现来自多个知识面、不同层次的知识的交叉相融而产生的新知识，通过对不同来源、不同形态、不同属性的知识进行甄别、选择和重构，实现知识体系的重构和优化。在这一过程中无论是原有知识的再建构还是知识面的交叉相融，抑或是显性知识和隐性知识的相互转化、个人知识或团体知识的交流互动，本质上都产生了不同于原有知识体系的新的知识体系。

双元性创新实质上是一个学习过程，挖掘性活动是一种对现存知识的重新运用和学习的能力，探索性活动是一种对全部未知领域的学习和探索过程（Vassolo et al.，2004）。挖掘性创新和探索性创新都涉及知识交流和学习、技术改进以及对新知识和能力的获取（Benner & Tushman，2002；蔡灵莎，2020）。企业如果过于注重运用当前技术能力维持现存市场的盈利，就意味着没有足够的资源能力适应企业未来变革的需要，当市场上出现突破性技术时，企业甚至会面临丧失成熟市场的可能（Henderson & Clark，1990）。挖掘性创新从现有知识能力出发，沿着现有技术轨迹对成熟技术不断改良和提升，强调对现有知识应用程度的不断创新。在组织现有框架内对知识加以利用、挖掘和重组，通过规则、约束和惯例等形成系统化知识，能够促进挖掘性创新；但过于程式化和保守化的知识处理过程不利于面向全新领域的探索性创新。探索性创新着眼于未来全新领域的探索，是为适应复杂的外部环境而进行的全新尝试，它以新的知识、技能、流程和结构为基础转移到一个不同的技术轨迹上面开展创新活动。组织内外部知识主体的深度交流和信息碰撞、跨组织边界的知识流动和外部知识内部化构成的协调化知识，能够使知识主体突破固有知识界面进行未知领域的创新搜寻，从而促进探索性创新。

因此，本书提出以下假设：

H5：知识整合对双元性创新有显著的正向影响。

H6：知识整合在组织学习对双元性创新影响中起中介作用。

H7：系统化知识整合有利于挖掘性创新的开展，但不利于探索性创新。

H8：协调化知识整合有利于探索性创新的开展，同时有利于挖掘性创新。

通过前文的理论分析和关系梳理，结合本书研究的目的和内容，笔者提出了组织学习前因下知识整合在双元性创新中的作用机理及其中介作用的 8 个假设。其中组织学习对双元性创新 3 个假设，组织学习对知识整合 1 个假设，知识整合对双元性创新 3 个假设，知识整合的中介作用 1 个假设。其概念模型如图 5-2 所示。

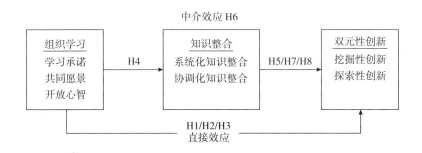

图 5-2　研究的概念模型

二、数据与方法

1. 数据的收集

本书主要是通过大样本问卷调研的方法收集数据来验证上述假设的。样本企业主要集中在北京、广州、深圳、天津、上海、南昌、合肥、郑州等地的高新技术企业，行业分布包括生物医药、新能源新材料、电子信息技术等，调研涉及的企业包括民营控股企业、国有控股企业、国有独资企业和外资企业，调研对象主要是企业业务的全面负责人或分管技术方面的负责人，熟悉所在企业的情况。研究以现场问卷调研为主，辅以邮件调研的方式收集数据。为了保障问卷的填写质量和消除被试者的心理防范情绪，在发放问卷前与被试者进行了充分的沟通，以确保被试者能够充分理解问卷内容、消除心理芥蒂并配合填写。本书共发放问卷 400 份，回收 294 份，剔除 28 份无效问卷，最终有效问卷共 266 份，有效问卷回收率为 66.5%。样本描述性统计如表 5-1 所示。

表 5-1　样本描述性统计

统计项目	统计内容	频次	百分比（%）	统计项目	统计内容	频次	百分比（%）
企业性质	民营控股企业	139	52.3	所属行业	生物医药	41	15.4
	国有控股企业	54	20.3		电子信息技术	48	18.0
	国有独资企业	24	9.0		航空航天技术	23	8.6
	外资企业	28	10.5		资源环境技术	35	13.2
	其他	21	7.9		先进技术制造业	56	21.1
公司人数	30 人及以下	77	29.3		新能源新材料	36	13.5
	31~100 人	28	10.6		其他	27	10.2
	101~300 人	50	19.0	资产规模	200 万元及以下	31	11.8
	301~500 人	20	7.6		201 万~500 万元	11	4.2
	501~1000 人	31	11.8		501 万~1000 万元	36	13.7
	1001 人及以上	57	21.7		1001 万~1 亿元	57	21.8
公司年龄	2 年或 2 年以下	5	1.9		1.01 亿~5 亿元	49	18.7
	3~5 年	14	5.3		5.01 亿~10 亿元	21	8.0
	6~10 年	34	12.8		10 亿元及以上	57	21.8
	11~20 年	54	20.3	答卷人任职年限	2 年或 2 年以下	3	1.1
	21 年及以上	159	59.8		3~5 年	62	23.3
职位	公司高层	107	40.2		6~10 年	75	28.2
	技术研发负责人	93	35.0		11~15 年	63	23.7
	其他业务部门负责人	33	12.4		16 年及以上	63	23.7
	负责技术的人员	33	12.4				

注：其中"公司人数"缺失值为 3，"资产规模"缺失值为 4。

2. 变量的测量

为保证测量工具的效度和信度，本书尽量采用国内外已有文献中比较成熟或权威的量表，并结合研究目的和特点以及中国企业所处情境对相关题项进行适当调整。一是确保问卷涉及的概念和题项在国内外保持等同性；二是确保各题项涉及的问题符合中国企业情境，从而可以提高测量的精准性。针对研究涉及的组织学习、知识整合和双元性创新等概念的操作性定义和测量，主要参考国外已有文献。量表编制完成后，向创新管理研究领域的 2 名学者和 2 家高新技术企业的 2 名技术总监进行了咨询，根据他们的反馈意见对问卷进行了修改，然后选取 11 家高新技术企业对其高管人员进行预调研以测评问卷设计的合理性，根据其反馈信息再次对问卷进行完善，使各题项更符合日常表达习惯，从而形成最终问卷。本书中的变量测量采用李克特五点量表，由被试者根据公司状况和本人对问题的判断做出选择，选择题项由五个级别（1~5）构成，1 表示非常不同意，5 表示非常同意。

本书所界定的组织学习的概念是指企业为建立竞争优势，对来自内外部环境变化引致的信息和知识的变化进行识别、评价、反应和适应的过程，主要表现为对组织知识的传递、交互、累积和重构等行为，而在应对当前问题之外更应该关注开发和创新能力。在变量的测量上主要参考 Sinkula 等（1997）以及谢洪明等（2007）的测量量表，共使用 9 个问题项，包含学习承诺（指将学习视为组织获取竞争优势的最基本价值）、共同愿景（指组织成员能够协同一致地致力于公司的长远发展）和开放心智（指组织成员能够利用环境和信息的改变创造机会）3 个因素。本书所界定的知识整合概念是指从组织知识系统的整体角度，依据一定的理念和机制，对片段化、分散化的知识个体或单元进行再建构，以实现对既有知识的重新组合、新的运用以及对潜在知识的开发和运用，并能将组织知识与其他资源和活动能力结合起来转化为企业生产经营活动（Kogut & Zander，1992；Inkpen，1998），具有动态性、系统性和适应性特征。在变量的测量上主要是参考 Boer 等（1999）、Kogut 和 Zander（1992）、Robert 等（2008）的测量量表的研究，共设定 9 个问题项，包括系统化整合和协调化整合 2 个因素。其中，系统化整合是按照组织既定的业务流程、规范、制度等整合组织知识，利用操作规范、合同协议、员工手册等书面正式渠道和方式进行显性知识整合的方式，可以降低不必要的摩擦和冲突；协调化整合是工作中通过员工的互动与交流观点和看法，以此促进隐性知识的理解和流转，有利于知识的转移和扩散。本书所界定的双元性创新概念是指企业兼具在成熟市场上利用现存知识巩固成熟业务的挖掘性创新能力，以及利用新知识在全新领域开发新产品和服务的探索性创新能力，能够通过有效的方式权衡和协调组织创新资源在不同技术轨道的优化配置（Tushman & O'Really，1996；Gibson & Birkinshaw，2004），在变量的测量上，主要是参考 March（1991）、He 和 Wang（2004）、Gibson 和 Birkinshaw（2004）的测量量表，共设定问题项 8 个，包括挖掘性创新和探索性创新 2 个因素（见表 5-2）。

表 5-2 变量的测量维度、题项与依据

变量	维度	题项	依据
组织学习	学习承诺	L11 持续的组织学习是获取竞争优势的关键	Sinkula 等（1997）、谢洪明等（2007）
		L12 通过学习提升能力是企业的基本价值观念	
		L13 学习不仅能提高技能，更是长期投资	
	共同愿景	L21 大家能够致力于共同的目标而努力	
		L22 大家一致拥护公司的远期发展目标	
		L23 善于利用多个领域的知识创造新的机会	
	开放心智	L31 不把自己的偏见强加于顾客或他人	
		L32 不局限于陈规，能前瞻性、创造性思考问题	
		L33 实现公司的目标每位成员不可或缺	
知识整合	系统化整合	K11 按照既定的产品规则和生产流程处理信息	Boer（1999）、Kogut 和 Zander（1992）、Robert 等（2008）
		K12 按时填写表格、日志、工作报告	
		K13 通过公司内网、数据库获得信息	
		K14 员工认同企业文化、经营理念	
		K15 员工拥护企业制度、行为规范	
	协调化整合	K21 公司内部新知识、新创意能够受到尊重	
		K22 成员间合作创造新知识的程度很高	
		K23 团队任务面前大家能够通力合作	
		K24 成员间交流相关知识和经验的机会很多	

续表

变量	维度	题项	依据
双元性创新	挖掘性创新	A11 不断改善现有产品的质量和性能	March（1991）、He 和 Wang（2004）、Gibson 和 Birkinshaw（2004）
		A12 不断扩大现有市场的经营规模	
		A13 不断满足现有顾客需求	
		A14 不断降低生产成本	
	探索性创新	A21 开拓新的市场领域	
		A22 不断进入全新的技术领域	
		A23 经常推出全新产品	
		A24 经常利用市场上的新机会	

3. 数据分析方法

根据本书研究的性质和目的，笔者采用问卷调研法收集数据，对所得有效数据分别进行描述性统计、信度和效度分析、相关分析、回归分析以及结构方程模型（SEM）检验分析等。描述性统计用来对样本基本情况进行简单描述和统计，以考察样本的特征、类型和分布情况；效度分析用来分析问卷设计适合程度，信度分析用来测量所得结果的可信程度；相关分析考察各变量之间的相关关系是否显著以及作为进一步分析的依据；最后运用 SEM 对概念模型和研究假设进行检验，探讨变量间的路径关系及其因果关系。数据分析过程中，本书使用了 SPSS 20.0 版和 MPLUS 7.0 版统计分析工具。

三、统计结果分析与检验

1. 信度和效度分析

由于本书涉及的变量（组织学习、知识整合及双元性创新）均是由同一被试者应答，在信效度检验前，为降低共同方法偏差，本书从量表设计、调研过程和统计分析上都进行了相应的控制。首先，在匿名调查时，明确告知被试者调查仅用于学术研究，答案无对错之分，以减少社会赞许性偏差。其次，对同一变量的测量条目进行乱序排列，同时还对同一测量维度采取多种提问方式。整个调研过程分三阶段进行，以减少同一被试者在同一时间答题时对问题的猜度性偏差。通过 Harman 单因子检验法对共同方法偏差进行检验时共析出 3 个因子，第一主成分变异解释量为 29.194%（总变异解释量为 63.667%），这表明数据不存在严重的同源偏差。

本书采用 Cronbach's α 系数来检验模型中各测量条目及整体量表的一致性和可靠性程度，各因素 α 系数只要大于 0.65 就可以认为相对应变量具有良好的内部一致性（DeVellis，1991）。由表 5-3 可以看出，各测量条目的 α 系数具有良好的一致性。对于量表的聚敛效度，本书通过因子分析法对各变量及其测量条目进行检验，由 KMO 检验结果可以看出，解释变量、中介变量和被解释变量的检验结果分别为 0.924、0.883 和 0.885，各要素满足效度要求。探索性因子分析时发现 K14、K15 和 A21 同时对应两个因子，与研究意义不符合。删除 K14、K15 后系统化知识整合 α 系数由 0.853 降到了 0.763，但可信度依然高，删除 A21 后协调性知识整合构面的 α 系数由 0.843 提高到了 0.881，故均在可接受范围，如表 5-3 所示。

表 5-3 因子载荷、信度与聚敛效度①

| 构面
（Construct） | 条目
（Items） | 参数显著性估计 | | | 信度 | | | 聚敛
效度
（AVE） |
		非标准 化的估 计值 （Unstd.）	标准误 （S. E.）	P 值	标准化 估计值 （Std.）	题目 信度 （SMC）	组合 信度 （CR）	
学习 承诺	L11	1	0		0.816	0.666	0.866	0.684
	L12	1.052	0.063	0	0.892	0.796		
	L13	0.829	0.061	0	0.768	0.590		
共同 愿景	L21	1	0		0.840	0.706	0.867	0.685
	L22	1.088	0.063	0	0.869	0.755		
	L23	1.028	0.071	0	0.770	0.593		

---

① 本章数据分析均是删除题项 K14、K15 和 A21 以后的输出结果报告。

续表

构面 （Construct）	条目 （Items）	参数显著性估计			信度			聚敛 效度 （AVE）
		非标准 化的估 计值 （Unstd.）	标准误 （S. E.）	P 值	标准化 估计值 （Std.）	题目 信度 （SMC）	组合 信度 （CR）	
开放 心智	L31	1	0		0.793	0.629	0.827	0.615
	L32	0.931	0.076	0	0.723	0.523		
	L33	1.056	0.073	0	0.833	0.694		
系统化 知识整合	K11	1	0		0.775	0.601	0.763	0.518
	K12	1.038	0.094	0	0.720	0.518		
	K13	1.006	0.102	0	0.660	0.436		
协调化 知识整合	K21	1	0		0.817	0.667	0.868	0.622
	K22	0.869	0.061	0	0.774	0.599		
	K23	0.879	0.060	0	0.791	0.626		
	K24	0.889	0.063	0	0.773	0.598		
挖掘性 创新	A11	1	0		0.785	0.616	0.850	0.589
	A12	0.997	0.072	0	0.806	0.650		
	A13	1.021	0.074	0	0.810	0.656		
	A14	0.864	0.081	0	0.658	0.433		
探索性 创新	A22	1	0		0.854	0.729	0.881	0.712
	A23	0.997	0.062	0	0.845	0.714		
	A24	0.981	0.061	0	0.832	0.692		

2. 相关分析

由表 5-4 得出概念模型中因变量、自变量和中介变量之间的相关关系。表中显示，被解释变量挖掘性创新和探索性创新与解释变量学习承诺、开放心智和共同愿景之间呈正相关关系，被解释变量挖掘性创新和探索性创新与中介变量系统化知识整合、协调化知识整合之间呈正相关关系；解释变量学习承诺、开放心智和共同愿景与中介变量系统化知识整合和协调化知识整合之间呈正相关关系。各变量两两相关系数均小于 AVE 开根号的值，区分效度较高。

表5-4 变量间的相关关系

	均值	标准差	1	2	3	4	5	6	7
学习承诺	3.957	1.035	**0.827**						
开放心智	3.877	1.048	0.759***	**0.828**					
共同愿景	3.820	0.967	0.663***	0.717***	**0.784**				
系统化知识整合	3.660	0.974	0.599***	0.642***	0.602***	**0.720**			
协调化知识整合	3.793	0.900	0.655***	0.760***	0.749***	0.634***	**0.789**		
挖掘性创新	3.731	0.906	0.593***	0.636***	0.690***	0.611***	0.749***	**0.767**	
探索性创新	3.490	1.036	0.471***	0.517***	0.572***	0.568***	0.660***	0.687***	**0.844**

注：*** 表示在0.01水平（双侧）上显著相关；对角线上为AVE开根号，非对角线为皮尔逊相关系数。

3. 回归分析

本书采用分层回归分析对组织学习、知识整合及双元性创新的关系进行检验，分析结果如表5-5和表5-6所示。M2表示组织学习对双元性创新的回归模型（β=0.717，p<0.01），H1得到验证。M10和M14分别表示组织学习对挖掘性创新和探索性创新的回归结果，回归系数分别是0.722（p<0.01）和0.649（p<0.01），H2和H3得到验证。M8是组织学习对知识整合的回归结果，回归系数为0.822（p<0.01），故H4成立。M3是知识整合对双元性创新的回归模型，回归系数为0.799（p<0.01），影响关系显著，说明H5成立。M11、M15分别表示系统化知识整合对挖掘性创新和探索性创新的回归结果（β=0.580，p<0.01；β=0.596，p<0.01），说明H7部分得到验证，即系统化知识整合有利于挖掘性创新假设成立，而系统化知识整合不利于探索性创新的假设并不成立。M12、M16分别表示协调化知识整合对挖掘性创新和探索性创新的回归结果（β=0.768，p<0.01；β=0.752，p<0.01），H8得到验证。

表 5-5　回归分析结果（一）

变量	双元性创新						知识整合	
	M1	M2	M3	M4	M5	M6	M7	M8
公司人数	0.051	0.048	0.017	0.023	0.006	0.046	0.043	0.040
公司年龄	-0.084	0.025	0.006	0.016	-0.002	-0.025	-0.112*	0.013
企业性质	0.056	0.029	0.034	0.032	0.042	0.024	0.027	-0.004
所属行业	-0.032	-0.015	-0.018	-0.017	-0.030	-0.012	-0.018	0.002
资产规模	0.033	0.021	0.027	0.025	0.028	0.034	0.008	-0.006
组织学习		0.717***		0.188***				0.822***
知识整合			0.799***	0.644***				
系统化知识整合					0.592***			
协调化知识整合						0.708***		
R^2	0.053	0.526	0.646	0.657	0.442	0.051	0.029	0.829
Adj. R^2	0.034	0.514	0.637	0.647	0.429	0.032	0.010	0.688
标准估计的误差	0.915	0.650	0.560	0.553	0.703	0.570	0.907	0.680
R^2 更改	0.053	0.473	0.596	0.125	0.391	0.582	0.029	0.517
F	2.765	45.129***	73.911***	65.91***	32.256***	70.142***	1.478	88.763***
D.W.	1.944	1.879	2.022	1.998	2.002	1.933	2.018	1.951

注：***、**、*分别表示在0.01、0.05和0.1水平上显著。

根据 Baron 和 Kenny（1986）中介效应判别方法，本书的解释变量和被解释变量间、解释变量和中介变量间、中介变量和被解释变量间相关关系显著（见表5-4），这为研究假设预期提供了基础。如表5-5所示，M4为引入知识整合后组织学习对双元性创新的影响关系，回归系数分别由0.717（p<0.01）降到了0.188（p<0.05）、0.799（p<0.01）降到了0.644（p<0.01），可见引入中介变量后解释变量对被解释变量的影响关系减弱，但回归关系依然显著，故中介效应明显。为了区分解释变量组织学习、中介变量知识整合和被解释变量双元性创新之间的直接效应和间接效应，本书同时采用 Bootstrap 检验法进行了中介效应分析，抽样次数为5000次，置信区间95%水准。Bootstrap 抽样的结果表明，总效应为0.717（p<0.01），间接

效应为 0.522（p<0.01），直接效应为 0.195，中介路径检验结果的左右区间（LLCI=0.396，ULCI=0.684，S.E.=0.073）不经过 0。结合前述组织学习、知识整合及双元性创新的相关关系及回归关系，说明知识整合在组织学习对双元性创新影响中起显著的不完全中介作用，故而 H6 得到验证。表 5-6 进一步显示了系统化知识整合和协调化知识整合与挖掘性创新和探索性创新的回归关系，结果表明系统化知识整合与挖掘性创新、探索性创新均呈正相关关系，H7 部分得到验证；协调化知识整合与挖掘性创新和探索性创新均呈显著正相关，H8 得到验证。本书的实证研究对应结果如表 5-7 所示。

表 5-6　回归分析结果（二）

变量	挖掘性创新				探索性创新			
	M9	M10	M11	M12	M13	M14	M15	M16
公司人数	0.047	0.043	0.003	0.040	0.056	0.053	0.010	0.049
公司年龄	−0.083	0.022	−0.008	−0.026	−0.077	0.018	0.005	−0.022
企业性质	0.022	−0.007	0.009	−0.005	0.080*	0.054	0.078*	0.055*
所属行业	−0.015	0.003	−0.010	0.008	−0.056*	−0.039	−0.050*	−0.034
资产规模	0.030	0.019	0.025	0.027	0.043	0.033	0.030	0.039
组织学习		0.722***				0.649***		
系统化知识整合			0.580***				0.596***	
协调化知识整合				0.768***				0.752***
R^2	0.034	0.543	0.404	0.612	0.064	0.377	0.366	0.485
Adj. R^2	0.014	0.532	0.390	0.602	0.045	0.362	0.350	0.473
标准估计的误差	0.904	0.624	0.713	0.574	1.016	0.834	0.835	0.756
R^2 更改	0.034	0.509	0.370	0.579	0.064	0.314	0.304	0.423
F	1.728	48.348***	27.609***	64.074***	3.341	24.620***	23.436***	38.335***
D.W.	1.988	1.963	1.997	2.071	1.880	1.820	1.938	1.801

注：***、**、*分别表示在 0.01、0.05 和 0.1 水平上显著。

表 5-7   对应假设验证结果

对应假设	假设内容	检验结果
H1	组织学习对双元性创新有显著的正向影响	支持
H2	组织学习对挖掘性创新有显著的正向影响	支持
H3	组织学习对探索性创新有显著的正向影响	支持
H4	组织学习对知识整合有显著的正向影响	支持
H5	知识整合对双元性创新有显著的正向影响	支持
H6	知识整合在组织学习对双元性创新影响中起中介作用	支持
H7	系统化知识整合有利于挖掘性创新的开展，但不利于探索性创新	部分支持
H8	协调化知识整合有利于探索性创新的开展，同时有利于挖掘性创新	支持

四、讨论与启示

实证分析的结果表明，本书提出的理论模型及相关假设得到验证。

第一，组织学习对双元性创新有积极的影响作用，说明开展组织学习有利于双元性创新，研究结果与 Gibson 和 Birkinshaw（2004）一致。学习型组织创新氛围较好，员工整体素质较高，知识的异质程度高，有利于企业开展各类创新活动。所以营造良好的组织学习文化对企业双元性创新路径的培育尤为重要，企业在进行双元性创新组织构建时首先建立良好的组织学习机制、营造良好的学习氛围尤为必要。

第二，知识整合对双元性创新起显著的正向影响作用，说明企业完善的知识整合平台更有利于开展双元性创新活动。这与谢洪明等（2007）、简兆权等（2008）等研究的知识整合与组织创新绩效关系的结果一致。本书进一步发现协调化知识整合对挖掘性创新和探索性创新均具有积极影响，对企业开展双元性创新具有促进作用；系统化知识整合也并非对探索性创新不利，反而对挖掘性创新和探索性创新都有积极影响，说明对于企业来说，知识水平和储量是开展创新的基础，不同层面和性质的知识若能得到有效整合，对企业利用现有能力和探索新领域的能力都有积极作用，都能推动企业开展创新实践活动。故两种整合手段在企业知识客体间的系统化、制度化以及知识主体间的协调、平衡都有重要的意义，是企业知识资源更好发挥整合效应并进一步发挥创新效应的关键，符合企业创新实践的实际情况。

第三，知识整合在组织学习对双元性创新的积极影响中起显著的不完全中介作用。谢洪明等（2007）认为，知识整合在组织学习与绩效之间具有中介作用。本书进一步实证了在组织学习文化氛围下有效的知识整合更有利于企业开展双元性创新，尤其是在创新型企业和知识型企业，由于持续学习机制为组织成员相互取长补短进行信息互动获得知识增值和自身成长的机会，分散于各组织单元的新旧知识不断整合和重构为企业在新旧领域捕捉新机会提供知识基础，促进企业双元性创新；且在良好的知识整合机制下，企业的分散知识或默会知识通过转移、融合和重构，同样能够推动知识在个体到团队再到组织层面的整合和创造，进而提升企业双元性创新能力。

第四，由组织学习、知识整合与双元性创新的关系机理可见，企业知识资源的学习效应、整合效应和创新效应具有方向一致的协同作用。在考察知识创新系统、技术创新系统和组织创新系统协同演化及趋势时应注意企业的组织学习基础和知识整合机制的影响。企业竞争优势的持续不仅要有良好的学习氛围，也离不开组织知识资源的系统性和集成性，需要有效的知识整合平台和机制支撑，这为企业突破组织悖论进而实现双元性创新指明新的视角和方向。对于企业来说，要注意营造积极的学习氛围，打造良好的知识整合平台，在充分挖掘组织现有能力、维持当前业务发展的同时不断探索新的技术和市场领域，以应对快速变化的市场环境和满足持续成长的需求。

第六章 双元性创新平衡机制的组织实现

第一节 传统物质和利益驱动下的组织困境与出路

一、组织困境与创新悖论

工业革命是助推经济和社会发展的重要动力，以制造业为主的工业经济时代，通过集中化、规模化和标准化的生产形式，过量利用自然资源和生产要素，造成了资源的严重匮乏和环境的巨大破坏，工业文明诟病重重。传统企业的组织结构是工业经济条件下的科层制体系，结构层次清晰但烦琐、责权分明但机械、效率高但缺少灵活性，缺少环境适应能力和快速反应能力，组织体系越来越庞杂。面临环境的新变化，企业发展重点既要延续过去的轨迹，更要对未来做出判断和预先安排，而传统的金字塔式的权力体制和决策模式只适合对过去经营的延续和对当下市场局势把控的常规问题，对未来市场的可能变化缺少灵活的应变能力。传统科层企业的制度化、机械化、程序化和官僚化特征束缚着组织的发展，市场的着眼点往往放在当前的成熟市场，依恋成熟技术带来的市场成功，在新兴市场的部署与应变能力不足。传统物质和利益驱动的科层企业组织强调以"资本"和"权力"为基础的专业分工和股东利益最大化，与之相适应的是庞大而森严的正式制度，通过详尽的组织规则、严苛的组织纪律、集权的等级制和封闭的组织文化保证企业运转。这样的组织文化是以牺牲个人的能动性为代价的，劳动者的主体性被淡化，人的想象力和创造力的天性受到压制。

对于组织的创新活动来说，单纯的挖掘性活动会使企业陷入"成熟陷阱"，导致技术上的惰性，丧失追求新市场的动力；单纯地从事探索性活动又往往使企业面临创新失败的考验和成本制约，难以达到创新的预期收益，若进行低效益的探索或零星探索，也会降低企业的创新意愿，使企业陷入创新陷阱桎梏。这要求企业须在组织内部将两种创新能力结合起来，将有限的资源在两种活动间有效配置，实现动态协同和路径突破，从而达到最优配置状态。但是，组织是由各个利益群体结成的复杂集合体，不仅组织与组织之间，即使在同一个组织内部也存在着资源的相互竞争和争夺，而探索和挖掘因性质不同本身就存在着相互冲突的一面。外部市场环境的快速变化、竞争的不断加剧、技术的日新月异，使企业面临的不确定性增加。单一的产品、服务、技能已经远远不能适应企业发展的需要。从组织创新能力的角度来看，能力各异的企业在两难抉择中容易陷入一种创新活动而忽略另一种创新活动的危险境地；从组织资源配置的角度来看，企业稀缺的知识资源或创新资源如何在两种性质不同的冲突活动中进行有效配置是解决创新悖论的关键；从组织模式构建来看，究竟是采取更适宜于探索性活动的松散、扁平式结构，还是采取更适宜于挖掘性活动的集权式、层级式结构存在两难。由此可见，在企业经营过程中，这两种矛盾并存并长期困扰着众多企业，为了维持现有顾客和市场的稳定获取较高收益，同时又不失去企业未来的持续竞争力和成长力，必须处理好两者的矛盾。在组织环境异常动荡、组织知识体系重构、职业价值观念革命的复杂影响下，企业需要在实践中突破自身资源限制，同时要克服组织惯性，建立与知识经济文明相调适的企业组织文明。

二、组织惯例的复制与突破

作为组织变革和经济演化的基本分析单位，组织惯例在组织管理理论中日益受到关注。Nelson 和 Winter（1982）从组织层面上将组织惯例（Routine）定义为受规则、程序、制度和习惯所约束的固定行为模式，并且这种固定的行为模式会在组织内习惯性地重复出现，是组织开展日常活动的一个经常性反应。Cohen 等（1996）从行为面上认为组织惯例是组织在环境压力下，将所学习到的知识和能力应用到实践当中并能够重复执行的行为。组织惯例本质上是组织成员交互行动过程中经常呈现的一种行为特征，它会重复出现，有可以辨识或描述的特点，是一种集体行为的特征化模式（Feldman & Pentland，2003）。以 Nelson 和 Winter 为代表的演化经济学派认为，组织惯例本身具有遗传复制性质，能够将现有组织惯例应用到新的组织环境下，并借以知识运用实现价值创造，扩展组织边界进而提升组织的适应能力。当知识成为社会经济发展的最基本的要素，知识的生产过程以及在这一过程中知识主体对组织规则和行为体系的遵守与突破同时存在。企业的组织内部创新机制依赖于企业的知识资源，单个的知识主体只是庞大的知识资源系统中的一个节点或环节，由组织整体知识触发组织创新机制的过程才是创新的主要过程。源自这一过程的组织惯例是组织知识和组织能力的储存库，是实现创新突破的关键与根源（Pentland et al.，2012）。

　　规则是对行动的指导，为了实现组织效率最大化、减少组织冲突和凝聚组织力量，组织通过惯例复制实现技术创新来应对来自组织外部的巨大压力（Daneshvar et al.，2012）。因此，组织集合内外部整合性知识实现创新的过程，是新的知识和新的技术行为用原有的组织惯例来实现现有组织的创新执行活动的过程。知识资源和技术能力的投入方向直接决定着创新结果，创新路径搜寻和能力布置呈现双元性特征。组织惯例受形式面和执行面的交互影响（Feldman & Pentland，2003），具有双元性。形式面上约定俗成的规则和程序、由来已久的共识和习惯，使各个创新参与主体的行为得以衔接；然而特定的人在某一特定的时间以何种行为方式直接或间接参与组织惯例活动的行动具有即时性特点，在执行面上的富有个性和灵活多变的特性与形式面上的程序逻辑和习惯范式具有一定的冲突性，正是这种冲突性使组织本身有克服惯例做出选择并不断优化自身的自适应特征。组织处于一个开放性创新环境下，现有惯例复制是组织内部行为方式的网络化延伸，组织以现有的行为模式和认知方式解决合作创新过程中遇到的常规性问题，可以缩短组织的学习时间和减少技术成本；而探索惯例倾向于在外部知识网络中获取新的知识资源，新知识的运用需要新的认知模式和行为规范相适应。

三、组织双元性的适应能力

在全球经济和科技竞争加剧的情况下，无论是发达经济体还是新兴经济体都把技术创新和战略性新兴产业发展提升到国家战略高度，以寻求在高新技术和高端制造领域推动新市场的扩张。中国几乎所有的产业，包括最具国际竞争力的服装产业，都仍然处于生产能力和设备技能的国际转移初始完成阶段，长期以来以应用性创新为主，而远未实现核心技术创新能力突破和反映综合竞争力的品牌优势（金碚，2012）。知识是突破性创新的最重要基础，企业技术基础薄弱和缺少先进知识很难通过自身知识积累实现创新突变，从外部获取关键性知识资源成为企业跨越式发展的重要路径。企业创新主体的单个技术突破给企业带来了市场利润和竞争优势，而通过技术扩散和知识溢出给整个知识网络带来了技术跃迁和产业技术进步。

挖掘性创新与探索性创新所需的知识基础不同，创新特点和重点不同，对知识的需求与运用重点也各不相同。两者在资源基础上存在一定的互补关系，在资源运用上存在一定的竞争关系，在管理实践中企业又要同时具有挖掘性创新与探索性创新能力。在稳定的环境下，组织的战略重点在于利润丰厚、市场成熟的挖掘性创新，通过对现有的知识和成熟的技术的识别、选择、归类、重构，提高产品性能、改进业务流程、延续技术生命，并通过惯例复制扩展组织边界提升组织的自适应能力。企业组织结构安排随技术创新路径进行设置和优化，在原有组织系统中的惯例复制和选择适应，其双元性特征不仅能够维持组织系统稳定运行，也能够推动组织的变革，甚至有学者认为搜寻惯例是企业动态能力的源泉之一。在复杂的动荡环境下，双元性组织着眼长期发展战略重点不再仅限于回报稳定的挖掘性创新，而是强化组织知识整合与资源配置能力，利用整合性知识和边缘性技术能力进行搜寻、试验、尝试、创造，技术规律上无惯例可循和组织运行上的路径依赖的冲突，使企业产生强烈的克服惯例倾向，从时间顺序上的协调、空间上的并行，逐渐过渡到对已有规则和规范进行调整，从而实现惯例突破并实现组织创新。这又说明两类创新战略重点虽然不同，但是通过创新活动带动的对组织惯例的更新和突破却异曲同工，使组织与外部环境更加协调，促进组织系统演化。

四、创新型企业案例：新飞电器的商海折戟沉沙

1. 新飞电器发展历程

新飞电器[①]总部在河南省新乡市，原属地方国有企业，前身是新乡地方军工企业新乡市无线电设备厂，20世纪80年代末，因产品单一、设备老化、管理落后等原因，使企业走向崩溃的边缘。1984年12月，新乡市无线电设备厂转产生产电冰箱等家电产品，并成立了新乡市电冰箱厂。在公司高层的带领下，20世纪90年代初企业终于迎来起死回生后的飞速发展。企业逐渐发展为一家集家用电器、专用汽车、专用塑料、信息安全以及旅游酒店等多个行业及产品于一体的多元化公司。1994年8月，河南新飞电器集团有限公司成立，企业从单一的冰箱产品过渡到旗下拥有众多行业及其产品，其中家用电器（新飞家电）和专用汽车（新飞冷藏车）是其核心业务。2002年，新飞电器与新飞集团分离经营，前者主营家用电器业务，旗下成员企业包括河南新乡制冷器具有限公司、河南新飞电器有限公司、河南新飞家电有限公司（以下简称"新飞电器"）；后者主营专用汽车业务，旗下成员企业分别包括河南新飞专用汽车有限责任公司、新乡市新飞专用汽车有限公司（以下简称"新飞集团"）。冰箱、冷柜、空调是新飞电器的

---

① 新飞电器系河南新乡制冷器具有限公司、河南新飞电器有限公司、河南新飞家电有限公司三家公司的统称。

三大主导产品，多年来新飞电器因技术过硬、品牌值得信赖、组织文化浓厚，在顾客中口碑极佳，拥有 1 个中国驰名商标和 2 个中国名牌产品，是中部六省企业中第一家获得进出口商品免验的企业，其产品远销全球 80 多个国家和地区，跻身于中国冰箱品牌前三甲，并与海尔、容声、美菱一起成为中国冰箱产业的"四朵金花"，是中国家电制造业的一张国际王牌。1994年和 2005 年，新加坡丰隆集团先后两次收购新飞电器的股份，最终控制90%的股份。2017 年 11 月，新飞电器因种种原因全面停产。2018 年 8 月，安徽康佳电器科技有限公司竞拍获得新飞电器三家公司的全部股权。至此，传统意义上的新飞电器不复存在。

2. 2003 年以前新飞电器成功的原因分析

（1）成功的基石：技术和品牌领先市场，灵活开放的企业创新文化。新飞电器凭借"技术领先"和"质量过硬"两块金砖敲开市场的大门。坚信"只有质量才能打开市场"的企业领袖刘炳银与海尔的张瑞敏一样，也曾上演一幕怒砸数百台不合格冰箱的惊人举动，新飞冰箱的知名度和品牌力迅速获得了市场认可。新飞电器具有国家级的技术中心，长期以来具有极为敏锐的市场嗅觉和强劲的研发能力，引领着白色家电制造业的新潮流。企业技术中心拥有冰箱研究所、冷柜研究所、空调研究所、创意中心、特种产品开发部、新技术开发部等研发部门；拥有一个国家级研究实验室和产品创新与设计开发中心，与科研机构联合设立博士后工作站、西安交大新飞节能技术研究所和工业设计所等建立校企联合的产学研研发机构，企业的技术创新体系在家电领域遥遥领先。1983 年，市场嗅觉敏锐的公司高层就引进了意大利飞利浦公司电冰箱的成熟生产线，在技术设备上遥遥领先国内其他同行。新飞电器提出速度型的研发模式，以顾客为导向，以消费者价值最大化为目标，从技术研发效率上入手使组织运作效率大大提高。结合农村市场行情，在冰箱市场上采取"一高一低"的产品营销和经营策略，"一高"是指产品开发时注意高技术、高附加值、高消费品位的产品；"一低"是指开发经济适用型、成本低、售价低的产品。针对农村收入水平和消费水平双低的特点，将农村与城市区别对待，使产品差异化程度发挥到市场区域范围，以实用低价为主大幅度削减产品功能，重新改造成熟技术产品，同时针对农村电压不稳定的特点开发出专门的压缩机，获取市场的巨大成功。

新飞电器率先打破国有体制及其"铁饭碗"制度的约束，推行能者胜任的用人制度；同时组建河南新飞电器集团并进行改制，允许员工持股，大大激发了员工的工作热情。针对农村市场的产品需求和矛盾，建立了致力于农村产品市场的人才和技术储备库。企业既重视知识资源的开发，也重视知识资产的保护，通过专利信息化建设，为企业技术创新提供专利信息平台；注重专利数据库建设，通过年年高速增长的专利技术构筑行业竞争优势，还建立起专门的专利和文献数据库，为持续开展组织学习和技术创新提供学习平台和知识储备；同时在全公司范围内整合技术知识、开展互动式学习交流活动，提高创新热情和创意产出，并将知识产权保护与日常经营管理相融合；利用组织成熟的销售网络，将遍及全国各地的销售网络资源整合起来，利用网络平台经常性地进行市场调研活动，从接近顾客的前沿阵地判断市场信号及最新变化，以便及时响应顾客需求；针对中层以上干部明确制定绩效考核指标，将创新能力纳入考核范围，有效激发创新的动力；以关爱员工、提高员工主人翁意识为中心，通过制度的、文化的、经济的和精神的措施鼓励员工将创新理念贯彻到工作的各个环节，提出"允许失败，不允许不创新"的理念，这一创新理念在广大基层员工心中得到贯彻，从管理层到一线员工无不大胆试错、锐意创新，使新飞电器在技术研发、产品设计、专利技术、工艺装备、业务流程、规则程序中积极运用新材料、新工艺、新技术、新流程，塑造新文化、树立新理念，提高产品设计质量，营造出灵活开放的创新氛围。

（2）持续的动力：技术创新制度化，积极包容的组织学习文化。回望2005年前的新飞电器，对外靠技术领先、迎合市场需求、树立品牌形象、赢得市场认可，对内尊重员工、用人所长、尊重个体差异、允许员工共享发展成果，实施"人人有专利、款款有专利"战略。我国家电领域产品同质化十分严重，导致价格战十分激烈，而彼时的新飞电器集整体科研之力，在国内率先将杀菌技术应用到空调和冰箱系列产品上，推出领先市场的新产品。2002 年开发的 376 型、120 型高档酒柜，实现外观和实用型多项专利，技术遥遥领先市场，产品集电脑自动控制、数码液晶显示、节能环保、双箱双温区分别控制等国际市场高档酒柜之优点，同时又具有新飞品牌自身的产品特色。率先推出日耗电量仅 0.38 千瓦·时的"欧洲能效 A++"级冰箱，还有国际领先的新型双冠王系列冰箱，集紫外线、负离子、光触酶、臭氧、纳米五合一的"双冠王"杀菌、节能冰箱，拥有 7 项国家专利，具有较高的科技含量。在多项专利保护下，后又成功地推出了高湿度保鲜冰箱。凭借品牌创新、营销创新、技术创新和产品创新，一次又一次站在了家电行业技术发展的前沿，并实现了众多的市场第一：第一条双绿色全无氟环保型冰箱生产线、第一台超级节能冰箱、第一台智能控制冰箱等。创新成为新飞电器持续腾飞的基石，对外结合市场、贴近市场需求、及时响应市场变化，对内推行创新常态化、全员化和制度化。

新飞电器重视学习型组织文化的打造，鼓励技术人员大胆创新。2007年，公司汇聚起各类专业技术人员和工程技术人员 1800 多名，其中专业技术开发人员高达 400 余名，中高级职称人员 200 余名，硕士 80 多名，博士 11 名，在国内同行业拥有一流的研发团体，科研实力十分雄厚。为使企业能长期保持创新活力，新飞电器将整个企业营造出一个浓厚的创新氛围，动员近 5000 名职工积极参与到一线技术创新活动中来，为此于 2001 年专门设立总经理基金会，奖励企业技术创新和管理创新突出的员工。前 20 年的新飞电器内部始终奉行着以人为本的经营理念，不断推动企业基础研究、技术创新、提高核心竞争力、提高市场品牌力；企业营造鲜明的企业文化、注重以员工为中心，提出"让员工满意，成就员工"的服务员工理念，鼓励员工在干中学，在学中总结和升华创新理念，为每一位员工成长和成功创造条件，在价值分配上向一线知识型员工倾斜，同时给予全员远高于同行业和同区域水准的高薪报酬；对外采取包容的开放姿态，注重产学研关系维护，与多所高校建立合作关系，通过合作研发、牵头研发建立起庞大的知识网络，为利用内外部庞大的研发资源建立各种形式的合作机制，如与在制冷及能源研究领域国内领先的西安交通大学联合建立试验基地和研究中心共同开展冰箱、冷柜和空调的专项节能等技术的基础研究和应用研究，树立起中国冰箱业节能减耗的领航者形象。

（3）组织创新：重视创新资源整合，不断推动组织的适应性变革。随着市场的成熟和企业规模的扩大，2001年新飞电器推进以"三个整合"为核心的管理变革，即在公司层面上进行内部管理架构整合、市场营销架构整合和品牌经营架构整合，在运营管理、组织流程、文化建设与制度保障全面提升组织管理能力，依靠流程、制度和整合性资源来治理企业。一方面，推动企业的管理架构由垂直化管理平稳过渡到扁平化管理，强化决策层、减少中间层、放权于基层，进一步明确工作程序，实行透明化管理，解决了规模扩大导致管理成本上升、信息严重失真、管理失控和决策失误的问题；另一方面，全公司范围内整合营销资源，在战略、经营、管理、服务四个层次上建立人机统一的目标化管理，致力于提高企业的运作效率、提高市场经营管理能力、注重市场的灵活性和开放性，技术创新以市场为导向 以产品线为基础成立冰箱、冷柜、空调三个产品事业部，实行端端资源共享、信息互通，同时在组织上将采购事业部和销售事业部集成到一个管理体系，对销售团队、营销网络、激励约束机制进行全面优化，完善多元化产品共享的营销综合服务平台，并向基层适度放权，以市场需求为导向减少库存，实现存量销售向订单销售的转变。这种全公司范围内整合资源的举措，大大缩减了企业的管理链条，压缩了管理成本，使企业更加贴近市场，运作和管理效率得到提升。推进品牌经营架构的整合使新飞品牌向多元化迈进，成功进军空调市场，彰显出新飞品牌的内涵和外延。

为全面整合公司资源，推行创新管理，以产品线为基础再造业务流程，启动ERP系统，将多年推行的定置管理升级为"5S"项目，建立产品生命周期管理（PLM）、客户关系管理（CRM）、电子招标采购平台等系统；同时还推行六西格玛管理理念，把电子商务网络与外部网络对接，完善知识管理系统；整合品牌架构，倡导"绿色生活、绿色科技"的生产理念。配合技术升级、产品改进和设备更新，将管理理念运用到供销、财务、计划、制造系统的信息化管理当中，形成内部供应链体系，整合营销体系、技术研发体系、生产制造体系，同时协同采购体系、后勤体系、财务体系、人事行政体系，建立新飞电器数字化的集成系统，对外能快速响应市场与客户的需求，对内实现沟通和决策的高效性，实现精细化、柔性化、敏捷化管理，从而实现资金流、物流、信息流、人才流和信息流的统一，使整体运营效率保持较高的运作状态。

3. 新飞电器由盛转衰的原因分析

（1）股份制改造"引狼入室"，战略合作关系风雨飘摇。1994年，招商引资的浪潮席卷全国，河南省政府借鉴东部沿海地区的发展经营，将"引进外资嫁接和改造国有大中型企业"的战略带进新飞，随后合资成立河南新飞电器有限公司，其中新飞集团占股49%，新加坡丰隆集团亚洲股份有限公司（以下简称丰隆集团）占股45%，新加坡豫新电器有限公司①占股6%。2005年，通过系列资本运作②，丰隆集团实现控股新飞电器的最终目的，中国家电制造业的巨头从此转身成为新加坡品牌。丰隆集团接收时的新飞电器正连续六年稳居冰箱、冷柜行业前两强，2009年12月，新飞电器在国内第一家批量上市的0.23度超节能冰箱，实现了冰箱节能技术的突破性进展，同时也代表了当时的市场最高水平。2010年3月，新飞电器与中国家电研究院联合开发了国内第一台太阳能光热冰箱，又一次占领了技术前沿阵地。然而，从2011年起，新飞电器江河日下，在产品方向、技术方向上把控无力，经营管理更是屡屡掣肘。2011年新飞电器销售业绩急剧下滑，巨亏2亿元，市场份额由行业第二跌出前五；2012年销售业绩下滑194.89%，亏损近3亿元；2014年跌出行业前十；2016年三大生产基地大部分停产，市场占有率跌破1%③。

---

① 新加坡豫新电器有限公司由河南省驻新加坡办事处创立，2000年由于丰隆集团收购了其母公司豫新控股集团有限公司，丰隆集团遂成为该公司的控股股东，由此丰隆集团掌握了新飞电器的控制权（占股51%）。

② 2005年，新乡市政府以5.1亿元出让了新飞电器39%的股权给丰隆集团。加上前述取得的新加坡豫新电器有限公司6%的股权，丰隆集团的持股比例提升至90%，新飞集团持有余下的10%股权。

③ 2002年辉煌时期，新飞电器的市场占有率一度达到了18.88%。

由于外资控股，中外双方高层管理者在管理理念差异甚远、企业文化冲突严重。面对市场的剧烈变革，中方管理层提出的经营计划几乎全部被否定，新加坡投资方空降的外行人员把持着决策权，中方高层没有自主权，使得新飞电器对市场反应迟滞。以冰箱、冰柜等大家电领先市场的新飞电器，拒绝在产品技术相关行业的扩张，反而贸然进驻缺少技术、工艺和专业技术人员的小家电，造成质量安全事故频发，品牌诚信透支。一款新飞电饭煲曾被曝存在严重的质量问题，市场信誉快速下滑。公司靠出售"新飞"品牌的使用权赚取费用，将投资眼光仅仅盯在眼前的成熟技术和成熟品牌上，面对市场和技术的剧烈变化却无动于衷，如当各行各业电子商务进行得如火如荼时，新飞电器迟迟不予启动，直至2013年才成立了电商事业部。2018年4月，连年亏损的新飞宣布破产，同年6月被安徽康佳电器科技有限公司接收。此前的2012年、2013年、2017年以及2018年2月新飞电器已经历经数次全面停产风波。

（2）进退维谷：新产业、新技术领域布局留隐患。截至2007年底，新飞电器累积申请国家专利技术超过千件，专利实施率高达60%，有自主知识产权和专利保护的技术产品的销售量占到企业产品总销量的80%以上。新飞冰箱产品线利润丰厚，却并不留恋单一产品技术和市场，而是意图多元化发展。新飞电器开展营销创新、管理创新、技术创新活动，促进企业的创新与可持续发展。2012年，新飞电器在例行的年度营销峰会上，拟计划通过并购或合作的方式进行长期投资项目，以扩大冰箱的生产规模，同时推进包括洗衣机、空调等在内的产品线向上下游延伸。加湿保鲜技术同时又获当年国家优秀发明专利奖，成为冰箱行业唯一获此殊荣的企业。然而，这个庞大的家电巨头在面对市场变革和内部管理动荡时，已经疲惫不堪，沉醉在昔日的辉煌中难以自拔，对未来的市场方向缺少快速跟进和敏锐判断。

当时丰隆电器控制的新飞电器，主要从事冰箱、洗衣机、空调的生产和销售，除此之外，新飞集团还通过新飞品牌这个知名商标投资并成立多家公司，大举进军厨卫小家电等多个业务领域。而传统优势在大家电的新飞，在应对环境不确定冲击面前似乎缺少市场敏锐度和新领域的技术基础，由于新飞电器旗下的冰箱、洗衣机、空调等主营业务的业绩持续快速下滑，使整个新飞陷入"产品更新换代迟缓、人员跳槽频繁、生产线和工厂几度关停"的恶性循环之中，这进一步激化了控股方与当地政府、股东与经营层以及员工间的矛盾。控股方以短期利益为重缺少长远布局，经营层一致性程度差、矛盾重重，由认知冲突、关系冲突发展到情绪冲突，员工对未来看不到希望，昔日构建的浓厚的创新文化呈断崖式下跌。1996—2000 年，新飞电器的市场利润率居然从 16% 骤减到 6% 以下，由于利润急速缩水，依靠单个产品线已经难以支撑庞大的市场空间和知名品牌的空壳局面。当认识到需要进行品牌战略的时候，新飞电器已被同行抛却千里，加上内部矛盾重重，反应迟缓的新飞电器已无力招架。

（3）冲突与斗争：组织文化冲突导致的研发乏力和流程不畅。丰隆电器与新飞电器员工之间由于经营理念和地域文化的冲突，存在与生俱来并越演越烈的文化隔阂。股权改制后的新飞电器及相关利益方，将重点放在如何在自己的阵营中抓权夺利，而没有首先对企业文化融合、对经营理念融合、重塑员工对股东的信任以保证企业平稳过渡。丰隆电器在投资新飞电器之前没有投资家电业务的经验，对家电行业的专业化运营队伍和市场管理缺少必要的市场资本、关系资本和经验累积，一方面空降高层管理人员推行外来的管理理念、把持着经营决策权；另一方面忙着成熟市场套现、不注重技术研发和组织文化建设，对原来的高管团队和技术骨干的排斥导致大批的研发人员离职，庞大的研发中心队伍仅剩下不足原来的 20%。关键人员流失严重、企业凝聚力下降、研发业务处于停滞状态，各组织单元各自为政、互不信任，信息沟通不畅、协同协调不力、相互扯皮掣肘，更无暇顾及市场的瞬息万变。遭遇严重的水土不服和文化冲突的丰隆电器并没有及时反思和纠正，不仅不对员工进行疏导、安抚和激励，反而听之任之，导致生产一度关停，致使企业后 10 年运营陷入恶性循环的混乱局面。2005 年改制后的新飞电器多个项目搁浅，封闭式管理文化蔓延，企业适应市场变化建立起来的革新除弊的传统文化遭到破坏，业绩急剧滑坡，引起员工大面积不满，在传统技术领域革新缓慢，与新兴市场方向又背道而驰。

被迫关闭空调线、新飞九厂、小冰箱线，还因多个收购和新上项目的搁置而错过多元化发展的最好时机，在家电领域的领先地位逐渐被长虹、康佳等企业所取代。组织文化由开放退回到封闭甚至断层状态，折射出新飞电器在公司治理、产品多元化、高管团队组成及经营管理战略等方面存在的无法调和的深层次矛盾。根据新飞电器的发展历程，表6-1从技术创新路径、技术创新文化、组织学习氛围和组织文化特征四个方面归纳了该公司成功与失败的因素。

表6-1　新飞电器前后成功与失败的因素对比

比较项	成功的因素	失败的因素
技术创新路径	挖掘性创新与探索性创新并举 不断推出领先全行业的新产品、新技术	依恋成熟技术，探索性创新动能不足，新领域拓展乏力
技术创新文化	开放包容成长的创新氛围 技术创新常态化、制度化 允许失败、不容许不创新 技术和质量领先市场	重市场、轻研发 大批科研人员离职 产品更新换代迟缓 技术追随、质量问题频发
组织学习氛围	积极包容、开放 鼓励干中学、学中学 让员工满意、成就员工、服务员工 重视知识型员工、倾斜型分配和奖励 重视外部知识资源的获取 重视专利库建设和知识产权保护	大批知识型技术人员离岗 不注重研发 员工十年不涨一分工资 员工看不到希望，频繁跳槽 学习干劲不足 生产线几度关停
组织文化特征	整合内外部创新资源 目标化管理 不断推动组织适应性变革 贴近市场和顾客建立响应机制 成长性的人力资源计划 成长性的品牌管理 主营业务战略聚焦 认知一致性高、决策一致性高 凝聚力和向心力高 开放式企业文化	重视成熟市场的利润获取 中外经营理念和企业文化冲突严重 靠出售品牌使用权获利 市场管理混乱、信息沟通不畅 排斥原有高管团队和核心成员 缺少未来的长远布局 盲目多元化进军小家电 认知冲突、关系冲突、情绪冲突严重 军心涣散、士气低落 封闭式企业文化

资料来源：笔者根据研究内容和相关资料整理。

4. 案例启示

（1）固守成熟技术和市场。作为在市场中沉浮30余年的公司，面对激烈的竞争环境和市场变化，在寻求突破自身瓶颈的途径时，都试图从成熟业务的"能力陷阱"中开辟新的市场。组织创新资源配置中由于挖掘性创新和探索性创新存在资源争夺，容易陷入"路径依赖"和"创新失败"的两种陷阱。新飞电器基于企业自身状况进行多元化业务，开辟全新的市场空间，而不是将公司当作一个整体去设计多元化业务，多元化产品完全脱离原来的市场和品牌优势，最终沦为丧失品牌优势的"混牌"，陷入"探索失败"的创新陷阱。

（2）盲目进军全新领域。新飞电器的做法是在原有组织体系中开辟与原有成熟业务关联甚微的新产品线，偏离了原有的技术轨道，但由于缺少组织知识基础和研发力量，没有技术根基支持，没有持续的研发力量和投入，致使新产品毫无技术优势，反而因产品质量问题饱受诟病，影响了新飞品牌形象，从而丧失竞争力并引起蝴蝶效应。又由于此时关键人员的流失、组织文化的板结、缺少弹性的商业流程，使原有的成熟技术逐渐失去研发的动力和能力。

（3）组织结构变革滞后。中外高层管理人员不和谐，缺少凝聚力和向心力，缺少变革的动力，加之内部管理混乱，没能意识到传统的组织基础和文化已经适应不了新的变化形式，却想通过联营生产和商标授权进军新领域获取投资回报。当一个成熟的大公司增长乏力，首先想到的应是如何生存，新飞却没有进行战略变革或业务流程优化，没有因为"大公司病"而"瘦身""健身"，反而去负荷扩张，甚至靠卖昔日的品牌赚取使用费，殊不知破旧过时的车头已经拉不动疲惫的车身，疲惫不堪的车体也承载不动自大的梦想。

（4）资本和品牌都不是万能的良药。新飞电器的衰落始自丰隆电器控股之后，业界习惯性地将新飞败落的责任归结为外方的掺和。作为当时青春鼎盛的大企业，当股东发生变化，首先更应该注意如何统一高层的认知、如何建立包容和谐的组织文化、如何保持品牌和经营的持续成功，而不是考虑如何割韭菜、如何抓权、如何圈地、如何将另一方排挤出阵营。沉浮多年，最终在市场变革面前遭遇坎坷，新飞成为康佳的囊中之物；品牌的光环不是企业永远的庇护伞，不适应市场需求，只能为他人作嫁衣。

第二节　知识经济时代组织结构嬗变的逻辑范式

一、组织环境的时代特征

迈入 21 世纪后，全球金融危机伴随着全球能源危机，各国纷纷掀开第三次工业革命的浪潮，以"再工业化"和"创新驱动"为战略方向强力发展实体经济，其实质是以新能源、新材料、新通信方式为技术基础，以产业智能化、数字化和信息化为特征，融合高端制造、能源互联网、信息技术、人工智能、生物科技等技术革命的产业变革。创新经济已经成为发达国家的新经济形态，当前经济转型是从管理经济向创新经济转变（Audretsch et al.，2000），创新驱动代替以资源和资本为核心的要素驱动已成为历史必然和现实选择（张辉，2004），自然资源和资本对经济发展的贡献度是随投入的增加逐步递减的，长期来看经济发展越来越取决于知识主体即人的努力和知识的作用（洪银兴，2013）。传统观点认为劳动是同质的，美国学者舒尔茨（1990）引入劳动异质性的观点和人力资本投资的概念构建了人力资本理论体系，指出劳动和人力资本具有异质性，由不同资本形态的资本构成，他还采用二分法将全部资本分为人力资本和非人力资本两大类，认为两类资本的构成都具有多重性。创新是知识经济时代组织竞争优势最关键的途径（Damanpour & Schneider，2006），当前创新驱动已成为时代的本质特征，全球进入空前的创新主导和产业振兴的知识经济新时代。波特认为创新的差异性导致了创新主体间竞争优势的差异，经济发展已从自然禀赋驱动和资本驱动阶段跃升到创新驱动阶段。创新驱动是利用技术、知识、信息、管理制度和运营模式等创新要素对原有的资本和资源等物质要素的重新组合，以新知识和技术提高物质资本的使用效益，提升劳动者素质和企业管理水平（张晓第，2008）。

二、组织体系的适应机制

Drucker（1988）认为，组织是过程化的演化体系，组织要素在空间上、时间上以及功能上进行有序演化并在一段时期内形成具有稳定性的动态过程体系。这就是说组织结构具有短暂的稳定性和长期的动态性特征，这种双重性特征形成与发展的过程就是所谓的"组织化"。组织或组织化是组织的层次性、结构性、动态性、复杂性、过程性、有序性、连贯性等特征或概念组合起来的一个体系。组织就是这些相互独立又彼此关联、相互协作又相互制约的元素和行动者的集合，它们构成组织生态体系并为实现各自的目标机制而进行着信息交换（Hill & Matusik，1998）。组织的适应性体现在两个方面：一是外界以某种特定方式作用于组织结构促使组织被动适应外界环境，二是组织内部基于战略调整和组织生命演化的需要自发并主动地走向变革的过程。基于知识的组织理论认为，在急剧变革的知识经济时代，组织也从单纯的客体过渡到一个具有主观意图和突出知识价值的生命体，是复杂的知识共同体受外部环境作用并不断演化的结果（Claudia et al.，2002）。组织以合适的方式运作的目的是完成知识生产和知识运用两大目标，组织结合自身需要和知识基础与外界进行知识互动，并根据不同的情形选择合适的知识交换和转移的方式，实现知识获取、重构与企业生产经营活动的最佳匹配，从而引发组织边界的变动。

企业管理者面对动态环境变化和企业成长需求，应该试图回答如何持续不断地生产知识和应用知识，企业组织体系如何成为一个适应知识生产和应用的生命体。从知识主体层面来说，基于个体、团队、组织整体和组织间层面四个层次所拥有或获取知识的类型不同，在知识的价值创造过程中功能各异，个人知识的扩充机制、团队知识的溢出机制、组织知识的协同机制以及外部知识的内部化机制是知识生产和应用的过程中不同主体层面对组织知识功能的强化、对组织内外部变化的不同适应机制。从知识整合背景下企业双元性创新过程角度来看，单个主体到创新网络、建构性知识到整合性知识、组织突破惯例迎合开放性环境、非线性的全面创新，是企业组织在创新资源的匹配和选择过程中的一种主动适应，通过知识整合及其新知识创造机制提升了组织的生产能力，进而增强了组织的生命力。由此带来了"知识—技术—组织"三维融合机制下的协同效应、组织资源无限张力下的平衡效应、知识体系重构下的知识整合效应以及双元创新效应。企业组织作为一个复杂环境下环境塑造的客体与知识创造的主体交织下的综合生命体，它的生命力集中体现在通过组织的自适应机制以及建构的某种机制整合并协调全部知识，为组织机体输送源源不断的动力。

三、组织演化的逻辑范式

组织演化离不开知识，客观上说无论是组织变革、组织创新、组织进化、组织设计、组织建设还是组织发展，都或多或少涉及知识问题，组织的成功与否依赖于能否对组织关键知识进行有效整合并不断实现创造和增值，从而决定了组织适应性、组织氛围和组织文化。以知识为基础的组织资源最初都具有难以模仿性、独占性、复杂性等特点，知识的聚集和应用在给组织带来专属性资产的同时也影响着组织结构的演化方向。在动荡的环境下，企业获取信息的渠道和手段日益多样化，企业生存和发展的环境预测性越来越低，不确定性越来越高。劳动个体却转变为具有某个领域的专业知识的人力资本的价值拥有者，成为知识型员工。一方面，对企业组织的依赖程度大大降低，职业选择自由度空前高企，对企业内部规则和约束逐渐脱离，对社会共同规范和专业规范的遵从性增强；另一方面，知识主体对企业整体知识体系的依赖却在增强，需要良好的机制和情境来保障个人才能的发挥和知识能力的应用，由此来自参与者主观能动性和客观依赖性的变化也有打破组织传统运行体系的动机和能力。对企业来说拥有知识固然重要，但并不能直接带来技术创新效应，对拥有知识的整合、重构与有效运用更重要，新知识的组织化过程引导着组织变革的方向。

Nelson 和 Winter（1982）指出组织知识能力与组织演化方向的关系，认为企业间差异的最主要根源就是企业拥有的特定知识不同，这种知识差异结合组织选择机制决定了组织演化的方向。野中郁次郎的 SECI 模型解释了知识转换与创造的过程，在这一过程中企业作为一个整体创造了新知识并不断在组织内部推广与应用，从而使知识跨越不同的知识主体和组织边界，提升组织能力并推动组织演化。Nelson 和 Winter 揭示的知识整合背景下的组织演化理念，推动和影响了组织理论的不断发展，事实上随着实践的发展和基于知识的组织理论研究的推进，知识的分类以及创造模式已经突破了 SECI 理论的范畴。一方面，知识经济时代企业组织的业务活动范畴与传统工业经济时代不同，固守知识的专属性尤其是价值链上的隐性知识只会导致组织边界僵化和组织文化的封闭；另一方面，在开放式创新环境下，组织的知识获取渠道、管理成本、治理手段等都受到了所嵌入知识网络的影响，知识互动机制引发组织知识边界无限扩大和开放性组织文化的形成。如图 6-1 所示，在知识的组织化过程中，新的组织规则一旦形成，面临着外部环境的变化和内部的复杂演化，需要对组织知识体系进行更新和升级，用新的知识不断取代过时的知识，通过内外部知识网络关系扩充知识库并不断进行知识整合，产生新的知识并形成新的行动倾向。一方面组织知识整合适应了企业内外部变化的步伐；另一方面整合性知识的逻辑特征倒逼着组织结构不断优化，向适应整合性知识发挥和知识主体诉求的方向演化，

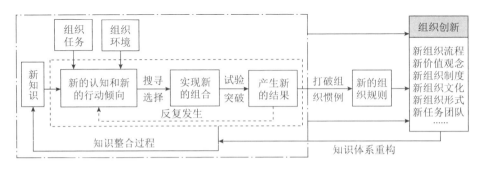

图 6-1 基于知识整合的企业组织演化的逻辑范式

资料来源：笔者根据研究内容和相关资料整理。

沿着"新的知识出现→新的行动倾向→搜寻新的路径→实现新的组合→产生新的结果→打破组织惯例→新的组织规则→知识资源重构与整合→新的知识出现"的逻辑主线，形成以知识生产和运用为核心、以技术创新为驱动力的组织演化范式。

四、创新型企业案例：佳都科技①创新路径的演变

1. 佳都科技的创新简历

佳都新太科技股份有限公司（以下简称佳都科技）是中国专业的人工智能技术与产品提供商，为全球提供人脸识别、视频结构化、知识图谱和智能大数据技术与服务。其前身是新太科技股份有限公司（以下简称新太科技），成立于 1986 年，公司总部位于广州，于 1999 年在国内 A 股上市；2007 年佳都集团有限公司（以下简称佳都集团）入股后，公司改制并更名为佳都新太科技股份有限公司，2015 年简称为佳都科技。年轻的佳都科技在 20 世纪是进入电信增值和语音增值业务最早的企业；2003 年，作为软件行业的领头羊，与当时的华为、联想并肩成为行业领跑者，但随着移动电话的普及，行业的颠覆性技术和商业模式对成熟市场产生颠覆性影响，佳都科技业务重点放在维持现有市场竞争优势、保证当前收益上，基于成熟技术的第四代创新平台开发的先进产品好景不长，未能护航佳都科技绕开市场的冲击，公司一度陷入濒临退市的危险，加之组织管理体系和结构体制跟不上技术变化和环境变化的需求，一时间资金链断裂，股价大幅下跌，产品线急剧缩减，人才流失严重。2007 年，公司完成股权改革、债务重整和组织结构变革，历经两年公司业务全面迎来高速增长，2009 年主营业务由单一的通信增值逐渐增长为通信增值平台与应用业务、智能公共安全业务、智能交通业务、企业呼叫中心、ICT 综合服务业务五大主营业务，一路

---

① 佳都科技，原简称"佳都新太"，2015 年后股市上的简称更改为"佳都科技"（股票代码：600728），可见佳都集团入股新太科技后，实施的是温和式、逐步式"去新太化"过程，从公司现有名称中已经看不出"新太科技"的影子。该企业是本书的研究团队长期追踪的一个案例企业，此次分析的重点主要是 2015 年以来的新变化。

高歌成为信息通信行业的翘楚。截至 2017 年底，公司各类员工 2000 余人，在各地设立分公司和办事处 30 多个，累计申请国家发明专利、软件著作超过 500 项。

2. 环境不确定性下的战略重整

佳都科技在人脸识别、视频结构化、知识图谱、智能大数据以及移动支付领域具有自主的核心技术，处于国内领先水平。佳都科技轨道交通智能化技术领域已发展成为国内可以同时囊括自动售检票系统、站台门系统、综合监控系统和通信系统（含视频监控系统）四大核心技术产品的高科技企业，业务涉及地铁、城际铁路、有轨电车、BRT，覆盖了国内包括广州、武汉、成都、青岛等在内的 18 个城市，形成全国性、全产业链的业务分布（见图 6-2）。同时，公司先后参与全国 40 多个以公共安全为核心和 100 多个以智能交通为核心的智慧城市建设。在人工智能方兴未艾的信息化时代，佳都科技高层基于对未来公司的定位，并没有贪恋成熟市场的丰厚利润。

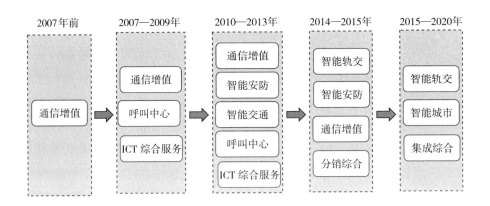

图 6-2 佳都科技主营业务板块的变动情况

资料来源：笔者根据佳都科技的调研资料整理。

基于未来业务增长战略重整的需要，佳都科技将未来战略的重点定位于智能化业务，公司战略规划也聚焦在两大智能化业务（即智能化轨道交通与智慧城市），通过收购与兼并以及资源重整强化智能化业务布局，而逐步剥离与智能化无关的业务。一方面着手于与原有新太业务的融合，另一方面着手于聚焦智能化业务、剥离非战略重点业务，如剥离公司多年以来的主营通信增值业务，但基于市场资源整合的需要保留了原来传统的分销业务。如图6-2所示，2013年以前公司的五大主营业务在重组完成后，进一步在业务融合的基础上形成的四大板块即轨道交通事业部、通信事业部、安防事业部和分销业务。2013—2015年，通过收购广东之源信息工程有限公司，轨道交通业务拓展到地铁通信系统、CCTV系统；安防事业部通过收购，业务扩展到金融安防、智能交通、反恐介入等方面。2015年初至2017年初，公司的战略规划逐步实施，成功剥离出通信业务及其开发中心，只保留安防、轨交和分销三大业务，相对应的事业部为智能安防事业部、智慧城市事业部和分销事业部。其中，前两个事业部有各自的开发中心和技术队伍。值得一提的是，通信增值业务被整体剥离后，由原来开发中心总经理离职并创立广州讯鸿网络技术有限公司，主营移动互联网的开发营运，原通信事业部开发中心超80人被该公司带走；原通信事业部营销中心总经理离职创立广州云趣信息科技有限公司，主营原通信增值业务，原通信事业部营销中心110人被带走；两个公司运营极为成功，迅速崛起并成为行业新秀。

3. 应对当前和未来变革的双元举措

从佳都科技近10年的主营业务变动情况可以看出，佳都科技一直围绕战略重点在调整公司的结构。由于前身母体是新太科技，2007年后由佳都集团注资，公司对外简称"佳都新太"，可谓用心良苦，为了保证新老业务的衔接、新老队伍的融合、新老资源的整合，在注资控股的最初没有贸然对业务和老员工大动干戈，而是采取了迂回过渡，甚至在2009年公司业务形成庞大的五个业务群。2013年，随着新的组织文化的形成和业务流程的不断优化，公司对外的简称更改为"佳都科技"，并开始精简业务板块、调整资源部署、聚焦智能化、剥离非战略业务。在内外部资源整合上，一方面以市场为导向、以产学研合作作为依托建立起开放式自主创新平台，不断更新和升级现有产品和技术基础；另一方面利用产业价值链通过与利益相关者建立技术联盟、合作研究室，与众多高校和企业建立合作关系，实行"基地""人才"和"项目"三位一体，广泛整合外部资源（见图6-3）。

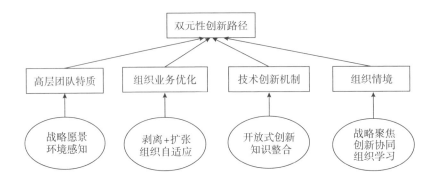

图 6-3　佳都科技双元性创新路径架构

资料来源：笔者根据佳都科技的调研资料整理。

　　面对外部市场瞬息万变，佳都科技将未来的增长点放在智能化业务上，希望提前布局企业资源，抢占市场先机，应对人工智能革命时代的到来。在新的市场机会并未成熟、新的技术并未见成效、新的产品尚无踪迹的情况下，却先果断抛弃成熟市场的成熟顾客和平均任职达 10 年以上的大批关键员工，而通过资本运作兼并收购的其他业务板块尚未见成效，未能及时弥补主营业务剥离带来的阵痛。业务重大调整、人事重大变动、关键人员流失严重、组织结构巨变，使佳都科技近年业务呈缩减趋势，利润率有所下降。但基于对未来智能化领域的定位，公司并没有停止脚步，一方面继续剥离非战略重点业务，另一方面通过收购深圳天盈隆科技有限公司扩充金融安防业务、收购广东方纬科技有限公司增强智能交通业务，同时介入新疆反恐业务加强在智能安防业务群的实力，并将智能安防上升为智慧城市。为防止陷入业务调整可能带来的断层，2017 年底公司高层基于对未来的敏锐把握，重新整合公司资源确立三大业务群，即智能轨交业务群、智慧城市业务群、集成综合业务群，下辖众多事业部 11 个。同时成立全球人工智能研究院和交通大脑研究院，面向智能化业务着眼打造一流的科学家研发团队；建设或参与建设 2 个国家级联合实验室、1 个国家企业技术中心、2 个省级工程技术中心，承担了"核高基"等数十个国家及省部级重大科研项目，定位智能化前沿研究和基础研究，为应对市场变化进行技术力量储备；原有的安防和轨交两大成熟业务各自事业部的技术开发中心负责针对客户需求的技术进行改良。

4. 案例启示

（1）稳中求变，优化组织资源配置。佳都科技在市场成熟、技术领先和利润丰厚的情况下，基于外部环境变化和组织自适应的需要，进行了战略布局大调整，斩断没有成长潜力的通信增值业务及其成熟技术积累，同时放弃在该板块的庞大收益、成熟市场，甚至不惜流失任职多年的近200名员工，将战略资源布局在技术尚未成熟的智能化市场上，通过丧失相当一部分市场险中求胜，在一定程度上反映了佳都科技高层对市场变革的判断及其决策魄力，为应对未来变革对战略性资源提前谋划和布局。

（2）立足现在，着眼未来业务成长战略。佳都科技在原有组织体系中剥离出原有成熟市场上利润丰厚、缺少市场前景的通信业务，通过资产并购已有业务中的智能安防和智能轨交扩充原有业务板块，新并购的任务团队由于与原来业务有共同的市场基础和技术基础，并没有带来太大的冲击，尽管短期内带来业务下滑，但调整过后的市场稳定、运营有序、战略更加聚焦、流程更加清晰，相信度过适应期的佳都科技会迎来业务整合效应和协同效应的扭转局面。

（3）重视知识资源整合，打破组织惯例自适应业务变革。佳都科技多管齐下，剥离通信业务、扩充重点战略业务、推动组织文化的融合、调整业务流程同抓共进，通过资本运作将现有市场的已有公司纳入业务板块中，虽然不能立竿见影快速变现，但是新老业务衔接无误，靠项目实施来带动问题的解决和团队的融合。通常项目结束原来的项目小组随之解散，知识分散在员工自身，公司又通过灵活调度实现组织学习，同时在组织层面上建立由研发人员、技术人员和工程人员组成的技术创新团队，为团队知识融合和技术互动提供空间。对外通过推动企业自主创新平台与社会合作创新体系的融合。

（4）谨防创新陷阱，谨防成熟大公司病。由于业务调整动作过猛，佳都科技曾一度陷入内部增长乏力的困局。在未来的调整中，佳都科技应该重视组织文化的融合、克服"大公司病"、营造开放式创新氛围，将组织知识学习从以解决问题为导向引向以创新为导向的主动整合和知识共享，同时要注意通过资本运作扩张业务时，寻求新的市场机会不能偏离战略重点业务的技术基础和市场基础。

第三节　知识整合下双元性创新平衡机制组织实现的途径

一、双元性创新平衡机制运行的组织条件

双元性组织的最本质意义在于它的"双元性能力"，即具有双元性创新能力，能够兼顾组织当前和未来两种需要，组织的双元性能力目前已经被广泛用来描述组织兼具应对业务差异化、矛盾复杂化和创新行为战略化的综合能力（Simsek，2009）。基于对企业持续的绩效追求，为应对动态环境的变化、日益激烈的市场竞争与有限的内部资源和能力之间的矛盾，组织从适应外部、变革自身的角度出发必须具备双元性能力。双元性组织具有处理和平衡挖掘性创新与探索性创新的能力，这两者是根植于组织内部确保取得长期竞争优势的关键。由于双元性组织涉及的要素较为复杂，双元性组织创新平衡机制运转和设计的影响因素也众多，有学者从组织学习、技术创新、组织适应、战略管理和组织设计等几个方面来考察组织创新平衡的影响因素（Raisch et al.，2009）。

综合现有文献及前文分析，一个在成熟领域和全新领域富有生命力的组织应具备以下条件：第一，开放性的组织环境。Steiber（2015）研究Google公司后认为，企业能够实现持续创新既得益于开放的组织系统又来自企业管理者的创新导向，其中开放性的组织系统涉及组织内部的知识积累

和组织外部的知识获取与知识交换。第二，持续的学习能力。组织的学习能力是创新行为的基础，知识的积累和传播对创新行为尤为关键，持续不断的创新需要通过组织学习实现知识的获取、整合、运用和再创造活动，并使创新引发的新知识反作用于原有的组织基础知识，形成组织学习与创新的反馈机制。第三，机动灵活的任务团队。在组织任务结构的主导下，工作团队成员间需要围绕任务进行互动，倾向于在团队内部建立信息交流机制，将个人的或小组局部的、零散的、暗默的、不完备的知识或信息转化为团队的、完备的信息，也倾向于根据经验从干中学，以寻求问题的针对性应对策略。然而任务团队是集中精力处理临时性问题和特定战略目标的举措，就整个组织的持续的活用知识和深度的整合知识来说，它并不能代替组织形式完成公司层面的目标和战略设定（野中郁次郎和竹内弘高，2006）。第四，开放包容的知识整合平台。开放式创新平台下为企业组织创新要素流转和创新资源在两类创新路径的互动和融合提供可能，企业根据市场变化的特点，确定创新资源的投入方向以及投入比例，动态开放的创新平台下企业实现挖掘性创新过程中的知识或技术的成熟经验积累，在探索过程中实现新知识、新技术和新能力的产生，即产品技术轨迹发生改变。第五，组织自适应能力。挖掘性创新和探索性创新基于共同组织目标，如果组织有自成长的特性会在自然选择和主动适应中达到相互促进的作用，但前提是组织系统在一定时期内具有一定的自适应能力。客观环境的变化为自然选择提供机会，企业作为一个组织系统的生命机体，感知到变化趋势和市场机会后会基于自身战略定位积极适应这一变化并以新的行为方式和知识组织方式与之匹配。

二、双元性创新平衡机制运行的组织过程

组织知识体系的重构整合和创新驱动的技术协同使企业组织演化逻辑发生新的变化，这一变化以知识元素为纽带、以知识拥有者为主体、以知识整合为手段，是组织知识选择创新路径并完成生产和创造的过程。组织

为知识的创造过程提供场所和行为程序，组织结构作为组织运行的载体，为了实现组织目标而设置的分工协作体系表现为空间位置、制度安排、要素互动、业务流程和沟通机制等方面，组织创新活动过程中形成的分工、合作、平衡和协调关系构成了一个动态的框架体系，这种互动关系的稳定需要一种平衡机制来配置资源和协调关系。当整合性知识在寻求市场方向时，适应组织惯例的创新路径遵循着原有的技术轨迹和组织逻辑，而不适应组织惯例的创新路径则由既存在于既有的组织惯例中又来自不同组织单元的代表组成的机动灵活的任务团队处理超常规的创新行动，并不损害组织当前的成熟市场，却弥补了正式组织的不足。

企业可以根据市场的变化特征和速度，确定组织创新资源的投入路径、投入时机以及投入比例，动态开放的创新平台下挖掘性创新过程中积累的成熟经验以及探索过程中的新知识、新产品或服务以及新技术的出现能够相互促进和转化，即使产品技术轨迹发生较显著的改变，基于共同战略愿景、双元性心智模式的组织文化特性也能够维护着两者的相互促进，将冲突降低到最小。随着技术创新路径的不断向前演进，企业的技术能力达到一定的临界值上升到更高一层的组织空间时，技术创新在量的积累或质的提高上也进入制高点阶段，基于突破性技术的探索性创新和基于渐进性技术的挖掘性创新相互促进，在路径创造的路上相得益彰促进企业整体技术创新水平的提高。双元性组织的运行要件不只是创新路径的选择，更是融合知识、技术和组织要素的复杂过程，要在高管特质、组织文化、组织结构、流程优化、战略定位以及价值创造与分配理念等方面与技术创新系统相适应，使组织成员对组织有强烈的认同感和凝聚力，形成有生命力的组织模式。

三、双元性创新平衡机制的组织实现

1. 组织知识体系的重构：从知识管理到知识治理

整合性知识在知识的价值创造和组织体系演进中的作用使得实践中对

组织知识体系的重构手段不能仅仅停留在知识管理层面，更应该回答"是在原有的组织框架内还是以全新的组织逻辑或者范式寻找解决方案"，而基于知识治理理论是对知识管理过程组织化治理的回应。知识治理是选择合适的组织结构或治理机制有效协调知识的活动过程，使知识管理战略有效实施，从而实现知识管理活动的最优化（Foss，2007）。任志安（2007）认为，知识治理是对知识的组织过程即知识管理进行治理，它外延上超越知识管理的范畴，其目的是最优化知识转移、共享和适用。

对于企业而言，创新是知识的生成、运用与创造过程，创新的涌现、累积、延续、继承和突变过程中汇聚成一股"知识流"，推动着组织资源、核心技术和组织体系协同跃进。组织知识以实际的或虚拟的形式存在于组织的各个层面，企业作为一个组织系统开展创新活动，其知识活跃在要素层面、过程层面、组织层面和组织间层面，其来源涉及内部知识也包含跨组织的流动性知识，其主体涉及组织个体、组织团队以及组织整体。由于知识固有的特性，异质性的知识能够取长补短、相互激发并通过彼此融合凝结成全新知识，企业集中知识资源和组织能力将开展创新所必需的物质和信息加以整合，而知识作为物质要素和技术要素融合的纽带，将这些要素凝聚起来转化为技术能力。技术过程是知识整合效应转化为现实生产力的依托，知识创造力通过技术创新活动催生新的生产力，技术创新过程决定了产品的综合品质和企业竞争力。组织知识的来源包含内部知识，也包含跨组织的流动性知识。

从微观来看，知识治理是知识吸收、转移、利用和扩散等活动的组织优化过程；从宏观来看，知识治理将组织看作一个知识网络，是以知识交换为核心的知识流作为内生变量的组织结构演化过程。组织的知识存量和知识能力决定了组织在技术创新轨道上如何选择、选择路径以及选择方向。双元性创新要求组织必须有效平衡组织资源在现有技术领域和新的技术领域的配置，这就要求组织的知识创新系统、技术创新系统和组织创新系统中的要素流动和演进方向具有协同性和一致性。以往对企业知识的研究重点在于对知识的管理，当前研究的重点逐渐转移到以组织整合知识为目的。

组织资源能否在企业中持续并有效地发挥作用,首要的是看组织现有知识整合的能力,通过对现有知识的整合企业能够判断和识别组织资源的价值趋向,将在不同组织流程、价值流程、知识链条和技术链条上的分散资源聚集起来,促进知识与资源、资源与技术、技术与知识的重新组合,进而实现知识与能力、能力与市场的契合。基于创新平台实现不同技术创新流在各自技术轨道上的融合后,开始寻求下一轮的新技术起点,从而实现新一轮的知识创新和技术创新过程,推动知识、技术与组织的再度循环和契合。知识治理引导知识资源在技术活动过程中以知识流的形式有序、有效地导向不同的组织过程发挥其价值,因此基于知识创造的组织知识体系应该与基于知识价值实现的组织系统逻辑演化过程和方向相一致。

2. 组织文化的重塑:包容+成长

组织本身并不会创造知识和开展创新,组织成员个体是组织知识创造的基础,组织学习是知识转换和内外部知识整合的前提,组织需要调动个体知识并通过知识转换使得知识在不同个体之间进行转换,并通过项目执行或问题解决上升到团队层面、组织层面和组织间层面,并以整合性知识的形式在较高层面上沉淀成知识的形式载体。创新是一种创造性的破坏,这种破坏通常是在各种观点和方法的碰撞下产生的,本质上是知识冲突引爆了创新,双元性创新平衡不管是在时间上还是空间上都需要面对组织成员认知冲突、持续成长、未来预期的问题,应在组织文化上塑造认知一致性、包容并蓄来解决企业的持续发展问题。

双元性组织文化理念需要明确以下问题:一是确立员工高度认同的组织整体知识愿景。知识分散式存在于每个个体,组织学习的方式通常是以问题为导向的任务团队的交流,容易导致个体误认为自己是某个事业部的雇员,应该让员工树立每个个体及其团队为企业整体目标的实现而工作的价值观念,自身所隶属事业部或组织单元只是企业整体事业的一部分。二是尊重成员的平等性和多样性。开放包容的组织文化承认员工知识的异质性,给知识主体一定自由发挥的空间和自主决策的空间,能激发员工持续的学习和创造热情,是组织双元性的文化根基。传统金字塔式的科层体制具有严格的等级职权分工，束缚和限制了员工的能动性。成员间平等关系是知识碰撞的组织基础，在平等的基础上充分交流，鼓励不同意见、观点或问题解决途径的提出；成员间的多样性来自于组织成员知识结构的差异，由此触发知识主体之间在认知、观点、思维模式和行为方式的不同，从而对个人、团队和组织产生影响。三是事业共创、利益共享的创造与分配制度基础。知识资本和创新人才是知识经济时代科技发展的两大引擎，在现代经济秩序中传统的"资本雇佣劳动"的观点被彻底颠覆，冲击着传统的财富分配方式。企业的财富创造来自于多元化的人力资本的专业分工和协作，不同层面的人力资本都具有创造经济价值的专门知识和多种技能，即使当某一类人力资本暂时稀缺时，高一层的人力资本都无法完全替代或无法暂时替代。人力资本价值与组织价值利益一致的纽带是让员工分享企业价值增值和事业发展的成果，将人力资本纳入财富分享和财富创造的过程。四是持续学习和成长的企业文化。个人、团队和组织都始终面临着生存和发展的危局，仅仅满足经济预期并不能解决所有的问题，拥有不可替代的知识和技术是解决现有问题的方法，而知识具有时效性，需要通过学习和历练更新和升级，成长和发展的学习机会是未来应对新变化的基础，持续的学习是组织双元性文化的基因。

　　3. 组织流程的重造：知识创造+价值创造

　　成熟的大企业一般都有相对稳定和明确的业务流程，这些流程可以应对常规性问题，然而面向未来和公司的持续成长，更需要的是在未知、无序和失败中寻求突破。企业不同层面、不同来源、不同主体、不同性质的知识整合平台在知识内容上表现为现有知识和新知识。组织知识整合机制使组织知识变得系统化、集成化和协调化，但从知识到最终市场价值的实现都需要以组织为载体并借助组织流程的转化来完成知识创造并带动企业价值创造。知识创造是新知识的运用并产生新的产品或服务的过程。价值创造通过知识和技术的商业化来实现，既包括客户价值也包括企业价值，双元性创新致力于当前和未来双重事业的需要，一方面，通过对现有知识基础的运用和改进，个人和团队的知识能够更新和协同，产生更多的想法来升级或改良现有技术或现有产品性能。另一方面，通过整合性知识的交汇、重构和融合，企业整体性知识进行内部扩散，个人知识在融会贯通中得到提高，从而进一步强化团队知识，不同知识体系的相互交叉和碰撞，多种思维观念的交汇能增加突破性创新发生的概率，形成多层次、多维度的知识创造。

在挖掘性创新和探索性创新双路径下，企业的流程和价值观念都围绕着问题或任务展开，需要组织的知识创造和价值创造流程与之相匹配。如佳都科技意图通过资本运作并购与之战略目标和新任务相一致的公司，但是在业务流程和价值观念上由于不相匹配，很难实现既定的业务扩展目标；反而是在原来事业部开发中心基于临时问题解决形成的兼虚拟、无序和无固定模式的任务小组促进了知识的转化和创造，有效地平衡了新旧业务的衔接和冲突问题。野中郁次郎和竹内弘高（2006）在阐述知识创造理论时提出了 SECI 模式，认为新知识的产生是知识主体的暗默知识①经共同化、从暗默知识到形式知识的表出化、形式知识之间的联结化、形式知识到暗默知识的内在化过程。如果知识只停留在知识主体本身，并不能导致知识共同化，也不能为整个组织所利用；知识只停留在共同化阶段，也只是零散知识连接起来的一个整体，没有使组织的知识基础扩大或更新。分散的、暗默的、零碎的知识经整合后在组织中还要经过甄选、融合、重构和内在化的过程，而这一阶段除了知识的转化与创造外，还伴随着有组织流程的跟进问题的解决、不同层面的知识主体间的互动、知识技术化进而商业化的价值创造过程，从而带动新的业务流程形成并推动组织结构的演进。不管是拥有知识的个体、知识主体所在的团队还是整个组织，都是组织知识创造和企业价值创造过程中的一个承载体，其目的都是保证企业具有持续的创新力，由此企业的业务流程及其组织安排都应围绕着知识创造和价值创造进行重塑。企业应该根据这一过程寻找正确的、适宜的业务流程，从而决定何时利用现有组织能力、何时又需要获取新的能力开展新的业务。

---

① 与隐性知识是一个含义，通常存在于知识个体中。

4. 组织结构的安排：开放+混序+自适应

针对同一企业内部两类创新活动的冲突，通常认为有三种组织方式予以应对：一是结构式双元，主张采取空间分离或者平行结构的方式，将有机式和机械式结构协同起来（Adler et al.，1999；Jansen et al.，2005a）。空间分离的方式，是指在一个业务单元或企业内部通过结构分离的方式协调挖掘性创新和探索性创新（Duncan，1976），相互分离的业务单位紧密联系且并行不悖（Benner & Tushman，2003；Tushman & O'Reilly，1996）；平行结构是指根据业务或项目需要组建非正式组织结构，正式组织承担常规性任务以保证稳定性和组织效益，非正式组织则弥补正式组织在结构上的不足进行非常规的创新（Adler et al.，1999）。二是情境式双元，在一个完整的业务单元，组织同时具有协同性（成员间的行为一致性）和适应性（对复杂环境的快速响应）的能力（Gibson & Birkinshaw，2004），通过对组织情境的软件、硬件因素如组织张力、纪律、支持和信任等的安排，实现组织双元性，即学界统称的情境式双元。将每一个业务单元看作一个独立的整体，强调组织文化、团队的思维方式和组织成员的行为以及组织高层人员在情境设计中的作用。三是领导式双元，强调高层管理团队在组织管理活动中的作用至关重要（Gibson & Birkinshaw，2004），组织采取什么样的形式适应环境变化，与高级管理团队的领导特质、团队偏好和战略决策等紧密相关，高层管理团队能够有效地平衡组织挖掘现有资源和探索未知领域的双重能力（Smith & Tushman，2005；Jansen et al.，2008）。然而，无论是上述哪类组织安排方式，直接应对的核心都是两类活动对组织创新资源的冲突，偏重于价值实现，而没有从知识转化、整合、治理角度加以考察。

野中郁次郎和竹内弘高（2006）提出的"超文本"式组织试图提供有利于组织知识创造的组织设计安排，认为这是一种传统的官僚制与任务团队相结合的方式，前者适用于知识的应用和积累，后者偏重于共享和创造。野中的观点给本书提供了一条思路，事实上大多数企业都会面临着创新两难的选择问题，这两者冲突的根源是截然不同的知识基础和技术条件导致的不同技术轨道对资源利用的差异性和冲突性，本质上是知识的应用方向、转化路径与知识的创造途径不同，然而组织愿景却是一致的，这就为在同一组织架构下解决矛盾问题提供一致性基础。企业根据创新活动的不同类型对组织结构进行调整，将适宜不同类型的组织结构及其管理模式的应用创新和突破创新整合到一个组织内部，其中心思想必须能解决"如何不断地累积和更新知识改进市场和顾客需求，又能为知识的创造和价值的实现提供持续的动力，而且这两种组织形式不相排斥和冲突"。本书认为，在知识经济时代，企业就是一个复杂的知识网络系统，知识创造的开放性和创新的无序性要求组织像高级生物一样具有对环境的感知能力和适应能力，根据公司的战略定位、愿景使命和资源条件，将权力、职责、功能和资源应按照知识转化和沉淀的方式重新配置到最高效益之处。从实体形式来看，组织是一个不同要素结合起来的传统组织结构，按照效率优先的原则开展组织活动；从内容实质来看，组织是一个无序、混搭、虚拟的知识群体，按照知识创造的方向进行知识的获取、转移、共享和重构，像是自然界生态群落中的一个子群，具有自适应力。

四、创新型企业案例：华为的创新战略和流程优化

1. 华为的概况

华为技术有限公司（以下简称华为）的成功是中国企业发展史上的一个奇迹，1987 年成立于深圳，由代理香港企业的用户交换机（PBX）赚取差价起家，到如今已经成长为中国企业自主创新的领头雁。目前，华为公司的业务有三大业务群，即运营商业务领域、企业业务领域和个人用户业务领域，其中运营商业务是华为的传统成熟业务，主要是网络搭建、网络能源、电信软件、M2M 连接管理平台、IT 基础设施等信息传输业务；个人用户业务是第二大主营业务，致力于信息的分布与呈现，如智能手机和平板、穿戴终端、智能家居等设备，在全球拥有数亿消费者；企业业务是新兴业务，目前占比较低，但是增速较快，主要是面向企业信息化建设的行

业云服务、大数据、智慧城市、智慧政务等业务。从模仿创新（1987—1995 年）到合作创新（1995—2003 年）再到自主创新（2003 年至今），华为在世界通信制造领域的技术能力已经遥遥领先，并走出了一条自立研发之路，成为中国企业驰骋国际舞台的一张重要名片。以市场为导向的领先技术能力是华为成功的首要秘诀，华为创始人任正非说"对核心技术的掌握能力是华为公司的生命""创新是华为发展的不竭动力"，"开放、合作、共赢"是华为的发展理念。截至 2020 年底，华为拥有各类员工 19.7 万人，业务遍及全球 170 多个国家和地区；各类研发人员 10.5 万人，占据总人数的 53.4%；实现业务收入 9000 多亿元，同比增长 3.8%；研发投入高达 1419 亿元，同比增长 7.8%，占总收入的 15.9%，近 10 年累计研发投入超 7200 亿元；全球共有授权专利超过 10 万件，其中 90%以上为发明专利。

2. 华为的组织体系演化

（1）发展初期的被动适应型（1987—1995 年）。从成立初期到 1994 年，华为内部结构先后呈现了简单直线型、直线职能型和矩阵型。起初业务简单主要由总经理及其直属业务员构成，后随着业务规模的扩大，开始设置财务部、研发部、投融资部、认证部等部门，由于各部门职责单一、权责明确，决策效率高，组织效率很高，往往针对具体的问题能够迅速形成有效的决策。然而，到 1994 年，企业进入高速发展阶段，主营业务也由交换机拓展到移动通信与数据通信领域，市场规模迅速扩大，1992 年公司还不足 200 人，到 1995 年激增至 1500 余人。传统金字塔式的管理模式弊端重重，效率低下、流程混乱、难以协调，此时的组织结构明显无法适应业务高速成长的需求。为此，自 1995 年起华为请外部专家诊断并结合公司实际情况起草了《华为基本法》，该法出台历时 3 年增删 10 次，明确了公司价值观体系和基本管理制度体系，用以指导公司未来发展。这部被视为宝典的管理大纲确立了华为的经营战略、经营目标、基本经营政策和组织政策，指出公司组织结构组建和设立的基本原则，确立了公司组织的二维结构以及组织演进形式；将公司的组织结构上升到战略层面，将组织管理能力提高到与市场经营同等的地位，将战略愿景与业务流程相结合以不断适应环境变化和战略变革的需要，自此公司走向正规化管理的方向。

（2）发展中期的主动变革型（1996—2005年）。1996年，华为开始进军国际市场，任正非提出要把华为做成一个国际化的公司为适应公司战略重点的变化，这一阶段华为的组织结构也随之进行调整。1998年《华为基本法》正式实施，公司建立起了庞大的跨部门矩阵式组织，员工规模迅速扩展至15000余人。此时的华为广泛借鉴国际先进的管理经验，如建立PDT产品开发团队，以任务为导向打破组织分割建立起动态虚拟的临时团队，赋予团队主管较大权力，以保障项目实施过程中所需要的资源支持。1998年与IBM的"IT策略与规划"合作项目，对未来3~5年的业务流程和技术支持系统同时规划，实行流程再造工程。这期间华为的国际化步伐明显加快，开始与众多的国内外产学研机构进行合作，如2004年携手西门子成立合资公司，建立3G移动设备通信标准，还成立专门的手机业务部开始涉足智能手机领域，带动了自主创新的步伐。在激烈的市场竞争中，为适应高度国际化环境和自主创新战略步伐，2003年华为主动变革组织体系对组织结构进行大幅调整，推行产品线事业部形式；2004年组建EMT决策执行管理团队，从最高层一人决策改为向最高管理团队集体决策，提高了决策的科学性和高层管理团队的认知、行为的一致性。

（3）独具特色的自组织发展阶段（2006年至今）。2006年，华为在苏丹的投资项目由于管理不善引起的信息传递不畅、被动响应顾客需求、缺少项目跟进、有效反馈程度低、没有统一解决方案、相关职能部门本位主义缺少横向沟通等问题致使项目失败，促使华为对引进世界先进经验进行反思，让华为也走向了管理创新的组织自适应发展阶段。2007年，华为围绕项目实施重新定位公司组织以实现客户接口的协同化管理，为此华为将地区事业部转为片区总部，将指挥权和决策权进一步向一线转移，以加强对市场基层的管控，提高决策效率和决策的规范性，同时配合信息化管理系统的应用，使客户端到供应端的流程更加清晰、简洁和高效，为此华为成立了以项目为中心的一线作战模式——铁三角组织模式（客户经理

（AR）、解决方案专家（SR）和交付专家（FR）组成的工作组)①。2009年，华为在全公司推广面向客户的铁三角模式（见图6-4），由团队作战模式取代客户经理单枪匹马作战的模式，提高执行力的同时也打破了地方拥兵自重带来的管理弊端，也让一线主管暴露在最前端的顾客和市场监督之下，使组织结构有序、弹性与市场秩序的无序、多变做到绝佳匹配，从而做到精准响应用户需求，团队综合作战能力大大提高。总部在后方支持、赋能和监督，一线在前方集体作战有责、有权、有资源，实现以项目为中心面向客户提供更高水平的服务，这不仅更敏捷地响应用户需求，还打破组织体制的边界分割，提高了公司的环境适应能力和自适应能力，将聚焦用户、贴近市场的柔性单元的组织张力得到了最大程度的彰显。

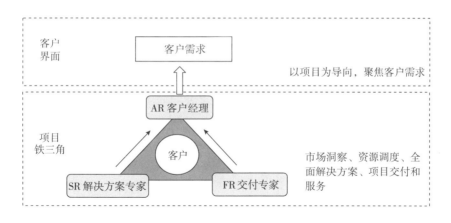

图6-4 华为的铁三角组织模式

资料来源：笔者根据华为的调研资料整理。

建立秩序与激发活力同等重要，华为不断地构筑一个个组织秩序，又不断地打破现有惯例进行组织变革，目的就是保持企业持续的活力和动力。华为的项目铁三角基于项目建立，具有阶段性、即时性和任务性的特点，

---

① 客户经理（Account Responsible，AR）、解决方案专家（Solutions Responsible，SR）、交付专家（Fulfillment Responsible，FR）。

为了进一步提高组织运作效率，2014 年华为将经营管理团队（ST）和行政管理团队（AT）分开，前者由团队所在业务集团（BG）、① 所在区域及所在组织的部门负责人组成，针对业务活动进行决策和管理，而后者由组织中精于人事、劳资和行政管理的负责人构成，负责团队甄选、评价和激励等工作，是谓项目层铁三角的强有力的支撑。华为在三大主营业务板块里，对过去的一体化管理模式（以前华为将两者放在统一管理体系中推行矩阵化管理，结果影响了组织效率，分散了主航道作战团队的精力）推行区分治理，坚持在核心业务的主航道上坚持矩阵化管理，在非主航道组织上实行去矩阵化管理，而区分治理既激活了 AT 的自我循环体系，实现了局部区域统一管理，又释放了 ST 的管理压力，实现了全球协同管理，配合铁三角组织模式，提高了组织运作效率。任正非评价铁三角时指出，铁三角关系不是一个三权分立的制约体系，而是要紧紧抱在一起生死与共，目的是抓住机会，实现组织力量灵活机动。徐直军指出，越能满足业务需求的流程运作就越有效率。董事长孙亚芳也说，华为端到端的流程最重要的就是减少管理的中间层，以推动以满足用户需求为导向的组织流程。为此，华为围绕集成产品开发（IPD）、集成供应链（ISC）、客户关系管理（CRM）实行流程化管理做法，按业务流程确立责权利关系，淡化组织权威，通过裁撤多余管理层级、外包行政服务管理、决策权下放、优化审批流程等，建立快捷方便的流程体系，同时也有效降低管理成本，提高利润空间。

3. 华为的创新实践

（1）注重学习和研发，形成核心技术优势。在激烈的市场竞争中，占领行业制高点的唯一途径就是通过自主创新掌握核心技术。从 1993 年起，华为就将销售收入的 10% 投入到研发活动当中，并在全球范围内寻求技术合作合伙、引进全球先进技术，通过模仿跟进国际先进技术，迅速掌握世界先进的通信技术。2002 年，华为投入 30 亿元建设高端人才智库、创建研究院、更新研发基础设施，加快自主创新的步伐，持续的创新投入使华为

---

① 华为的业务集团（Business Group，BG）不是指某个部门，而是指一个业务集团，华为有三大 BG，即运营商 BG、企业 BG 和消费者 BG，便于协同各业务资源配置和协同区域作战。

快速成长为中国最强实力的科技公司。截至 2020 年底，华为公司全球累计专利授权超 10 万件，且 90% 以上为极具创新价值的发明专利。2020 年，华为各项研发费用达 900 亿元，占总收入的 15.9%，近 10 年累计研发投入高达 7200 亿元。华为致力于成为智能时代云数据中心的创新者，面向未来的基础研究和面向市场的技术创新都取得了丰硕成果。华为协同软硬件技术领先优势，在消费者用户领域以手机、平板、智能穿戴为载体为用户提供多媒体、人工智能、芯片、电池续航等领先技术产品；为企业用户提供人工智能、云计算、云网络、大数据等领域服务，用芯片、架构等创新技术加速行业数字化与智能化进程；致力于把领先技术快速商业化，为运营商提供核心网、数据传输等端到端产品解决方案。华为在公司层面上组建 IT 共享中心，使分布在全球的华为员工能够实现实时沟通、知识共享、信息互动，能够实现 7×24 小时全球同步研发，知识数据库可以 24 小时为内部员工提供学习和培训。华为通过移动联合创新中心（MIC）、智慧城市（Tech City）、无线场景实验室（Wireless X Labs）创新"三叉戟"以及 SingleRAN Pro、移动网络全云化和无线智能三大基础技术，为运营商及合作伙伴提供解决方案。尽管华为 2003 年才成立手机事业部，2004 年才涉足智能手机业务，短短几年华为迅速从 2G、3G 时代的行业跟随者，到 4G 时代的与国际巨头并驾齐驱，再到 5G 时代成为全球通信技术行业的领跑者以及标准制定者，市场的成功无不得益于对核心技术的掌控。

（2）坚持开放式创新，重视内外部资源整合。随着信息技术革命浪潮的涌起，知识对生产的贡献度越来越高，最终迎来知识经济时代。随着技术创新的非线性发展，通过合作性技术创新是知识网络化背景下企业技术战略的关键，截至 2017 年底，华为创新研究院企业级的合作伙伴有 900 多家、研究所合作机构 400 多家，拥有 36 个联合创新中心，合作发明专利达 595 件。华为坚持开放式创新新范式，联合产业生态伙伴通过商业联盟、平台共建以及产学研合作为企业获取和利用创新资源，加速商业成功。2019 年，华为宣布打造"一云两翼、双引擎"的产业布局，构筑开放的产业生态体系，全面推进"硬件开发、软件开源、使能合作伙伴"的"共创、共享、共赢"生态战略。2020 年,通过"沃土"计划 2.0 更是发展了 4000 多个生态合作伙伴,同时与 72 所高校签署协同育人基地,全球范围内华为云聚合了 1.9 万家合作伙伴,其中使能伙伴① 2200 家、昇腾和 AI 领域头部深度合作伙伴 150 家②。华为对市场保持高度敏锐嗅觉就是为了站在技术前沿,通过高额研发的投入、寻求建立广泛的合作创新关系,不断整合企业内外部知识资源。对外跨越地理空间限制与国内外相关机构包括高校、企业和科研机构等展开合作,如与国内清华大学、北京大学、北京邮电大学、中国科学技术大学、电子科技大学等知名高校开展网络和通信技术等方面的合作,与国外的微软、Intel、KUKA、IBM、高通、摩托罗拉等企业达成战略合作关系,共同开发云、物联网以及企业数字化解决方案;与 ABB、博世、海克斯康、霍尼韦尔等全球知名企业建立伙伴合作关系,构建适配各行业客户需求的数字化解决方案。在全球信息化浪潮和知识经济冲击下,华为以生态开发者的姿态,优化和放开华为的技术创新平台,坚持开放性创新,华为的 IT 共享中心对客户、供应商及合作伙伴开放,加速构建开放性生态创新环境,积极嵌入全球创新网络当中并形成独具一格的知识网络,为华为技术的可持续成功提供源源不断的动力。

(3)聚焦核心业务,寻求当前与未来的动态平衡。在企业生存和发展环境高速变革的时代,企业战略所要解决的首要问题就是如何获取和保持企业的竞争优势(Rumelt et al.,1994)。30 年来,华为业务聚焦于全连接网络、智能计算、创新终端三大领域,在产品、技术、基础研究、工程能力、解决方案、综合集成、产品标准和产业生态等方面持续投入,坚持在战略上有所为有所不为。任正非说:"从创业到现在都是在做通信和信息业务,紧紧围绕着电子信息领域发展,未来的世界是知识的世界,我们只认认真真地搞技术,坚持为客户提供'一揽子'解决问题的想法,不受其他任何投资机会的诱惑。"在技术和市场变化风起云涌的多元化时代,华为不

---

① 华为通过构建应用使能、数据使能、AI 使能三个使能平台,帮助合作伙伴实现云化、SaaS 化以及智能化,从而实现华为生态创新圈的技术共生。

② 在数字经济快速发展的时代大背景下,华为不断加强与生态伙伴的商业合作和技术应用创新,通过"鲲鹏+昇腾"生态创新中心逐步凝聚起一个健康的可持续发展平台。

在非战略机会上消耗资源，没有迷失市场方向，而是集中全部资源持续投入和开发。华为积攒所有研发力量于业务主航道，任正非说："华为的主航道就是 ICT 基础设施，我们不会轻易转移这个战略目标，也不会在非战略机会点上消耗战略竞争力量。"

任正非强调，华为必须不断打破平衡，不平衡才能刺激创新，通过平衡、不平衡、重建平衡这样一个循环过程，防止华为产生大企业病。华为高管田涛认为，构建秩序与激发活力存在矛盾，华为所做的就是在矛盾中寻求动态平衡。围绕市场需求和技术领先，华为利用现有技术持续为用户创造价值，坚持现有产品的开发、服务、设计和流程改造，通过研发创新做好工程商人满足用户现有需求。以任正非为首的华为高管团队清晰认识到，在过去 30 年，华为顺应全球信息产业发展的大环境抓住了市场机遇，幸运享受到市场空间巨大、低成本优势和强执行力带来的发展红利；面向未来市场和科学技术巨变，坐吃红利的时代已经过去，华为要做行业领先者，须加强基础领域的纵深研究。同时通过构筑面向未来的技术优势，加大基础研究领域的投入，做好基础研究的探索和摸索引领市场和用户需求。华为副总裁陈黎芳表示："基础研究要坐冷板凳、要耐住寂寞，华为非常重视基础研究，每年超过 200 亿元砸进去，也有自己的科学家队伍 2 万余人，同时与全球 100 多所顶级高校、科研机构及众多国家院士和诺贝尔奖获得者进行合作。"华为在基础研究投入巨大，全球范围内仅次于谷歌和微软，近 10 年累计投入超 7000 亿元，然而研究的失败率超过 50%，相当于每年有几百亿元打水漂了，但正是这种允许失败的创新文化使华为从昔日的行业追随者成长为今天的行业领先者。华为将自己打造成一个全球化创新平台，通过价值网将全球优质研发资源整合到这个平台。如华为的"2012 实验室"、西安研究所、欧洲研究所和"未来种子"等主要是面对未来 5~10 年发展方向展开研究，旗下汇聚全球著名的研究所和顶级人才。

（4）全员共创、共享、共赢，兼容并包的组织文化。华为像是一个聚集十几万知识型员工的知识大平台，劳动、资本、企业家和知识构成华为价值创造的四要素，华为内部将劳动、知识与企业家才能提高到与资本同等重要的战略位置。企业持续发展的根基是适宜的制度和适宜的文化，且有激活适宜制度和传承好适宜文化的执行力。知识既是知识主体个人的专属资本，又是企业所拥有的一笔财富，知识拥有的多少以及知识的开发激活程度决定着企业的竞争能力。伴随人力资本投资者在劳动过程中的贡献度的提升及其自主性行为意识的提升，拥有劳动要素的劳动者主体性地位越来越高，这关系到组织生态和组织文化的塑造。华为是一个没有上市的民营企业，庞大的商业帝国却归内部员工100%持股以期个人和组织共同成长，公开提倡"华为不招聘员工，只为寻找合伙人①""用转化资本的形式，使劳动、知识以及企业家的管理和风险的积累贡献得到体现和报偿"，共创、共享、共赢的事业合伙制文化是华为内部价值分配的基本理念。华为当初推行员工持股制度的动机是内部融资，持股员工只有分红权，不享有普通股的其他权利，若退出公司也不享有股票的溢价权。随着企业所处的生态环境不断产生激烈变革，华为先后推出虚拟受限股制度（由工会根据员工贡献发放）、饱和配股（规定持股上限制）、时间单位计划（期权配送，5年为1个单位结算周期）。2013年，华为推出的TUP计划（时间单位计划）实质上是一种股票期权制度，由虚拟股全面转为TUP计划，将员工事业、公司事业捆绑到一起，为实现事业共创、利益共享提供保障。截至2020年，员工持股计划参与人数12.13万，并有持股员工代表会行使股东权力，实现了公司的长远发展和个人贡献有机结合。

华为推行自由雇佣制，坚持选拔制，末尾淘汰制，不求全责备、不要输在终点上的人才竞争机制。华为有内部劳动力市场，通过竞争与协同，使员工找到适合才能发挥的部门，从而保证以知识为纽带的知识主体自汇聚。为达到长期激励员工的目的，华为实行员工晋升双通道制，使专业技术人员和管理人员都能按照自己的能力和特长实现职业晋升，一方面引导更多的技术人员成长为核心骨干、技术专家和资深专家，打造了一支技术生

---

① 此合伙指事业合伙，即基于共同的目标、共同的价值观念、共同的经营理念，较长时期从事着同一个事业，把合伙人个人事业成长融入公司事业成长、把合伙人个人的价值与公司的价值凝聚在一起的过程。

力军；另一方面培养起极具管理才干的高级管理人员，有效平衡了人才发展瓶颈的矛盾。华为弹性、包容、有积极预期的用人制度配以价值共创、利益共享、事业共赢的激励制度充分调动起员工的能动性，最大限度地挖掘员工个人拥有的暗默知识，员工也将华为的管理文化贯彻到自身，努力用业绩证明自己的价值并努力为企业创造价值，从而形成一种有共同愿景和心智模式的组织文化（见图6-5）。

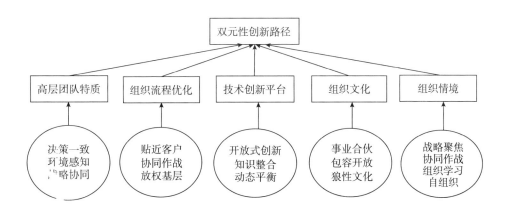

图6-5　华为双元性创新路径架构

资料来源：笔者根据华为的调研资料整理。

4. 来自华为的启示

在开放的知识创新环境中，为了持续地获得竞争优势，华为以知识撬动技术、以技术推动市场、以创新塑造文化、以流程优化促进组织变革，缔造了庞大的技术王国和知识王国并推动华为的商业帝国知识创造和价值创造的实现。华为组织流程、组织资源和组织文化共同成就了华为的组织能力，聚焦核心业务主航道，通过对知识、技术和市场的协作方式、作业过程、运作流程以及管理方式进行不断变革，进而推动组织结构演进和组织文化的重塑，总体上并没有背离传统与秩序，一直在不懈地变革流程和管理体系，能够集合考虑组织的承受能力、成熟度、运作效率和成长力在不影响核心业务的主航道上，以激活拥有的知识、快速响应市场需求为导向，敢于打破平衡、突破惯例、挑战传统，适应快速变化的环境和复杂的竞争，实现企业的长足发展。

第四节　企业双元性创新平衡机制的组织构建策略

一、企业双元性创新路径的跨案例比较与启示

1. 企业成长和发展经历

从新飞电器、佳都科技和华为的发展经历来看，它们都是从国内市场起家，都有 25 年以上的经营历史，都是从国内市场一家名不见经传的小企业发展起来的，都处于或曾处于同行业领先位置，然而结果却不尽相同。其中，新飞和华为曾采取"农村包围城市"的策略，华为已然占据国内市场的鳌头，完成从模仿创新积累原始发展资本到利用成熟技术实施低成本制造，再到探索新技术进行自主创新引领市场，并与国际顶级企业角逐全球市场制高点。新飞电器几经波折，先是大力发展农村市场的成功战略受到了农业补贴政策的巨大冲击而失效、利用品牌优势出售品牌使用权造成了市场混乱，又在发展与成熟技术无关的小家电市场时因为缺少技术优势而失去质量口碑，错误的战略和对市场变化的迟钝最终也没能清醒，反而将失败的全部责任推向了股权的改变。佳都科技作为国内通信行业的一架轻型战机，虽然没与华为一起登上世界领先企业的宝座，却也是行业的佼佼者，牢牢把握着市场的方向，通过资本运作和技术开发两条途径对成熟市场剥离和对新市场扩张，不断改进组织流程促进文化融合和资源整合，已经完成"佳都新太"向"佳都科技"的顺利过渡，同时也在全面进军智能化业务并取得成效。

2. 组织资源和组织流程

通过案例资料可以看出，新飞电器、佳都科技、华为三个创新型企业

都有独特的资源优势及资源流转机制，技术资源、知识资源和组织资源都具有典型的创新内涵，尤其是当三者能够很好地协同时，企业运行极为成功。由新飞电器的前期成功、华为和佳都科技的持续成功可以看出，三者都很注重组织流程的不断优化，通过流程的动态设计、适时变革达到引导资源优化配置的目的。新飞电器在内部管理架构、营销体系、品牌经营上的"三个整合"实现了全公司角度的资源整合，对组织运行效率起到强化作用；佳都科技通过对成熟非战略业务的剥离，将组织资源能力大举投放到智能化业务中，既扩充了原有智能板块的实力（由智能安防升级到智慧城市），又将冗余资源和优质资源成功分离，同时配合流程重构实现新一轮的组织变革；华为的发展历程中以顾客需求为导向，通过不断地完善组织流程，引导组织整体资源以更高效、更便捷的方式实现与市场的对接。企业对技术创新、知识资源和组织资源的整合、配置和驾驭，其差异性主要体现在对组织资源流向的要求不同，组织的竞争力既需要对当前技术和知识资源进行充分挖掘、利用和重构，也依赖于对未来技术能力和知识资源的探索、整合和创造。

　　华为和佳都科技内部都有一个 PDT 动态任务团队，团队成员来自不同的部门、不同的岗位，具有不同的知识储备和技术能力，做到随时征用随时组建随时调整，任务结束后随之解散，极具灵活性和高效性，企业的流程和结构的变革需要根据组织成长不同阶段进行动态调整。往往公司刚起步时由于结构简单容易调度往往很少面临来自流程的桎梏，成熟的大公司在做大做强时遇到增长瓶颈，首先想到的是如何克服"大公司病"，如何避免由盛转衰，而新飞电器反而去向不相关业务扩张，甚至靠卖品牌使用费实现盈利，殊不知现在经济市场上缺少的不是无所不能的企业航母，而是缺少能灵活调度极具成长力的"独角兽"。多元化的直接风险是导致组织资源分散，运营成本提高，运营效率降低，产业关联性弱不能形成范围经济，结果导致顾此失彼，品牌缺乏核心竞争力，国内的巨人、春兰、三株、太阳神，国外的克莱斯勒、西尔斯、惠而浦、施乐等都倒在了多元化的道路上。华为和佳都科技通过战略坚守和战略调整实现在业务主航向的创新优势，一直在思考并不停地优化组织流程，进行组织变革，实行自我革命，而不是盲目地去扩张不相关业务、剥离非战略业务，反而取得了成功。

3. 高管特质和组织文化

一个企业的成功离不开高层管理者的独特战略眼光、开放性的胸襟、一致性认知和包容开放的组织文化。首先，组织采取何种的经营战略适应外部变化，与高层管理团队的领导特质和战略决策紧密相关，他们负责企业战略的制定和执行、负责资源的协调和配置、负责决策和控制，以任正非为首的华为高层为了使企业长盛不衰，一直从战略的高度敏锐地把握着时代的气息和节奏，使华为始终保持高效运作的状态，这种双元心智模式是企业高层管理团队作为一个整体对企业运营和管理的认知体系，是在原有认知基础上不断增加新的知识从而对企业如何运作当前事业和未来事业形成一种观点或预期，并为之不断修正以实现其判断和预期，进而采取某种行动。

其次，高管应该具有高度的认知一致性和行为一致性，只有这样才能保证决策层快速地对市场变化做出反应，更好地解决经营中的各类问题。Mom 等（2015）指出，双元性领导者能深刻理解各种看似矛盾的机会和目标，找到两者的联结处并进行创造性整合。当然高管团队的组成应该有一定的多样性，以保证决策的科学，同时班子内部如何有效互动、如何共同决策、如何整合信息关系到高管团队能否共同行动。从华为高层团队的活动过程来看，高管有明确的分工，保持了相对的稳定性。高层团队除非是战略调整，一般不宜频繁调动，新飞由于中途外资控股，中方高层受到排挤和冷落，致使工作开展相互掣肘，后由于任职多年的高层人员流失使公司经营一度受困甚至停产。佳都科技高层团队决策一致性程度相当高，与一把手的果断和开放胸襟不无关系，但是佳都科技曾于 2014 年空降一名销售出身的副总裁，从原所在公司带来一批优秀销售队伍，这名高管不擅技术、重销售轻研发，为了安置新进的人员，大幅裁撤技术人员，致使研发部门人员流失严重。后来公司高层注意到问题严重性和症结所在，迅速重新组建基础研究和技术开发部门，及时终止失误、挽回损失。

最后，要有包容开放的组织文化。华为提出"应该让听得见炮声的人来决策"，体现了华为员工参与决策的经营理念；全部股票交由员工持有是开放包容的经济体现，将员工的成长预期与公司的成长预期捆绑在一起；内部劳动力市场使企业人力资源的效用得到极大化发挥；人才双通道晋升制、不使自己输在终点上等给员工的成长和发展提供可预期的空间。佳都科技通过组建柔性的任务团队、建立学习团队使员工拥有一个终身学习的培养机制；在人才培养和激励方面建立"科技人才贡献累积金"激励机制、科技人才特殊休假制、高层次人才柔性引进机制、创新型人才"小特区"政策、科研人员弹性工作制、多元化的分配机制等包容开放的企业文化；不同于华为的高淘汰机制，佳都科技将淘汰率控制在 20% 以内，对优秀老员工不限年龄到期自动续聘，培养了一支稳定、忠诚的队伍。新飞电器作为一家有 30 年历史的家电制造企业，以开放性创新组织文化赢得了市场又以封闭阻塞的文化失去了市场；由于制造端技术含量相对较低，内部拥有数千名不具有特殊专长的劳动力队伍，由于缺少良性的淘汰机制和成长机制，致使企业包袱沉重，同时研发端不能与制造端以及客户端进行很好的协调和融合，高层又缺少变革的动力，团队成员缺少凝聚力和向心力，导致企业文化越来越封闭，最终葬送了企业的大好前程。

4. 创新机制与组织特征

一个企业能够持续地立足市场，须有良好的创新机制保证组织有源源不断的知识创造、技术突破、价值创造的能力，而这些长期沉淀到组织体系中的制度化、系统化和内在化的东西构成一个组织最显要的特征。新飞电器前期因为有良好的创新机制和管理机制，较早地在国内建立多个研发部门，创造性地提出速度型研发模式，重视整合外部资源，并建立完善的产学研技术创新联盟，重视人才储备和技术储备，通过宽容的创新理念，使企业在产品创新程度上遥遥领先于国内同行。新飞电器前期的成功得益于开放的创新机制、包容的激励措施、学习型的组织文化，这些内化为制度的组织特质造就了新飞电器的辉煌；而后期，公司管理制度和组织结构基本沿袭了前 20 年的模式，但是执行力却大大减弱，组织的成长力、变革的动力和适应力都急速下降,后 10 年基本无成功经验可循。佳都科技的一体两翼的战斗机模式、员工学习机制、创新资源整合机制、创新联盟机制、创新激励机制构成了一个多层次的创新体系,使公司在行业中一直保持领先的地位;公司的组织结构体系始终在动态的调整之中,不会因为固守一个模式而丧失每一企业发展的机会。华为开放性的创新环境构成一个庞大的知识网络,通过高额的研发投入对接当前和未来领域的技术通道,通过流程创新、文化创新和管理创新提升组织的生命力,既有立足当前市场的技术和知识资本满足现有市场,又时刻保持着对市场的高度警觉不断挑战技术的高度占据技术的制高点,有鲜明包容、开放、柔性和自成长的特征。双元性创新组织平衡机制的组织要素如图 6-6 所示。

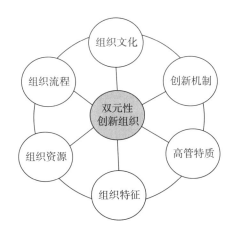

图 6-6 双元性创新组织平衡机制的组织要素

资料来源:笔者根据新飞电器、佳都科技和华为的调研资料整理。

二、双元性创新的组织特征

双元性创新的组织特征如图 6-7 所示。

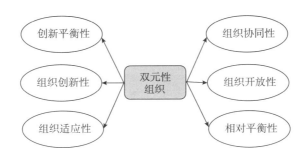

图 6-7　双元性创新的组织特征

资料来源：笔者根据研究内容和案例企业调研资料整理。

1. 创新平衡性

创新平衡性作为双元性组织运行体系中最重要、最本质的属性，其在双元性理论及相关的研究中占据重要位置。在双元性组织的运行体系与机制设计中如何平衡创新资源在两类创新活动中的分配，是双元性创新首要解决的问题。双元性组织是针对组织创新管理悖论而设计的，其创新平衡机制是组织的创新资源与组织的结构功能之间紧密联系、不断作用的过程及机理，也是适应创新平衡的组织和行为的过程、规则与方式。挖掘性创新与探索性创新之间是矛盾的，都需占用组织的资源，能否解决好这对矛盾直接关系到创新能力能否很好地向组织绩效转化，创新平衡机制承担了调整这对矛盾的角色。双元性组织的创新平衡机制是企业这一生命系统适应内外部变革和维持持久生命力的基础。在某种程度上，双元性组织的本质属性表现为"创新平衡性"[1]，其创新平衡机制在促使企业实现经济价值时，促进组织系统不断适应与技术创新路径的协同演化。

---

[1] 有国内学者在研究双元性组织理论时，将"Organizaitional Ambidexterity"直译为"组织创新平衡性"，本书认为，"Organizaitional Ambidexterity"不仅仅是一个概念，它的研究范畴应该是管理理论领域内企业运行的微观机制与宏观模式建构相结合的层面。所谓的"创新平衡性"是"创新平衡机制"在企业实现商业化价值的途径中，组织系统的动态适应与技术创新路径的协同演化的特性，是对机制内在属性的一种刻画，但是并不意味着两者可以混用，或者用前者直接取代后者。形象地说，两者像一体两面："创新平衡机制"是表，反映了系统组成部分的关系和运行；"创新平衡性"是里，揭示的是关系和运行背后的性质和特征。

2. 组织创新性

组织结构是为了能够顺利完成组织的任务而建立的，不同的组织结构有其不同的表现形式、特征和功能。随着组织的进化与发展，企业管理者为实现企业的任务目标，需要不断地对组织结构和组织模式进行创新、改进，以增强组织的适应能力。双元性组织的创新平衡机制是组织为适应环境变化而产生的，其没有脱离组织框架。无论是结构式双元、情境式双元，抑或是领导式双元以及其他，创新平衡机制都是对组织创新管理悖论进行的合理设计。组织结构体系随着知识的流动、技术创新活动的开展，应该是一个有成长力的组织生态系统，能够时刻并有效地满足市场对组织资源调度的需求，也能够将内外部资源进行有效整合并最大化知识创造和价值创造能力。组织的各组成部分是创新平衡机制发挥作用的基础，不以组织系统为依托，创新平衡机制的构建与运作也无从谈起。在不确定性的环境下，组织结构要能够通过对组织惯例的突破改进业务流程，有效地将组织资源整合起来并引导组织资源流向，组织情境要与双元创新路径相适配。

3. 组织协同性

双元性组织创新平衡机制是组织系统内部创新路径与组织适应的一个有机体，具有协同演化性。协同演化性体现在三个方面：一是机制内部挖掘性创新与探索性创新两类创新活动的协同；二是机制与组织系统的协同；三是技术创新与组织创新的协同。第一种协同是从技术创新流在平衡机制的协同作用下的角度，两类创新活动在各自领域内寻求技术突破的过程中，由于双元性创新机制的作用而和谐相处，避免恶性争夺组织资源和能力的情况发生。第二种协同是从技术创新流与组织适应关系的角度，在技术因素和市场因素变化的情况下，组织状态从静态适应到动态适应变化过程中的协同演化，是组织结构对技术创新流动态演变适应的经济合理性的选择。第三种协同是从技术创新与组织创新关系的角度，要求两者要具有匹配性、同步性，该关系表现为组织创新是基础，技术创新离不开一定的组织保障和资源支持；技术创新是关键，其可为组织创新提供生存和发展的机会。

4. 组织开放性

企业是一个动态开放的生命系统，处于一定的社会关系中并受外界环境的影响，始终不断地与外界环境发生关系。环境的变化可以影响和制约企业的组织结构、能力、资源以及未来发展，企业只有建立动态适应性的平衡机制，才能有效运行。创新平衡是动态的，双元性组织创新平衡机制是为企业应对环境变化而产生的，能够保障企业获取稳定的资源，削弱外界变化带来的影响。随着创新路径对资源获得程度的变化，组织系统在自身结构、资源获取、组织文化等方面需要动态适应。创新平衡机制的运行与组织结构、组织资源和组织文化等方面密切相关，离不开组织能力的获取、创新路径的平衡、高层团队的支持、组织成员的一致性、组织文化的包容性与扩展性，创新机制的有效运行需要来自不同方向、层面和过程的均衡力量和一致认知。在内外压力的共同作用下，企业如果进入了激烈的竞争，其必须尽可能地寻求增加自身动能且与环境相适应的有效路径，于是，新的创新平衡在组织自身否定之否定的过程中，实现了新的、更高层次的平衡。

5. 创新平衡性

平衡是相对的，绝对的平衡是不存在的，平衡之中蕴含着运动、变化。在一定条件下，平衡机制内部错综复杂的关系相互影响、相互作用，且不断运动变化，才能维持相对平衡。双元性组织中各种创新平衡要素在创新平衡机制这一统一整体内相互联系，纵横交错，构成了系统的整体平衡。平衡状态不是一成不变的，而是相对的、暂时的，创新平衡的这种状态是在创新平衡机制作用下的组织系统的综合平衡，是有条件的，不是始终如一的必然平衡，系统中必定存在某一局部、要素、单元或子系统处于不平衡状态，这也正是需要创新平衡机制对其进行协调和平衡之处。

6. 组织适应性

双元性组织的组织系统和技术创新系统包含的要素和变量错综复杂，为了适应发生在组织外部错综复杂和动态多变的环境，满足双元性创新所需的结构形式和运作方式，需构建出适合两类创新并行的创新平衡运行机制，才能同时应对当前发展和未来趋势日新月异的需求。一方面，外部环境的快速变化影响组织系统，进而影响技术创新系统，这就要求企业重新构建技术创新路径和组织资源匹配路径，推动组织自发地适应环境变革并走向新的平衡；另一方面，技术创新系统影响组织系统并会使外部环境发生巨大变化，企业必须面对不断变化的外部环境，其组织结构需具有对环境的高度敏感性和自主的适应性。组织的流程、结构、文化、要素等需要有自我反馈、自我调整和自我成长机制，才能经得起当前市场的考验和未来的挑战。

三、双元性组织体系的构建模式与策略

双元性组织体系的运行架构如图6-8所示。

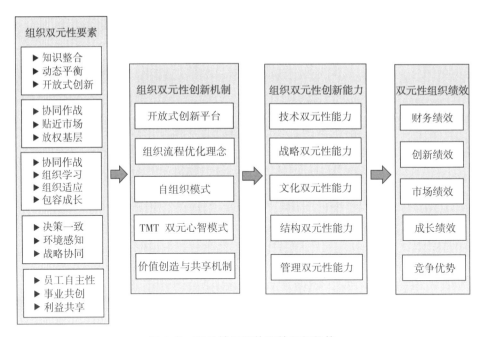

图6-8　双元性组织体系的运行架构

资料来源：笔者根据研究内容和相关资料整理。

1. 基于知识整合的开放式创新模式

在开放性的组织环境下，企业通过对内外部关系的治理调动组织内外

部知识资源，并通过有效的整合手段实现内部知识网络和外部知识网络的融合，进而实现知识的内部化、制度化和体系化，形成整合性知识促进知识创造并带动价值创造。一方面，知识的整合过程本身就是知识创造的过程；另一方面，整合性知识是技术创新的核心资源能够促进新价值的创造。对于企业来说，有效地整合应该基于工作目标、客户需求、市场适应和未来成长建立知识整合机制，借助信息技术、知识网络、数据库、公司内网、协议合同、商业对接、出版物、视听材料等各种途径，对知识、数据和信息进行梳理、筛选、汇总和编码，通过各种技术手段实现组织层面的知识整体迁移、储存和内化。按照双元性理论的观点，双元性组织的技术创新体系必须在创新活动开展前对创新路径做出安排，如知识资源的调取、技术资源的投向、组织流程的安排。开放式创新下企业同时依托组织内部资源或外部资源安排挖掘或探索创新活动，组织内外部知识的整合是创造互动的基础，利用不同层面的知识流转、跨界合作研发、联盟关系或兼并收购等组织形式对创新资源投向进行配置，由此内外部两大关系治理下的知识整合成为开放性创新模式下组织调动内外部资源的关键环节，企业通过合适的技术手段和组织形式构建组织知识整合机制以形成开放式创新的知识基础。开放式创新模式下，组织内外部知识克服异质性实现快速融合和重构，做到协同、准确和高效，才能平衡好内外部知识资源，在探索性创新路径上通过新知识的运用不断激活知识创造的能力、在挖掘性创新路径上利用整合性知识提升改进现有产品和技术的能力。华为正是通过与企业客户、竞争对手以及各类产学研机构共建联合创新中心，聚合全球优质资源，打造了一个基于知识网络、面向全球、拥抱开源的开放性创新平台。

2. 基于动态平衡的组织流程优化理念

创新的本质就是变革，创新活动就是通过知识和技术的新组合捕捉市场的细微机会并找到符合这种机会需要的解决途径。在原有技术层面通过对产品的更新和改进可以满足客户需求，在新的技术层面通过新知识创造全新需求可以引领客户需求，故为客户创造价值是业务流程优化的根本方向。企业组织内部流程不够完善时，组织成员是无法及时察觉到市场的变化和用户的需求的；而当组织流程僵化、固化、机械化时即使察觉到市场变化也无法做出快速的响应从而丧失机会。Christensen（2010）认为，尽管破坏性业务需要自由的空间进行，成功的企业在空间地域上与核心业务分离并不真正具有自我破坏的能力，而关键要点在于流程的优化和价值观的建立，破坏性创新更需要新的流程。反过来组织双元性创新活动也能够推动企业整体创新（徐雷和魏江，2013），这个过程会对整合性知识产生新的需求，会有突破现有业务边界的期望。

在瞬息万变的环境下，企业不仅要识别市场变化，更应该有应付这种变化的能力，既要有利用现有组织流程和知识资源来满足现有客户的能力，也要有打破组织平衡产生破坏性创新的能力。只有具有动态性、可塑性和成长性的流程特质，组织才能适应这种日新月异的变化，任何组织形式最主要的功能就是快速洞察市场变化并高效做出反应。例如，佳都科技的无固定模式的组织流程模式、华为的铁三角组织模式都是业务随市场和用户需求组建的，其组建迅速、收放自如、执行效率高、不受体制羁绊。但这并不是说对组织流程不需要控制，仅仅通过打破平衡寻求正确的解决方案还不够，还要将正确的解决途径内化到组织程序并进行制度化控制，要求组织成员能够理解并执行这些组织规则，以保证组织常规事务的效率和执行力。现代企业组织要基于动态观和平衡观构建组织流程，并使这种流程不成为约束自身的桎梏，而是成为不断打破自身惯例进行持续更新的否定之否定机制。

3. 基于三维创新融合的自组织模式

一个企业的组织模式的有效性首先体现在具有很强的创造力、生命力和竞争力上，同时能够在环境的动态变化中根据发展需要灵活调整自身结构形式和资源方向、实现组织的自我修复和成长。企业的知识和技术是启动创新能力的基础，组织成员从事创造性的学习和工作时组织也才最具有创新能力（陈春花，2015），也就是说组织的自组织化程度与创新能力正相关。按照双元性理论的观点，组织的挖掘性创新活动与探索性创新活动素有冲突，传统理论的空间分离和时间分离似乎并不是有效的解决途径，往往隔断了现有业务和新业务的联系，也为组织的协同和整合带来了新的难题。如果组织能够解决成员的分工和协作问题，能够实现整合性知识的创造功能，能够提升组织对环境变化的反应能力，即能同时激活协同性、整合性和创新性效应，则这种企业更具有胜任力。本书构建的三维融合创新机制，是知识、技术和组织的协同与融合逻辑假设，而众多的企业在组织生命力和竞争力上的实践说明了，在当前业务和未来业务的平衡机制上超越传统组织的科层形式，同时处理好常规作战与应急作战，具有自我修复与自我适应的能力才能真正克服创新的悖论。华为的以项目为中心面向客户提供更高水平的服务模式，打破了传统组织的边界分割和制约，能迅速响应用户需求，具有很强的环境适应能力和自我成长能力，组织更具柔性和张力。

自组织模式最适合创新型、知识型或高端制造型企业，目前国内大部分成功企业都经历过完成原始积累下的传统组织形式时代，而在知识经济时代和信息技术时代来自知识主体的自主性、环境变革的不确定性、竞争的多变复杂性等的各种冲击对传统组织产生颠覆性影响（Bernstein et al.，2006），现代组织革命的炮声已然听得见，而有远见的创新型企业、知识型企业率先将传统组织与自组织形态相融合，在已经建立起来的完善的企业制度中引入自组织元素。例如，海尔的去层级化以满足客户需求与员工需求的自主经营体模式、小米的去中心化下的事业合伙人负责制组织模式、华为的以客户需求和市场变化为导向的铁三角组织模式、佳都科技的无固定组织的任务团队模式，都是在环境巨变下企业对传统组织模式的一种超越。基于知识、技术和市场的业务自组织逻辑与基于专业化分工、职能分工和责权利关系的传统组织逻辑具有不同的管理模式。一是自组织模式没有严格意义上的角色分工，组织成员都是业务相关联的独立决策个体，尽管负责的事务因专业有别，但这种差异来自知识结构与承担任务之间的不同匹配，在团队中的地位都是平等的，其知识创造性、高度协同性、行动自主性是自组织的组建关键。二是不同于传统组织强调的有序、规则和权责对称，自组织模式是对秩序、规则和权威的挑战，混序、自主决策、打破组织规则和边界、高效对接市场，其创新性、柔性和整合性是自组织成长的关键。在"知识—技术—组织"三维融合机制下，技术创新系统中由于知识与技术的无缝对接使得知识和技术本身的自成长问题得到解决，快速识别和响应客户和市场需求成为可能，从而使企业技术创新系统中价值创造能够不依赖于传统组织机制进行，企业组织实现了自我优化和适应。

4. 基于战略共识的 TMT 双元心智模式

企业高层管理团队（TMT）由拥有某方面专业或专长的精英团队构成，处于企业经营管理的最高层次，掌握着企业的决策权与控制权。在公司早期的原始积累期，企业高层往往是一个人，具有绝对的权威；随着公司规模的扩大和市场的成熟，企业高层由多人构成，是组织知识和能力的一个结合体，一般采取团队决策。企业管理实践中高层团队式运作比单独个体具有越来越高的组织效率、越来越有效的决策和控制。研究发现企业高层管理团队的规模越大，越倾向于采取新的战略（Brunning et al., 2007）。高层管理团队由于专业、经历、认知或情感等因素可能引发冲突，基于知识的冲突观认为建设性冲突有助于集思广益，提高决策效果，建设性冲突一般指认知冲突而非情感冲突。心智模式是惯性化认知框架或心智机制，是认知主体利用这种机制对认知对象的心理活动过程（Rouse & Morris，1986），包括判断、分析、选择和决策等。借鉴赵璐（2011）的心智模式定义，本书认为高层团队双元心智模式是企业高层团队这一认知主体对企业运营和管理的认知体系，是在原有认知的基础上不断增加新的知识，从而对企业如何运作当前事业和未来事业形成的一种观点或预期，并为之不断修正以实现其判断和预期，进而采取某种行动或调控措施。

实践表明，企业高层团队如何互动、如何共同决策是能否共同战略行动的关键，而班子的分工明确、信息共享、相对稳定、认同公司价值观是达成战略共识的基础，是影响战略决策的重要因素。从新飞电器来看，企业前期的成功有赖于以刘炳银、李根为核心的高管团队的高认知一致性和高行为一致性，而后期的失败与高管团队的队伍动荡、情感冲突、认知不一致、决策困难有直接关系，企业的事业也因之缺乏成长性。从华为来看，以任正非、孙亚芳等为核心的高管团队在战略决策、流程优化、组织变革和运营管理等方面的高度信任、通力合作和一致性行动与企业的成功关系密切。企业在当前和未来领域选择正确的业务范围，进行战略部署，为避免个人的经验和过去的经验误导，须启动团队决策模式，基于组织情境和资源能力确定哪些业务是战略重点，哪些业务应该放弃或边缘化，高层团队的理性、共识、知识结构和双元性思维成为影响组织战略决策的重要因素。佳都科技放弃成熟的通信增值业务而将资源部署到智能化业务，正是基于高层团队对未来的判断和预期，佳都科技 TMT 的双元心智模式挑战了固有的价值观，将战略重点部署到新的业务部门并顺势推进流程优化和组织变革，而空降的有认知性冲突和关系性冲突的副总裁小插曲险些将佳都科技置于死地。企业实践表明，基于战略共识的高管团队双元心智模式是企业进行双元创新活动的认知机制和决策机制，这种心智模式既是企业运作和决策的基础，也是影响组织文化和员工心智的重要因素，在双元性组织构建中应予以重视。企业在甄选高管团队时要注意个人背景、职业经历、知识结构、战略性眼光、价值观念，高管团队双元心智模式的组建上要注意团队的异质性、角色分工、行为的一致性、相对稳定性、共同决策的方式以及团队沟通氛围。

5. 基于事业合伙制的价值创造与共享机制

从事业合伙人制度的管理实践来看，它既不是传统意义上的企业合伙，也不是法律意义上的企业合伙，而是一种公司制企业与合伙文化嫁接产生的对抗内外部环境变化的公司内部治理模式的组织回应。事业合伙人制度将利益一致性标准和主体一致性标准扩展到一般性人力资本投资者，通过利益共享、风险共担实现收益和风险的匹配，部分事务决策权的赋予又让合伙人的权与利结合成为可能。这种制度模式旨在通过分享机制的设计实现激励目又达到不稀释控制权的治理效果，通过合伙人的特殊责任设定，建立起控制交易行为和实现收益的途径与规则，一方面这些主体成员间的关系是靠合伙合约约束；另一方面又不妨碍组织科层本身的权威和规则、不违反法律的规制和准绳，从而保证效率、兼顾公平。

为快速应对市场变化，实践中很多企业开始把一定的权力和利益让渡给那些距离市场和客户更近的成员。例如，2009 年阿里巴巴开始推行合伙人制度，体现了其财富分享的激励文化，合理的基础薪酬加上所有阿里人都可以通过期权奖励政策分享公司财富增长带来的收益以及各子公司的股权激励计划，这样以阿里文化和价值观念为凝聚力的财富分享机制，在阿里巴巴国际化管理进程中提供了丰富的人力资本支持。2013 年阿里巴巴筹备上市，因为这种股权结构安排的创新不被上市的首选地——香港交易所接纳，阿里巴巴宁愿放弃在香港上市，而辗转到纽约证券交易所上市，选择坚守合伙人制度。再如 2014 年万科推行事业合伙人制度，实行合伙人持股并将其纳入集体资产计划和项目分级跟投制度之中，项目一线管理团队的利益与公司利益捆绑在一起，实现了特殊性人力资本与关键性人力资本、一般性人力资本的"联姻"，财物资本与特殊性人力资本的"联姻"，以及财物资本与多元化人力资本的"联姻"。这三大"联姻"是以人力资本为契合点将庞大的管理层和一线员工的知识进行资本化融合，印证了知识共同体在知识经济时代对企业管理变革中人力资本参与财富分享的重要意义。万科总裁郁亮表示，万科推行事业合伙人制度是为进一步激发精英团队的主人翁意识、工作热情和创造力，强化经营管理团队与股东之间共同进退的关系，为股东创造更大的价值。通过人力资本与财物资本"联姻"，激励政策向中基层人力资本倾斜，实现从所有者、经营者再到劳动者的利益捆绑和风险捆绑，达到责任、风险和利益的高度统一，个人与组织的高度融合，体现治理过程中知识共同体到风险共同体再到命运共同体的逻辑转变。诸如华为、复兴都在平衡组织发展和个人发展上选择基于事业合伙精神的价值创造与共享机制，本质上是多元化人力资本参与企业财富分享机制的创新，不同层次的人力资本所有者参与分享企业利润是现代经济社会背景下企业完善内部治理结构和改进激励制度过程中重点考量的内容。

四、双元性组织体系运行建议

1. 组织运行效率

大部分企业发展受阻的根本原因并不是创新的失败或成功率低，而是没有很好地组织创新业务并配以与之相适应的组织架构体系。考察一个组织成功的因素也绝不仅是单纯的经济效益，经济效益也不仅指财务绩效，还包括企业的创新面、市场面、学习和成长面、竞争面等更丰富的内涵，这也是只把眼光紧盯着财务指标的大多数企业不能持续成功的直接原因。财务面不仅指收入增长、利润增长或成本费用控制，还包括资本运作、品牌优势扩展能力、多元化产业的协同和管理能力；创新面包括双元性组织的各项创新能力，如技术双元、战略双元、文化双元、结构双元和管理双元对技术创新的直接贡献度；市场面包括企业核心业务的市场份额、信息或资源获取能力、外部关系治理能力、快速响应能力、老客户的忠诚度、新客户的满意度等；学习和成长面包括组织学习能力、知识整合及创造能力、组织适应能力、人力资本构成、培训和员工成长、组织流程优化等；竞争面包括行业地位、核心竞争力、与外部机构的合作能力、市场抗击能力等。

如果管理者能不以财务报表和指标约束组织张力，而从经济绩效的结果去倒溯创新来源，就不难理解何谓组织能力。从企业实践来看，即使大多数企业都在各种内外部压力下不断调整组织结构，却仍然没有找到一种能够完全地、一劳永逸地解决专业化管理与一体化管理冲突的组织运行模式。挖掘性创新和探索性创新的资源争夺贯穿组织存续的始终，双元性组织作为一种组织方式或手段，以解决创新悖论为目的，以平衡挖掘性创新与探索性创新为核心，以持续提高组织的生存与发展能力为目的，无论是企业的战略层、认知层，还是主体层、行为层、文化层等都有双元性内涵，企业需要结合自身业务特征和组织资源能力做出系统安排，而非一味地追求完美的组织架构，应该选择一种适合自身持续发展的机制，而非头疼医头、脚疼医脚。

2. 组织运行机制

在知识经济和信息技术迅速发展的形势下，企业需要以开放性的战略姿态拥抱市场变化，在企业不同的发展阶段综合运用知识的、技术的和组织的手段平衡好内部挖掘与探索的关系形成自身的独特竞争优势，以开放、合作、包容、协同的理念整合外部知识网络和企业生态圈中的挖掘和探索。第一，企业技术创新系统宜由封闭式创新转变为开放式创新，以承载企业生态圈知识资本交融、社会资源整合的需要。第二，企业的组织架构体系与技术创新系统须步调一致，流程优化、架构调整、结构重组、要素流转机制不仅是对环境变化的适应或被动调整，而且还通过事前的优化、安排和建构与创新系统形成联动，来支撑挖掘和探索路径平衡并消除或转化冲突，结合自身战略重点、业务性质和资源优势建立自组织成长机制。第三，组织学习系统要与技术创新系统相适应，新经济新环境以知识和创新为基础，全球知识量呈指数增长，众多公司的实践表明组织学习的有效方式正从被动式、培训式学习转向主动的行动式学习、应用式学习，学习与工作同步发生，技术的改进和重大突破需要各级团队和个人投入到新的学习过程，不断增长知识、提升技能、调整心态，在组织整体层面需要打造跨职能学习文化，把学习的动力、组织结构、知识流动和新技术开发和应用结合起来。第四，组织创新氛围要以知识和创新为血液，从全局和系统的观念建立组织经营哲学。多元化、差异化的高管团队应以战略协同为导向，在行为一致性、共同决策、共同承担上协同一致、达成战略共识，从宏观层面上引领公司战略走向的双元心智模式，并带动全员树立双元心智。第五，在人力资本多元化时代，注意员工的成长预期与公司的成长预期一致性，给员工的成长和发展提供可预期的空间；给知识主体一定的自由发挥空间和自主决策空间，建立事业共创、利益共享的创造与分配制度基础。

第七章 研究结论与未来展望

第一节 主要结论

本书从知识整合的视角，结合组织学习理论、网络关系理论对企业双元性创新平衡机制及组织实现模式展开研究，研究综合运用理论的和实证的方法，并结合多个企业创新实践案例对理论框架、概念模型进行了分析和验证，主要的研究结论如下：

第一，知识经济和信息技术时代对企业技术创新模式和组织适应机制提出新的挑战，来自知识和技术融合的双重驱动，基于要素层面的知识创造、基于过程层面的技术创新和基于结构层面的组织演进，共存于企业创新生态系统，通过由点到线再及面的"知识—技术—组织"三维连接，实现企业的整合效应、协同效应和创新效应的三维融合效应。企业是一个生命体，在环境变革下的自然选择过程和自身战略定位的主动适应过程的共同作用下驱动了组织系统的演化方向，也因此决定了组织结构的形式和内容。实质上，企业组织系统的演化就是以组织结构变革为载体的动态过程，企业技术创新活动的过程是通过知识、技术和组织的三维连接在融合效应下对组织知识力量、技术创新路径和组织演化方向进行选择和适应的过程。

第二，组织是一个多层次的知识体系，知识整合是激活知识存量与组织资源得以匹配并有效转化为创新动力的主要推动力量。通过对知识整合机制以及知识整合视角下双元性创新活动过程的考察可以看出，以知识为核心的组织学习是促进组织双元性创新活动的基础，知识获取、转化和应用是技术创新的前提，不同的创新流在知识创新的驱动下沿着既定的技术轨道进行挖掘性创新与探索性创新，在技术活动过程中汲取的知识流向不同的方向，也将组织资源引向不同的组织过程。一方面表现为组织流程的规范以及组织惯例的形成，组织积累知识存量的深度和广度决定了组织搜寻的创新途径和创新空间，并在现有的技术轨道上加快创新的步伐和扩散速度；另一方面表现为组织进化过程中技术过程与组织系统的冲突，导致组织成员思维和组织惯例不同程度的改变，以至于冲破原有的业务边界或组织边界，渐以形成新的组织系统。

第三，由组织学习、知识整合与双元性创新的关系机理推演与实证分析的结果可见，企业知识资源的学习效应、整合效应和创新效应具有方向一致的协同作用。在考察知识创新系统、技术创新系统和组织创新系统协同演化及趋势时应注意企业的组织学习基础和知识整合机制的影响。企业竞争优势的持续不仅要有良好的学习氛围，也离不开组织知识资源的系统性和集成性，需要有效的知识整合平台和机制支撑，完善的知识整合平台对开展双元性创新具有积极作用，这为企业突破组织悖论进而实现双元性创新指明新的视角和方向。对于企业来说，良好的组织学习氛围和开放式的交流机制，有助于双元性创新氛围的形成。企业应注意营造积极的学习氛围，打造良好的知识整合平台，在充分挖掘现有知识能力的同时不断探索知识的蓝海，以应对快速变化的市场环境和满足持续成长的需求。

第四，在网络环境下，不同企业基于自身业务战略的需要，在创新资源的分配上优势各异，不仅组织内部与组织间，甚至从整个产业角度来看，彼此间都存在着激烈的竞争，企业的知识资源获取方式也超越组织边界，外部知识资源日益超过内部知识资源成为企业突破技术创新的关键性资源。企业间的关系由点对点逐步发展为以企业为中心的点对面关系，以产业为中心的链式关系和以行业、市场和集群地为中心的网式关系。从内外部网络关系视角来看，双元性创新的能力生成方式发生变化，关系治理方式和手段应从组织个体层面扩展到组织间层面，从单个的企业主体扩展到复杂的网络成员间，企业通过与外部网络不同程度的合作能实现内部创新资源的快速价值化，为企业充分利用当前的成熟资源和谋取未来创新的制高点、获取竞争优势提供可能；从创新环境视角来看，企业应建立起开放式创新机制，通过内外部网络关系沟通互动，将组织网络发展的内部逻辑与外部逻辑连接一体，在当前领域和全新领域都能更好地捕捉战略机遇，凝聚成超越自身的资源整合能力和网络聚合能力，提升双元性创新能力。

第五，企业的知识创造和技术创造最终决定了企业的财富创造和价值创造，在知识经济时代，企业的财富创造来自多元化的人力资本的专业分工和协作，不同层面的人力资本投资者都具有经济价值的专门知识和多种技能，在某种意义上，他们也变成了所在经济组织的资本家。在专业化分工和协作劳动中，每个经济主体都应在资本运动中实现价值增值，对于企业而言，应建立多元人力资本价值体系，并以之引导企业知识体系的构建，促进以企业创新为导向的个体知识体系、团队知识体系与组织整体知识体系的高度融合。企业运行实践表明，事业合伙人制度是将创新主体及其组织高度融合的有效手段。

第六，双元性组织构建不仅是创新路径的选择，更是融合知识、技术和组织要素的复杂过程，在企业文化、组织结构、流程优化和战略定位等方面与技术创新系统相适应，使组织成员对组织有强烈的认同感和凝聚力，形成有新的生命力的组织模式。本书选取的三个典型企业创新实践案例分析以及更多的企业访谈实例表明，高层团队的理性、共识、知识结构和双元性思维成为影响组织战略决策的重要因素，基于战略共识的高管团队双元心智模式是企业进行双元创新活动的认知机制和决策机制，也是影响组织文化和员工心智的重要因素。

第二节　研究局限与未来研究展望

由于研究条件局限，本书还有很多值得推进的地方。首先，要进一步扩大对企业案例调研的范围、深度和时间跨度，了解企业运行实践的更多细节，提出更多有针对性的、更加具体的建议。其次，开放式创新、网络能力对双元性创新能力的影响机理还有待探讨。最后，高管团队的双元心智模式及其组织决策和战略选择对双元性创新绩效的影响机理和实证分析也有待加强。在后续的研究中，将继续推进对这些问题的探讨。

参考文献

蔡灵莎：《双元学习、知识整合与对外直接投资绩效研究》，《软科学》2020年第 2 期。

曹霞、刘国巍、付向梅、李博：《基于网络视角的知识整合过程机理及仿真》，《科学学研究》2012 年第 6 期。

曹兴、李星宇：《基于双元学习的联盟企业技术能力提升过程实证研究》，《系统工程》2017 年第 2 期。

陈静：《基于过程视角的知识整合能力形成机理》，《科技管理研究》2010年第 22 期。

陈力、鲁若愚：《企业知识整合研究》，《科研管理》2003 年第 3 期。

陈明、周健明：《企业文化、知识整合机制对企业间知识转移绩效的影响研究》，《科学学研究》2009 年第 4 期。

高巍、倪文斌：《学习型组织知识整合研究》，《哈尔滨工业大学学报（社会科学版）》2005 年第 3 期。

高巍、田也壮、姜振寰：《企业知识整合研究现状与分析》，《研究与发展管理》2004 年第 5 期。

洪银兴：《现代化的创新驱动：理论逻辑与实践路径》，《江海学刊》2013年第 6 期。

胡冬梅、陈维政：《双元战略及其实现路径》，《软科学》2012 年第 10 期。

胡京波、欧阳桃花、曾德麟、冯海龙：《创新生态系统的核心企业创新悖论管理案例研究：双元能力视角》，《管理评论》2018 年第 8 期。

纪慧生、陆强、杨健康：《基于知识网络演化的企业知识网络建设策略》，

《华中农业大学学报（社会科学版）》2010 年第 5 期。

简兆权、刘念、黄如意：《动态能力、企业规模与双元创新关系研究——基于 fsQCA 方法的实证分析》，《科技进步与对策》2020 年第 19 期。

简兆权、吴隆增、黄静：《吸收能力、知识整合对组织创新和组织绩效的影响研究》，《科研管理》2008 年第 1 期。

焦豪：《双元型组织竞争优势的构建路径：基于动态能力理论的实证研究》，《管理世界》2011 年第 11 期。

金碚：《全球竞争新格局与中国产业发展趋势》，《中国工业经济》2012 年第 5 期。

克莱顿·克里斯坦森：《创新者的窘境》，胡建桥译，中信出版社 2010 年版。

李桦、彭思喜：《战略柔性、双元性创新和企业绩效》，《管理学报》2011 年第 11 期。

李剑力：《探索性创新、开发性创新与企业绩效的关系：基于组织结构特性调解效应的实证分析》，《技术经济》2011 年第 2 期。

李金华、孙东川：《创新网络的演化模型》，《科学学研究》2006 年第 1 期。

李利霞、黎赔、肆唐慧：《间断均衡和双元均衡模式下企业多元化与绩效关系分析》，《南华大学学报（社会科学版）》2010 年第 2 期。

李忆、司有和：《组织结构、创新与企业绩效：环境的调解作用》，《管理工程学报》2009 年第 4 期。

梁阜、张志鑫：《外部知识搜索及其双元性的创新效应》，《情报杂志》2019 年第 1 期。

林向义、王艳秋：《集成创新中的知识整合模式研究》，《科学管理研究》2011 年第 3 期。

凌鸿等：《双元性理论和概念的批判性回顾与未来研究展望》，《外国经济与管理》2010 年第 1 期。

刘静华、喻登科、周荣：《新经济环境下新型二元创新体系研究：技术创新与商业模式创新矛盾统一视角》，《科技进步与对策》2018 年第 23 期。

刘岩芳、袁永久：《面向知识创新的组织内部知识整合层级研究》，《情报科学》2012 年第 12 期。

刘洋、魏江、应瑛：《组织二元性：管理研究的一种新范式》，《浙江大学学报（人文社会科学版）》2011 年第 6 期。

罗仲伟、任国良、焦豪、蔡宏波、许扬帆：《动态能力、技术范式转变与创新战略：基于腾讯微信"整合"与"迭代"微创新的纵向案例分析》，《管理世界》2014 年第 8 期。

马蓝、安立仁、张宸璐：《合作经验、双元学习能力对合作创新绩效的影响》，《中国科技论坛》2016 年第 3 期。

［美］彼得·圣吉：《第五项修炼：学习型组织的艺术与实务》，郭进隆译，上海三联书店 2001 年版。

［美］亨利·切萨布鲁夫：《开放式创新进行技术创新并从中赢利的新规则》，金马译，清华大学出版社 2005 年版。

［美］克莱顿·克里斯滕森、［加］迈克尔·雷纳：《创新者的解答》，李瑜偲、林伟、郑欢译，中信出版社 2010 年版。

［美］迈克尔·波特：《国家竞争优势》，李明轩、邱如美译，华夏出版社 2002 年版。

［美］迈克尔·波特：《竞争优势》，陈小悦译，华夏出版社 2005 年版。

［美］迈克尔·波特：《竞争战略》，陈小悦译，华夏出版社 2005 年版。

庞大龙、徐立国、席酉民：《悖论管理的思想溯源、特征启示与未来前景》，《管理学报》2017 年第 2 期。

彭灿、曹冬勤、李瑞雪：《环境动态性与竞争性对双元创新协同性的影响：资源拼凑的中介作用与组织情绪能力的调节作用》，《科技进步与对策》2021 年第 20 期。

彭灿、李瑞雪、杨红、余鹏：《动态及竞争环境下双元创新与企业可持续发展关系研究》，《科技进步与对策》2020 年第 15 期。

彭新敏、吴丽娟：《二重网络、学习平衡与企业绩效关系研究》，《科技进步与对策》2012 年第 21 期。

任皓、邓三鸿：《知识管理的重要步骤：知识整合》，《情报科学》2002 年第 6 期。

任胜钢、宋迎春、王龙伟、曹裕：《基于企业内外部网络视角的创新绩效多因素影响模型与实证研究》，《中国工业经济》2010 年第 4 期。

任志安：《超越知识管理：知识治理理论的概念、框架及应用》，《科研管理》2007 年第 1 期。

任宗强、陈力田、郑刚、吴志岩：《创新网络中技术整合的协同及动态竞争优势》，《科学学与科学技术管理》2013 年第 4 期。

［日］野中郁次郎、竹内弘高：《创造知识的企业：日美企业持续创新的动力》，李萌、高飞译，知识产权出版社 2006 年版。

芮明杰、邓少军：《产业网络环境下企业跨组织知识整合的内在机理》，《当代财经》2009 年第 1 期。

芮明杰、樊圣君：《"造山"：以知识和学习为基础的企业新逻辑》，《管理科学学报》2001 年第 3 期。

舒尔茨：《论人力资本投资》，吴珠华等译，北京经济学院出版社 1990 年版。

孙彪等：《不确定性、知识整合机制与创新绩效的关系研究：基于技术创新联盟的特定情境》，《科学学与科学技术管理》2012 年第 1 期。

孙耀吾、常逢梅：《基于吸收能力的联盟企业知识整合"风景模型"与实证研究》，《软科学》2012 年第 1 期。

王大洲：《企业创新网络的进化与治理：一个文献综述》，《科研管理》2001 年第 5 期。

王敏、陈继祥：《二元组织协同下人力资源管理的功能研究》，《中国人力资源开发》2008 年第 6 期。

王如富、徐金发、徐媛：《知识管理的职能及其与组织学习的关系》，《科研管理》1999 年第 4 期。

王耀德：《技术创新的需求拉力与科技推力》，《中国人民大学学报》2003 年第 4 期。

魏江、焦豪：《创业导向、组织学习与动态能力关系研究》，《外国经济与管理》2008 年第 2 期。

魏江、刘锦、杜静：《自主性技术创新的知识整合过程机理研究》，《科研管理》2005 年第 4 期。

魏江、王铜安：《知识整合的分析框架：评价、途径与要素》，《西安电子科技大学学报（社会科学版）》2008 年第 2 期。

魏江、王铜安、喻子达：《知识整合的实现途径研究：以海尔为例》，《科研管理》2008 年第 3 期。

魏江、郑小勇：《关系嵌入强度对企业技术创新绩效的影响机制研究：基于组织学习能力的中介性调节效应分析》，《浙江大学学报（人文社会科学版）》2010 年第 6 期。

邬爱其：《企业创新网络构建与演进的影响因素实证分析》，《科学学研究》2006 年第 1 期。

武亚军：《中国本土新兴企业的战略双重性：基于华为、联想和海尔实践的理论探索》，《管理世界》2009 年第 12 期。

谢洪明、吴隆增、王成：《组织学习、知识整合与核心能力的关系研究》，《科学学研究》2007 年第 2 期。

谢蓉、凌鸿、张诚：《流程柔性研究：组织双元性理论的借鉴》，《软科学》2012 年第 6 期。

辛冲、冯英俊：《企业组织与技术的协同创新研究》，《研究与发展管理》2011 年第 1 期。

邢小强、仝允桓：《创新视角下的企业网络能力与技术能力关系研究》，《科学学与科学技术管理》2007 年第 12 期。

熊胜绪、栾卓坤：《企业技术创新视角下的互补知识整合机制研究》，《山东社会科学》2014 年第 10 期。

徐金发、许强、王勇：《企业的网络能力剖析》，《外国经济与管理》2001 年第 11 期。

徐雷、魏江：《集群企业跨边界网络整合与二元创新能力共演》，《科学学研究》2013 年第 7 期。

徐露允、曾德明、张云生：《知识网络密度与双元创新绩效关系研究》，《研究与发展管理》2018 年第 1 期。

薛捷：《区域创新中企业的交互式学习及其组成结构研究》，《科研管理》2010 年第 1 期。

薛澜：《基于知识的企业组织结构演化的模型分析》，《清华大学学报（哲学社会科学版）》2005 年第 4 期。

杨莹、于渤、吴伟伟：《技术学习率的双因素测度模型研究》，《软科学》2010 年第 7 期。

余菲菲、黄永春、张颖：《科技型中小企业平衡"探索—开发"创新路径研究：基于 KIBS 企业嵌入视角》，《科技进步与对策》2013 年第 1 期。

余光胜：《企业发展的知识分析》，上海财经大学出版社 2000 年版。

臧金娟、李垣、魏泽龙：《双元模式选择对企业绩效的影响：基于跨层视角的分析》，《科学学与科学技术管理》2012 年第 9 期。

詹勇飞、和金生：《基于知识整合的知识网络研究》，《研究与发展管理》2009 年第 3 期。

张宝生、张庆普：《基于耗散结构理论的跨学科科研团队知识整合机理研究》，《科技进步与对策》2014 年第 21 期。

张钢、倪旭东：《知识差异和知识冲突对团队创新的影响》，《心理学报》2007 年第 5 期。

张钢、倪旭东：《知识冲突过程：一个案例研究》，《研究与发展管理》2006 年第 5 期。

张辉：《全球价值链理论与我国产业发展研究》，《中国工业经济》2004 年第 5 期。

张洁梅：《知识整合理论研究的前沿及未来》，《经济问题探索》2013 年第 7 期。

张可军：《基于知识离散性的团队知识整合途径研究》，《科技进步与对策》2011 年第 12 期。

张庆普、单伟：《企业知识转化过程中的知识整合》，《经济理论与经济管理》2004 年第 6 期。

张晓第:《创新驱动在转变经济增长方式中的理论与实践探索》,《经济研究
　　导刊》2008 年第 3 期。

张延锋、李垣:《能力、资源与核心能力形成分析》,《科研管理》2002 年
　　第 4 期。

张玉利、李乾文:《双元型组织研究评介》,《外国经济与管理》2006 年第
　　1 期。

赵浩兴、彭星闾:《构建"创新力—控制力"辩证统一的企业持续成长机
　　制》,《科技进步与对策》2008 年第 1 期。

赵隽:《企业核心竞争力整合策略研究:知识管理视角》,《科技管理研究》
　　2010 年第 10 期。

赵涛、艾宏图:《产业集群环境下的知识创新体系研究》,《科学管理研究》
　　2004 年第 1 期。

赵修卫:《组织学习与知识整合》,《科研管理》2003 年第 3 期。

钟竞、陈松:《外部组织、创新平衡性与组织绩效的实证研究》,《科学学与
　　科学技术管理》2007 年第 5 期。

周江华、刘宏程、全允桓:《企业网络能力影响创新绩效的路径分析》,《科
　　研管理》2013 年第 6 期。

周俊、薛求知:《双元型组织构建研究前沿探析》,《外国经济与管理》2009
　　年第 1 期。

朱朝晖、陈劲:《探索性学习和挖掘性学习的协同与动态:实证研究》,《科
　　研管理》2008 年第 6 期。

Adler P S, Goldoftas B, Levine D I, "Flexibility versus Efficiency? A Case Study of
　　Model Changeovers in the Toyota Production System", *Organization Science*,
　　Vol. 10, No. 1, 1999, pp. 43-68.

Ahn J H, *Valuation of Knowledge: A Business Performance-Oriented Methodology*,
　　Proceeding of the 35th Hawaii International Conference on System Sciences,
　　Hawaii: USA of IEEE Pub, 2002.

Ahuja G, Lampert C M, "Entrepreneurship in the Large Corporation: A Longitudinal Study of How Established Firms Create Breakthrough Inventions", *Strategic Management Journal*, Vol. 22, No. 6-7, 2001, pp. 521-543.

Annika Steiber, Sverker Alänge, "Organizational Innovation: Verifying a Comprehensive Model for Catalyzing Organizational Development and Change", *Triple Helix*, Vol. 2, No. 14, 2015, pp. 1-28.

Argris C, Schon D, *Organization Learning: A Theory of Action Perspective*, Massachusetts: Addison-Wesley Publishing Company, 1978.

Audretsch D B, Thurik A R, "Capitalism and Democracy in the 21st Century: From the Managed to the Entrepreneurial Economy", *Journal of Evolutionary Economics*, No. 10, 2000, pp. 17-34.

Augier M, Teece D J, "Dynamic Capabilities and the Role of Managers in Business Strategy and Economic Perfor-mance", *Organization Science*, Vol. 20, No. 4, 2009, pp. 410-421.

Austin J R, "A Cognitive Framework for Understanding Demographic Influences in Groups", *The International Journal of Organizational Analysis*, No. 5, 1997, pp. 342-359.

Barki H, Pinsonneault A, "Integration, Implementation Effort, and Performance", *Organization Science*, Vol. 16, No. 2, 2005: 165-179.

Baum J A C, Li S X, Usher J M, "Making the Next Move: How Experiential and Vicarious Learning Shape the Locations of Chains' Acquisitions", *Administrative Science Quarterly*, No. 45, 2000, pp. 766-801.

Becker M, "Managing Dispersed Knowledge: Organizational Problems, Managerial Strategies and Their Effectiveness", *Journal of Management Studies*, No. 38, 2001, pp. 1037-1051.

Beckmann M J, *Economic Models of Knowledge Networks, in Networks in Action*, New York: Springer-Verlag Berlin Heidelberg, 1995.

Benner M J, Tushman M L, "Exploitation, Exploration and Process Management:

The Productivity Dilemma Revisited", *Academy of Management Review*, Vol. 28, No. 2, 2003, pp. 238−256.

Benner M J, Tushman M L, "Process Management and Technological Innovation: A Longitudinal Study of the Photography and Paint Industries", *Administrative Science Quarterly*, No. 47, 2002, pp. 676−706.

Berchicci L, "Towards an Open R&D System: Internal R&D Investment, External Knowledge Acquisition and Innovative Performance", *Research Policy*, Vol. 42, No. 1, 2013, pp. 117−127.

Berends H, Vanhaverbeke W, Kirschbaum, "Knowledge Management Challenges in New Business Development: Case Study Observations", *Journal of Engineering and Technology Management*, Vol. 24, No. 4, 2007, pp. 314−328.

Bernstein, Jeffery I, Theofanis P, Mamuneas, "R&D Depreciation, Stocks, User Costs and Productivity Growth for US R&D Intensive Industries", *Structural Change and Economic Dynamics*, No. 17, 2006, pp. 70−98.

Bhandar M S L, Tan B C Y, "Towards Understanding the Roles of Social Capital in Knowledge Integration: A Case Study of a Collaborative Information Systems Project", *Journal of the American Society for Information Science & Technology*, Vol. 58, No. 2, 2007, pp. 263−274.

Birkinshaw J, Bessant J, Delbridge R, "Finding, Forming, and Performing: Creating Networks for Discontinuous Innovation", *California Management Review*, Vol. 49, No. 3, 2007, pp. 67−83.

Boer M, Bosch F A J, Volberda H W, "Management Organizational Knowledge Integration in the Emerging Multimedia Complex", *Journal of Management Studies*, Vol. 36, No. 3, 1999, pp. 379−398.

Brennecke J, Rank O, "The Firm's Knowledge Network and the Transfer of Advice among Corporate Inventors−A Multilevel Network Study", *Research Policy*, Vol. 46, No. 1, 2016, pp. 307−318.

Brown J S, Duguid P, "Knowledge and Organization: A Sociual−Practice Perspective", *Organization Science*, Vol. 12, No. 2, 2001, pp. 198-213.

Brunninge O, Nordqvist M, Wiklund J, "Corporate Governance and Strategic Change in SMEs: The Effects of Ownership, Board Composition and Top Management Teams", *Small Business Economics*, No. 29, 2007, pp. 295-308.

Buckley P J S, Glaister K W, Klijn E, "Knowledge Accession and Knowledge Acquisition in Strategic Alliances: The Impact of Supplementary and Complementary Dimensions", *British Journal of Management*, Vol. 20, No. 4, 2009, pp. 598-609.

Burgelman R A, Grove A S, "Let Chaos Reign, then Rein in Chaos-Repeatedly: Managing Strategic Dynamics for Corporate Longevity", *Strategic Management Journal*, Vol. 28, No. 10, 2007, pp. 965-979.

Camagni R, *Innovation Networks: Spatial Perspectives*, London: Beelhaven-Pinter, 1991.

Cangelosi, Dill, "Organizational Learning: Observations Toward a Theory", *Administrative Science Quarterly*, Vol. 16, No. 2, 1965, pp. 175-203.

Chatti A M, "Knowledge Management: A Personal Knowledge Network Perspective", *Journal of Knowledge Management*, Vol. 16, No. 5, 2012, pp. 829-845.

Chesbrough H, "Managing Open Innovation", *Research Technology Management*, Vol. 47, No. 1, 2004, pp. 23-26.

Chesbrough H, *Open Innovation, the New Imperative for Creating and Profiting from Technology*, Boston: Harvard Business School Press, 2003.

Chrisensen C M, *The Innovator's Dilemma*, Cambridge, MA: Harvard Business School Press, 1998.

Christine S Koberg, Dawn R Detienne, Kurt A Heppard, "An Empirical Test of Environmental, Organizational and Process Factors Affecting Incremental and Radical Innovation", *Journal of High Technology Management Research*, Vol. 14, No. 1, 2003, pp. 21-45.

Clarysse B, Wright M, Bruneel J, et al., "Greating Value in Ecosystems: Crossing the Chasm Between Knowledge and Business Ecosystems", *Research Policy*, Vol. 43, No. 7, 2014, pp. 1164-1176.

Claudia Bird Schoonhove, "Evolution of the Special Issue on Knowledge, Knowing, and Organizations", *Organization Science*, Vol. 13, No. 3, 2002, pp. 223-353.

Cohen M D, Burkhart R, Dosi G, et al., "Routines and Other Recurring Action Patterns of Organizations: Contem Porary Research Issues", *Industrial and Corporate Change*, Vol. 5, No. 3, 1996, pp. 653-698.

Crossan M M, Berdrow I, "Organizational Learning and Strategic Renewal", *Strategic Management Journal*, No. 24, 2003, pp. 1087-1105.

Crossan M M, Lane H W, White R E, "An Organizational Learning Framework: From Intuition to Institution", *Academy of Management Review*, Vol. 24, No. 3, 1999, pp. 522-537.

Dam, ipour F, Schneider M, "Phases of the Adoption of Innovation in Organizat ins: Effects of Environment, Organization and Top Managers", *British Journal of Management*, Vol. 17, No. 3, 2006, pp. 215-236.

Daneshvar M, Dikmen I, Birgonul M T, "Investigation of Organizational Routines in Construction Companies", In Engineering Project Organizations Conference, Rheden, The Netherlands, 2012.

Davenport T H, Jarvenpaa S L, Beers M C, "Improving Knowledge Work Processes", *Sloan Management Review*, Vol. 37, No. 4, 1996, pp. 53-65.

David P A, "The Hero and the Herd in Technological History: Reflections on Thomas Edison and 'the Battle of the Systems'", In Higgonet P and Rosovsky H, eds. *Economic Development Past and Present: Opportunities and Constraints*, Cambridge, MA: Harvard University Press, 1990.

Day G S, "The Capability of Market-Driven Organizations", *Journal of Marketing*, Vol. 58, No. 4, 1994, pp. 37-52.

De Luca, Luigi M, Kwaku Atuahene-Gima, "Market Knowledge Dimensions and

Cross-Functional Collaboration: Examining the Different Routes to Product Innovation Performance", *Journal of Marketing*, Vol. 71, No. 1, 2007, pp. 95-112.

Denison D R, Hooijberg R, Quinn R E, "Paradox and Performance: A Theory of Behavioral Complexity in Managerial Leadership", *Organization Science*, No. 6, 1995, pp. 524-540.

Dess G G, Beard D W, "Dimensions of Organizational Task Environments", *Administrative Science Quarterly*, No. 29, 1984, pp. 52-73.

Devellis R F, *Scale Development: Theory and applications*, Newbury Park: Sage Publications, 1991.

Dodgson M, "Organizational Learning: A Review of Some Literatures", *Organization Studies*, Vol. 14, No. 3, 1993, pp. 375-394.

Drucker P F, "The Coming of New Organizations", *Harvard Business Review*, Vol. 1, No. 2, 1988, pp. 45-55.

Duncan R B, "The Ambidextrous Organization: Designing Dual Structures for Innovation", in Kilman R and Pondy L, eds. *The Management of Organizational Design*, New York: North Holland, 1976: 167-188.

Eby L, Dobbins G H, "Collectivistic Orientation in Teams: An Individual and Group-Level Analysis", *Journal of Organizational Behavior*, No. 18, 1997, pp. 275-295.

Eisenhardt K M, Graebner M E, "Theory Building from Cases: Opportunities and Challenges", *Academy of Management Journal*, Vol. 50, No. 1, 2007, pp. 25-32.

Eisenhardt K M, Martin J A, "Dynamic Capabilities: What Are They?", *Strategic Management Journal*, No. 21, 2000, pp. 1105-1121.

Eisenhardt K M, "Paradox, Spirals, Ambivalence: The New Language of Change and Pluralism", *Academy of Management Review*, No. 25, 2000, pp. 703-705.

Farrell J, Flood, Patrick, et al., "CEO Leadership, Top Team Trust and the

Combination and Exchange of Information", *The Irish Journal of Management*, Vol. 26, No. 1, 2005, pp. 22-40.

Feldman M S, Pentland B T, "Reconceptualizing Organizational Routines as a Source of Flexibility and Change", *Administrative Science Quarterly*, Vol. 48, No. 1, 2003, pp. 94-118.

Filiou D, "Exploration and Exploitation in Inter-Organisation Learning: Motives for Cooperation Being Self-Destructive for Some and Vehicles for Others, Some Evidence from the Biotechnology Sector in the UK Between 1991 and 2001", DRUID Tenth Anniversary Summer Conference, 2005.

Floyd S, Lane P, "Strategizing Throughout the Organization: Managing Role Conflict in Strategic Renewal", *Academy of Management Review*, No. 25, 2000, pp. 154-177.

Forés B, Camisón C, "Does Incremental and Radical Innovation Performance Depend on Different Types of Knowledge Accumulation Capabilities and Organizational Size?", *Journal of Business Research*, Vol. 69, No. 2, 2016, pp. 831-848.

Foss Nicolai J, "The Emerging Knowledge Governance Approach", *Organization*, No. 14, 2007, pp. 29-52.

Freeman C, "Networks of Innovators: A Synthesis of Research Issues", *Research Policy*, No. 20, 1991, pp. 499-514.

Garud R, Nayyar P R, "Transformative Capability: Continual Structuring by Intertemporal Technology Transfer", *Strategic Management Journal*, Vol. 15, No. 5, 1994, pp. 365-386.

Garvin D A, "Building a Learning Organization", *Harvard Business Review*, Vol. 71, No. 4, 1993, pp. 78-91.

Gavetti G, Levinthal D, "Looking Forward and Looking Backward: Cognitive and Experiential Search", *Administrative Science Quarterly*, Vol. 45, No. 1, 2000, pp. 113-137.

Gibson C B, Birkinshaw J, "The Antecedents, Consequences and Mediating Role of Organizational Ambidexterity", *Academy of Management Journal*, No. 47, 2004, pp. 209–226.

Goh S C, "Toward a Learning Organization: The Strategic Building Block", *Sam Advanced Management Journal*, Vol. 63, No. 2, 1998, pp. 15–22.

Goh S, Richards G, "Benchmarking the Learning Capability of Organizations", *European Management Journal*, Vol. 15, No. 5, 1997, pp. 575–583.

Grant R M, "Prospering in Dynamically-Competitive Environments: Organizational Capability as Knowledge Integration", *Organization Science*, Vol. 7, No. 4, 1996, pp. 375–387.

Guan J, Liu N, "Exploitative and Exploratory Innovations in Knowledge Network and Collaboration Network: A Patent Analysis in the Technological Field of Nano-Energy", *Research Policy*, Vol. 45, No. 1, 2016, pp. 97–112.

Gulati, "Alliances and Networks", *Strategic Management Journal*, No. 19, 1998, pp. 293–317.

Gupta A K, Smith K G, Shalley C E, "The Interplay Between Exploration and Exploitation", *Academy of Management Journal*, No. 4, 2006, pp. 693–706.

Hakansson H, *Product development in networks, in understanding business markets*, New York: The Dryden Press, 1995.

Hakansson H, Ford D, "How Should Companies Interact in Business Networks?", *Journal of Business Research*, Vol. 55, No. 2, 2002, pp. 133–139.

Hakansson H, Snehota I, "No Business Is an Island: The Network Concept of Business Strategy", *Scandinavian Journal of Management*, Vol. 22, No. 3, 1989, pp. 256–270.

Hansen M T, Nohria N, Tierney T, "What's Your Strategy for Management Knowledge?", *Harvard Business Review*, Vol. 77, No. 2, 1999, pp. 106–117.

Hardy C, Phillips N, Lawrence T B, "Resources, Knowledge and Influence: The Organizational Effects of Interorganizational Collaboration", *Journal of Mana-*

gement Studies, Vol. 40, No. 2, 2003, pp. 321-347.

He Z, Wong P, "Exploration vs. Exploitation: An Empirical Test of the Ambidexterity Hypothesis", *Organization Science*, Vol. 15, No. 4, 2004, pp. 481-494.

Henderson R M, Clark K B, "Architectural Innovation: The Reconfiguration of Existing Product Technologies and the Failure of Established Firms", *Administrative Science Quarterly*, Vol. 35, No. 1, 1990, pp. 9-30.

Henri B, Pinsonneault A, "A Model of Organizational Integration, Implementation Effort and Performance", *Organization Science*, Vol. 16, No. 2, 2005, pp. 165-179.

Hill C W L, Matusik S F, "The Utilization of Contingent Work, Knowledge Creation, and Competitive Advantage", *Academy of Management Review*, Vol. 23, No. 4, 1998, pp. 680-697.

Hill C W L, Rothaermel F T, "The Performance of Incumbent Firms in the Face of Radical Technological Innovation", *Academy of Management Review*, Vol. 28, No. 2, 2003, pp. 257-274.

Huber G P, "Organizational Learning: The Contributing Processes and The Literatures", *Organization Science*, Vol. 2, No. 1, 1991, pp. 88-115.

Huizingh E K, "Open Innovation: State of the Art and Future Perspectives", *Technovation*, Vol. 31, No. 1, 2011, pp. 2-9.

Iansiti M, Clark K B, "Integration and Dynamic Capability: Evidence from Product Development in Automobiles and Mainframe Computers", *Industrial and Corporate Change*, Vol. 3, 1994, pp. 557-605.

Igor Ansoff H, "The Emerging Paradigm of Strategic Behavior", *Strategic Management Journal*, Vol. 8, No. 6, 1987, pp. 501-515.

Imai K, Baba Y, "Systemic Innovation and Cross-Border Networks: Transcending Markets and Hierarchies to Create a New Techno-Economic System", OECD Conference on Science, Technology and Economic Growth, Paris,

1991.

Inkpen A C, "Creating Knowledge Through Collaboration", *California Management Review*, Vol. 39, No. 1, 1996, pp. 123-140.

Inkpen A C, "Learning, Knowledge Acquisition, and Strategic Alliances", *European Management Journal*, Vol. 16, No. 2, 1998, pp. 223-229.

Jansen J J P, George G, Van den Bosch F A J, Volberda H W, "Senior Team Attributes and Organizational Ambidexterity: The Moderating Role of Transformational Leadership", *Journal of Management Studies*, No. 45, 2008, pp. 982-1007.

Jansen J J P, Van den Bosch F A J, Volberda H W, "Exploratory Innovation, Exploitative Innovation, and Performance: Effects of Organizational Antecedents and Environmental Moderators", *Management Science*, Vol. 52, No. 11, 2006, pp. 1661-1674.

Jansen J J P, Van Den Bosch F A J, Volberda H W, "Managing Potential and Realized Absorptive Capacity: How Do Organizational Antecedents Matter?" *Academy of Management Journal*, Vol. 48, No. 6, 2005, pp. 999-1015.

Jovanovic B, MacDonald G, "The Life Cycle of a Competitive Industry", *Journal of Political Economy*, Vol. 102, No. 2, 1994, pp. 322-347.

Jovanovic B, "Selection and the Evolution of Industry", *Econometrica: Journal of the Econometric Society*, Vol. 50, No. 3, 1982, pp. 649-670.

Kabongo J D, Boiral O, "Doing More with Less: Building Dynamic Capabilities for Eco-Efficiency", *Business Strategy and the Environment*, Vol. 26, No. 7, 2017, pp. 956-971.

Kale P, Singh H, "Building Firm Capabilities Through Learning: The Role of the Alliance Learning Process in Alliance Capability and Firm-Level Alliance Success", *Strategic Management Journal*, Vol. 28, No. 1, 2007, pp. 981-1000.

Katila R, Ahuja G, "Something Old, Something New: A Longitudinal Study of

Search Behavior and New Product Introduction", *Academy of Management Journal*, No. 45, 2002, pp. 1183-1194.

Kessler H, Bierly E, Gopalakrishnan S, "Internal vs. External Learning in New Product Development: Effects on Speed, Costs and Competitive Advantage", *R&D Management*, Vol. 30, No. 3, 2000, pp. 213-223.

Kevin Zheng Zhou, Caroline Bingxin Li, "How Knowledge Affects Radical Innovation: Knowledge Base, Market Knowledge Acquisition, and Internal Knowledge Sharing", *Strategic Management Journal*, Vol. 33, No. 9, 2012, pp. 1090-1102.

Knudsen M P, "The Relative Importance of Interfirm Relationships and Knowledge Transfer for New Product Development Success", *Product Innovation Management*, No. 24, 2007, pp. 117-138.

Kobayashi K, *Knowledge New Work and Market Structure: An Analytical Perspective, Networks in Action*, New York: Springer-Verlag, 1995, pp. 127-158.

Kogut B, Zander U, "Knowledge of the Firm, Combinative Capabilities, and the Replication of Technology", *Organization Science*, Vol. 3, No. 3, 1992, pp. 383-397.

Koh A, "Linking Learning, Knowledge Reaction and Business Creativity: A Preliminary Assessment of East Asian Quest for Creativity", *Technological Forecasting and Social Change*, Vol. 64, No. 1, 2000, pp. 85-100.

Kohli Ajay K, Jaworski Bernard J, "Market Orientation: The Construct, Research Propositions, and Managerial Implications", *Journal of Marketing*, Vol. 54, No. 4, 1990, pp. 1-18.

Koka B R, Prescott J E, "Strategic Alliances as Social Capital: A Multidimensional View", *Strategic Management Journal*, No. 23, 2002, pp. 795-816.

Kuusisto J, "Knowledge-Intensive Service Activities in the Finish Forest and Related Engineering and Electronics Industries Cluster", A Research Report for the OECD KISA Focus Group by ETLA, SC - Research and VTT, Paris,

French，2005.

Lane P，Lubatkin M，"Relative Absorptive Capacity and Inter－Organizational Learning"，*Strategic Management Journal*，No. 19，1998，pp. 461–477.

Laursenk，Salter A，"Open for Innovation：The Role of Openness in Explaining Innovation Performance among UK Manufacturing Firms"，*Strategic Management Journal*，Vol. 27，No. 2，2006，pp. 131–150.

Lavie D，Rosenkopf L，"Balancing Exploration and Exploitation in Alliance Formation"，*Academy of Management Journal*，No. 4，2006，pp. 797–818.

Lee J，Lee L，Lee H，"Exploration and Exploitation in the Presences of Network Externalities"，*Management Science*，Vol. 49，No. 4，2003，pp. 553–570.

Lee K C，Lee N，Lee H，"Multi–Agent Knowledge Integration Mechanism Using Particle Swarm Optimization"，*Technological Forecasting and Social Change*，Vol. 79，No. 3，2012，pp. 469–484.

Leonard–Barton D，"Core Capabilities and Core Rigidities：A Paradox in Managing New Product Development"，*Strategic Management Journal*，No. 13，1992，pp. 111–125.

Levinthal D A，March J G，"The Myopia of Learning"，*Strategic Management Journal*，No. 14，1993，pp. 95–112.

Levitt B，March J G，"Organizational Learning"，*Annual Review of Sociology*，No. 14，1988，pp. 319–340.

Lewis M W，"Exploring Paradox：Toward a More Comprehensive Guide"，*Academy of Management Review*，No. 25，2000，pp. 760–777.

Luca，Luigi M De，Kwaku Atuahene–Gima，"Market knowledge dimensions and cross–functional collaboration：Examining the different routes to product innovation performance"，*Journal of Marketing*，Vol. 71，No. 1，2007，pp. 95–112.

Lundvall B A，Archibugi D，*The Globalizing Learning Economy*，Oxford：Oxford University Press，2001.

Lundvall B，*National Systems of Innovation：Towards a Theorem of Innovation and*

Interactive Learning, London: Pinter, 1992.

March J G, "Continuty and Change in Theories of Organizational Action", *Administrative Science Quarterly*, No. 41, 1996, pp. 278-287.

March J G, "Exploration and Exploitation in Organizational Learning", *Organization Science*, No. 2, 1991, pp. 71-87.

March J G, "Raionality, Foolishness, and Adaptive Intelligence", *Strategic Management Journal*, No. 27, 2006, pp. 201-214.

Meier O, Schier G, "Achieving Radical Innovation Through Symbiotic Acquisition", *Organizational Dynamics*, Vol. 45, No. 1, 2016, pp. 11-17.

Meyer C B, Stensaker I G, "Developing Capacity for Change", *Journal of Change Management*, Vol. 6, No. 2, 2006, pp. 217-231.

Miller D, Friesen, "Innovation in Conservative and Entrepreneurial Firms: Two Models of Strategic Momentum", *Strategic Management Journal*, No. 3, 1982, pp. 1-25.

Milliken F J, "Three Types of Perceived Uncertainty about the Environment: State, Effect and Response Uncertainty", *Academy of Management Review*, Vol. 12, No. 1, 1987, pp. 133-143.

Mom T J M, Fourné S P L, Jansen J J P, "Managers' Work Experience, Ambidexterity, and Performance: The Contingency Role of the Work Context", *Human Resource Management*, Vol. 54, No. S1, 2015, pp. S133-S153.

Murnighan J K, Conlon D E, "The Dynamics of Intense Work Groups: A Study of British String Quartets", *Administrative Science Quarterly*, Vol. 36, No. 2, 1991, pp. 165-186.

Narver, Slater, "The Effect of a Market Orientation on Business Profitability", *Journal of Marketing*, Vol. 54, No. 4, 1990, pp. 20-35.

Nelson R R, Winter S G, *An Evolutionary Theory of Economic Change*, Cambridge, Mass: The Belknap Press of Harvard University Press, 1982.

O' Reilly C A, Tushman M L, "Ambidexterity as a Dynamic Capability: Resolving the Innovator's Dilemma", *Research in Organizational Behavior*, No. 28, 2008, pp. 185-206.

Olson E M, Jr Walker O C, Ruekert R W, "Organizing for Effective New Product Development: The Moderating Role of Product Innovativeness", *Journal of Marketing*, Vol. 59, No. 1, 1995, pp. 48-62.

O' Reilly C A, Tushman M L, "The Ambidextrous Organization", *Harvard Business Review*, No. 4, 2004, pp. 74-81.

Partanen Tanen J, Moller K, "How to Build a Strategic Network: A Practitioner-Oriented Process Model for the ICT Sector", *Industrial Marketing Management*, Vol. 41, No. 3, 2012, pp. 481-494.

Penrose, "Biological Analogies in the Theory of the Firm", *The American Economic Review*, No. 12, 1952, pp. 804-818.

Pentland B T, Feldman M S, Becker M C, et al., "Dynamics of Organizational Routines: A Generative Model", *Journal of Management Studies*, Vol. 49, No. 8, 2012, pp. 1484-1508.

Petroni A, "The Analysis of Dynamic Capabilities in a Competence to Oriented Organization", *Technovation*, Vol. 18, No. 3, 1996, pp. 179-189.

Poole M S, Van De Ven A H, "Using Paradox to Build Management and Organization Theories", *Academy of Management Review*, Vol. 14, No. 4, 1989, pp. 562-578.

Porter M E, *The Competitive Advantage of Nations*, New York: Free Press, 1990, pp. 73-93.

Porter M E, "Clusters and the New Economics of Competition", *Harvard Business Review*, Vol. 76, No. 6, 1998, pp. 77-90.

Prahalad, Hamel, "Corporate Imagination and Expeditionary Marketing", *Harvard Business Review*, Vol. 69, No. 4, 1991, pp. 81-92.

Pramongkit T, Shawyun B, Sirinaovakul, "Productivity Growth and Learning Potential of Thai Industry", *Technological Forecasting Social Change*, No. 69,

2002, pp. 89–101.

Preacher K J, Zhang Z, Zyphur M J, "Multilevel Structural Equation Models for Assessing Moderation Within and Across Levels of Analysis", *Psychological Methods*, Vol. 21, No. 2, 2016, pp. 189–205.

Raisch Sebastian, Birkinshaw Julian, Gilbert Probst, Michael L, Tushman, "Organizational Ambidexterity: Balancing Exploitation and Exploration for Sustained Performance", *Organization Science*, Vol. 20, No. 4, 2009, pp. 685–834.

Ritter T, Gemünden H G, "Network Competence: It's Impaction Innovation Success and It's Antecedents", *Journal of Business Research*, No. 9, 2003, pp. 745–755.

Ritter T, Wilkinson I F, Johnston W J, "Managing in Complex Business Networks", *Industrial Marketing Management*, No. 33, 2004, pp. 175–183.

Ritter T, "The Networking Company: Antecedents for Coping with Relationships and Networks Effectively", *Industrial Marketing Management*, Vol. 28, No. 5, 1999, pp. 467–479.

Robert L P, Dennis A P, Ahuja M K, "Social Capital and Knowledge Integration in Digitally Enabled Teams", *Information Systems Research*, Vol. 19, No. 3, 2008, pp. 314–334.

Robert M, Grant, "Reflections on Knowledge–Based Approaches to the Organization of Production", *Journal of Management & Governance*, Vol. 17, No. 3, 2013, pp. 541–558.

Rosenkopf L, Nerkar A, "Beyond Local Search: Boundary–Spanning, Exploration, and Impact in the Optical Disk Industry", *Strategic Management Journal*, No. 22, 2001, pp. 287–306.

Rothaermel F T, Deeds D L, Exploration and Exploitation Alliances in Biotechnology, *Strategic Management Journal*, No. 25, 2004, pp. 201–221.

Rouse W B, Morris N M, "On Looking into the Black Box: Prospects and Limits in the Search for Mental Models", *Psychological Bulletin*, Vol. 100, No. 3, 1986, pp. 349−363.

Ruff, Frank, "Corporate Foresight: Integrating the Future Business Environment into Innovation and Strategy", *International Journal of Technology Management*, Vol. 34, No. 3/4, 2006, pp. 278−296.

Sanjay Dhir, Swati Dhir, "Role of Ambidexterity and Learning Capability in Firm Performance: A Study of E−Commerce Industry in India", *VINE Journal of Information and Knowledge Management Systems*, Vol. 48, No. 4, 2018, pp. 517−536.

Santiago F, Alcorta L, "Human Resource Management for Learning Through Knowledge Exploitation and Knowledge Exploration: Pharmaceuticals in Mexico", *Structural Change & Economic Dynamics*, Vol. 23, No. 4, 2012, pp. 530−546.

Shapiro C, Varian H R, *Information Rules: A Strategic Guide to the Network Economy*, New York: Harvard Business School Press, 1999, pp. 63−91.

Shrivastava P A, "Typology of Organizational Learning Systems", *The Journal of Management Studies*, Vol. 20, No. 1, 1983, pp. 7−28.

Siggelkow N, Rivkin J W, "Speed and Search: Designing Organizations for Turbulence and Complexity", *Organization Science*, Vol. 16, No. 2, 2005, pp. 101−122.

Simsek Z, "Organizational Ambidexterity: Towards a Multilevel Understanding", *Journal of Management Studies*, Vol. 46, No. 4, 2009, pp. 597−624.

Sinkula J M, Baker W E, Noordewier T, "A Framework for Market Based Organizational Learning: Linking Values, Knowledge, and Behavior", *Journal of the Academy of Marketing Science*, Vol. 25, No. 4, 1997, pp. 305−318.

Smith W K, Tushman M L, "Managing Strategic Contradictions: A Top Management Model for Managing Innovation Streams", *Organization Science*, No. 16, 2005, pp. 522−536.

Su Z, Li J, Yang Z, Li Y, "Exploratory Learning and Exploitative Learning in Different Organizational Structures", *Asia Pacific Journal of Management*, No. 28, 2011, pp. 697-714.

Teece D J, Pisano G, Shuen A, "Dynamic Capabilities and Strategic Management", *Strategic Management Journal*, Vol. 18, No. 7, 1997, pp. 509-533.

Teece D J, "Capturing Value from Knowledge Assets: The New Economy, Markets for Know-How, and Intangible Assets", *California Management Review*, No. 40, 1998, pp. 55-79.

Teece D J, "Competition, Cooperation and Innovation", *Journal of Economic Behavior and Organization*, Vol. 18, No. 1, 1992, pp. 1-25.

Tidd J, *From Knowledge Management to Strategic Competence: Measuring Technological and Organizational Innovation*, London: Imperial College Press, 2000.

Tsai K, Liao Y, Hsu T T, "Does the Use of Knowledge Integration Mechanisms Enhance Product Innovativeness?", *Industrial Marketing Management*, Vol. 46, No. 6, 2015, pp. 214-223.

Tushman M L, O' Reilly C A, *Winning Through Innovation: A Practical Guide to Managing Organizational Change and Renewal*, Cambridge, MA: Harvard Business School Press, 1997.

Tushman M L, O' Reilly C A, "Ambidextrous Organizations: Managing Evolutionary and Revolutionary Change", *California Management Review*, No. 38, 1996, pp. 8-30.

Tushman M L, Romanelli E, "Organizational Evolution: A Metamorphosis Model of Convergence and Reorientation", in Cummings L L and Star B M, eds. *Research in Organizational Behavior*, Greenwich, CT: Jai Press, 1985, pp. 171-222.

Tushman M L, Smith W K, Wood R, Westerman G, O' Reilly C, *Innovation Streams and Ambidextrous Organization Designs*, Working Paper of Harvard Business School, 2004.

Tushman M L, Smith W K, "Organizational Technology", in Baum J, eds. *Companion to organization*, Malden, MA: Blackwell, 2002, pp. 386-414.

Uzzi B, "Social Structure and Competition in Interfirm Network: The Paradox of Embeddedness", *Administrative Science Quarterly*, Vol. 42, No. 1, 1997, pp. 35-67.

Vassolo R S, Anand J, Folta T, "Non-additivity in Portfolios of Exploration Activities: A Real-Options Based Analysis of Equity Alliances in Biotechnology", *Strategic Mana-gement Journal*, No. 25, 2004, pp. 1045-1061.

Vergne J P, Durand R, "The Path of Most Persistence: An Evolutionary Perspective on Path Dependence and Dynamic Capabilities", *Organization Studies*, No. 32, 2011, pp. 365-382.

Vermeulen F, Barkema H, "Learning Through Acquisitions", *Academy of Management Journal*, No. 44, 2001, pp. 457-476.

Verona G, "A Resource-Based View of Product Development", *Academy of Management Review*, Vol. 24, No. 1, 1999, pp. 132 -142.

Volberda H, *Building the Flexible Firm: How to Remain Competitive*, Oxford: Oxford University Press, 1998.

Volberda H, Lewin A, "Co-evolutionary Dynamics Within and Between Firms: From Evolution to Co-Evolution", *Journal of Management Studies*, No. 40, 2003, pp. 2111-2136.

Wang C, Rodan S, Fruin M, et al. , "Knowledge Networks, Collaboration Networks, and Exploratory Innovation", *Academy of Management Journal*, Vol. 57, No. 2, 2014, pp. 484-514.

Williamson O E, "The Economics of Organization: The Transaction Cost Approach", *American Journal of Sociology*, Vol. 87, No. 3, 1981, pp. 548-577.

Williamson O E, "The Theory of the Firm as Governance Structure: From Choice to Contract", *Journal of Economic Perspectives*, Vol. 16, No. 3, 2002, pp.

171-195.

Winter S G, Szulanski G, "Replication as Strategy", *Organization Science*, Vol. 12, No. 6, 2001, pp. 661-777.

Yamakawa Y, Haibin Yang, Lin Z, "Exploration Versus Exploitation in Alliance Portfolio: Performance Implications of Organizational, Strategic, and Environmental Fit", *Research Policy*, No. 40, 2011, pp. 287-296.

Zahra, Shaker A R, Duane Ireland, Michael A Hitt, "International Expansion by New Venture Firms: International Diversity, Mode of Market Entry, Technological Learning and Performance", *Academy of Management Journal*, Vol. 3, No. 5, 2000, pp. 925-950.

Zhao J, Qi Z, De Pablos P O, "Enhancing Enterprise Training Performance: Perspectives from Knowledge Transfer and Integration", *Computers in Human Behavior*, Vol. 30, No. 1, 2014, pp. 567-573.

索 引

C

创新路径　1-4，7-9，11-13，17，23，
26，27，36，42-44，48，50-52，68，
69，73，76，77，80，81，95，100，
104，116，121，122，131，137，140，
143，144，159，160，165 － 169，
177，179

创新网络　3，7，15，23-27，37，46，
52，53，67，69，70，83，85，89-91，
95-99，135，156

创新效应　8，43，51，67，91，100，
117，135，177，178

D

多元化人力资本所有者拥有知识和能力　59

G

个人知识的扩充机制　8，85，99，134

H

华　为　92，97，137，150 － 164，169 －
172，174

J

基于事业合伙制的价值创造与共享机
制　173
基于战略共识的 TMT 双元心智模式　172
基于知识整合的企业组织演化的逻辑范
式　136
技术创新　1-4，6，8，10，16，18，19，
22，24-26，28，31，36-38，40-45，
47-52，54，55，57，60，62，65，71-
73，75-77，80，82，83，85，88-91，
93 － 97，100，101，104，117，121，
122，124 － 127，129，131，137，141，
142，144-146，155，156，161，163，
166-169，172，175-179
佳都科技　137 － 141，148，160 － 164，
170，171，173

P

平衡效应　6，7，12，51，95，96，100，135

Q

企业内外部网络关系　6，66

企业双元性创新能力　4，6，63，65，67，69，71，73，75，77，79，81，83，117

企业双元性创新能力形成机制　6，78，99

S

三维融合的双元性创新运行机制　47，48

双元性创新　3－10，12－15，21，22，25－29，33，35，37，39，41，43，45－47，49，51，53，55，57，59，61，66，67，69，71，72，74，76，81，83，84，87－89，91，93，95，97，99，101－111，113－117，119，135，142，145－147，165－167，170，178－180

双元性创新的动力机制　72

双元性创新的组织特征　164，165

双元性创新平衡机制　3，5－8，121，123，125，127，129，131，133，135，137，139，141－145，147，149，151，153，155，157，159－161，163，165，

167，169，171，173，175，177

双元性创新效应　19，99

双元性创新组织平衡机制的组织要素　164

双元性组织　2－4，7－9，12，13，15，26－31，50，52，74－76，81，99，123，142，144，146，165－169，173－175，179

T

探索性创新　2，5，6，9，10，12－15，20，22，28－31，36，42，43，47，49，51，52，66－68，70，73－75，78－81，95－97，99，101，102，105，106，109，112，113，115，116，122，131，132，142－144，148，149，165，166，169，170，175，178

团队知识的溢出机制　8，86，99，134

W

挖掘性创新　2，5，6，9，10，12－15，22，28－31，36，42，43，47，49，51，52，66－68，70，73－75，78－81，95－97，99，101，102，104－106，109，112，113，115，116，122，123，131，132，142－144，148，149，165，166，169，170，175，178

网络环境　4，37，46，66，70，71，78，81，82，84，99，178

X

系统化知识整合 63，106，111－116

协调化知识整合 103，106，112－116

新飞电器 123－132，160，161，163，164，172

Z

整合效应 7，8，17，43，67，94，98，100，104，117，135，141，145，177，178

整合性知识 7，41，49，71，91，100，104，121，123，135，136，144，146，148，169－171

"知识—技术—组织"三维创新融合机理 40

知识、技术和组织的融合过程 44

知识创新 2，6，7，17，19，21，22，33，36，38－41，47，58，60，92，95，101，117，145，146，159，178

知识创新—技术创新—组织创新的协同演化 59，60

知识创造 20，21，28，36，39，40，42，43，47－49，57，58，62－64，96，102，109，135，145－150，159，163，166，169，171，177，179

知识获取 19，21，49，51，63，70，90，92，98，104，134，136，143，178

知识整合 2－8，14－19，21，25－28，32，33，35－37，39－41，43，45，47，49，51，53，55－57，59－61，63－67，69－71，73，75，77，79，81，83，85－93，95－117，123，135，136，142，143，146，147，168，169，175，177，178

知识整合机制 6，8，17，18，20，36，47，85，97－99，117，147，169，178

知识整合模式 6，18，61，98

知识整合下企业双元性创新的过程机理 8，88，90

知识资源整合路径 83

组织变革 42，55，56，72，77，78，95，120，135，136，153，159，161，162，172，173

组织冲突 50，121

组织创新 6，8，14，27，29，38，39，41，44，46，50，51，54，56，60，68，72，76，77，88，95，109，116，117，120，121，123，127，132，135，142－145，149，165，166，175，176，178

组织惯性 76，80，120

组织基础 5，6，8，35，36，39，43，47，49，86，95，99，132，143，147

组织结构 1，6，7，9，11，12，17，26，33，36，37，40－44，46－48，50，52，55－60，68，69，72－74，76－80，82，86，88，92，93，95，96，99，100，119，122，132－137，140，144，145，148－153，159，163，164，166－168，175－177，179

组织困境　1，7，42，119

组织内外部逻辑　83，99

组织内外部逻辑下双元性创新能力生成
　机制　82

组织内外部逻辑下双元性创新知识资源
　整合路径　8，84

组织实现　3-5，7，8，12，26，41，47，
　52，78，119，121，123，125，127，
　129，131，133，135，137，139，141-
　145，147，149，151，153，155，157，
　159，161，163，165，167，169，171-
　173，175，177

组织适应　3，6，11，49，75，84，131，
　135，142，166，167，175，177

组织双元性　17，29-31，73，74，77，
　97，122，146，147，149

组织特征　6，11，46，69，77，163

组织文化　16，17，19，21，30，35，40，
　50，57，58，62，63，65，69，75，78，
　82，98，99，102，120，124，126，
　130-132，135，136，139，141，142，
　144，146，149，157-159，162，163，
　167，173，179

组织学习　1，3，4，6-9，12-14，20-
　23，26，30，32，33，36，47，49，
　57，59，63，65，70，85-87，89，92，
　96，97，99-106，108-110，113-117，
　125，131，141-143，146，175-178

组织运行机制　42，175

组织运行效率　161，174

组织知识体系　5，7，57，58，105，120，
　136，143-146

附录 1　调查问卷

尊敬的受访者：

您好！为配合相关学术研究，需要对贵单位进行相关问题的调查，希望能得到您的支持。您所提供的信息仅做学术研究之用，绝不对外公开或做任何其他商业用途，请您放心据实作答。

感谢您的支持！祝贵单位事业蒸蒸日上！

××××××××大学

企业创新管理课题调研组

填写方法：请在合适的选项前打"√"或改成红色（□）。填写完毕后请直接返于调研员，或者发送到如下邮箱：ahlijunhua@ 126. com。

一、组织学习

请指出贵单位在以下项目的经营表现（1＝不好……5＝很好）

问题项	不好───→很好				
	1	2	3	4	5
1. 持续的组织学习是获取竞争优势的关键	□	□	□	□	□
2. 通过学习提升能力是企业的基本价值观念	□	□	□	□	□
3. 学习不仅能提高技能，更是长期投资	□	□	□	□	□
4. 大家能够致力于共同的目标而努力	□	□	□	□	□
5. 大家一致拥护公司的远期发展目标	□	□	□	□	□
6. 实现公司的目标每位成员不可或缺	□	□	□	□	□

7. 善于利用多个领域的知识创造新的机会　☐ ☐ ☐ ☐ ☐

8. 不把自己的偏见强加于顾客或他人　☐ ☐ ☐ ☐ ☐

9. 不局限于陈规，能前瞻性、创造性地思考问题　☐ ☐ ☐ ☐ ☐

二、知识整合

请指出贵单位在以下项目的经营表现（1＝不好……5＝很好）

| 问题项 | 不好————→很好 | | | | |
| --- | 1 | 2 | 3 | 4 | 5 |

1. 按照既定的产品规则和生产流程处理信息　☐ ☐ ☐ ☐ ☐

2. 按时填写表格、日志、工作报告　☐ ☐ ☐ ☐ ☐

3. 通过公司内网、数据库获得信息　☐ ☐ ☐ ☐ ☐

4. 员工认同企业文化、经营理念　☐ ☐ ☐ ☐ ☐

5. 员工拥护企业制度、行为规范　☐ ☐ ☐ ☐ ☐

6. 公司内部新知识、新创意能够受到尊重　☐ ☐ ☐ ☐ ☐

7. 成员间合作创造新知识的程度很高　☐ ☐ ☐ ☐ ☐

8. 团队任务面前大家能够通力合作　☐ ☐ ☐ ☐ ☐

9. 成员间交流相关知识和经验的机会很多　☐ ☐ ☐ ☐ ☐

三、技术创新

请指出贵单位在以下项目的经营表现（1＝不好……5＝很好）

| 问题项 | 不好————→很好 | | | | |
| --- | 1 | 2 | 3 | 4 | 5 |

1. 不断改善现有产品的质量和性能　☐ ☐ ☐ ☐ ☐

2. 不断扩大现有市场的经营规模　☐ ☐ ☐ ☐ ☐

3. 不断满足现有顾客的需求　☐ ☐ ☐ ☐ ☐

4. 不断降低生产成本　　　　□　□　□　□　□

5. 开拓新的市场领域　　　　□　□　□　□　□

6. 不断进入全新的技术领域　□　□　□　□　□

7. 经常推出全新产品　　　　□　□　□　□　□

8. 经常利用市场上的新机会　□　□　□　□　□

四、贵单位的基本信息

1. 贵单位的名称是_____。

2. 贵单位过去 3 年的平均员工总数是_____人。

3. 贵单位成立于_____年_____月。

4. 贵单位的企业性质是_____。

□民营控股企业　　　　　□国有控股企业

□国有独资企业　　　　　□外资企业

□其他_____

5. 贵单位所属行业类别是_____。

□生物医药　　　　　　　□电子信息技术

□航空航天技术　　　　　□资源与环境技术

□先进技术制造业　　　　□新能源新材料

□其他_____

6. 贵单位资产规模是_____，过去 3 年的年均总收入是_____。

□200 万元及其以下　　　□201 万~500 万元

□501 万~1000 万元　　　□1001 万~1 亿元

□1.01 亿~5 亿元　　　　□5.01 亿~10 亿元

□10 亿元以上

7. 贵单位过去 3 年的年均研发费用投入占年均总收入的_____%。

五、您的个人背景资料

1. 您目前的职位是_____。

□公司高层　　　　　　　□技术研发负责人

□其他业务部门负责人　　□负责技术的人员

2. 您在贵单位工作几年了？_____。

□3~5 年　　　　　　　□6~10 年

□11~15 年　　　　　　□16 年及以上

再次感谢您的认真作答！若您对研究结果感兴趣，请您留下联系方式，我们将在研究结束后将结果惠寄于您_____

附录 2　访谈提纲

一、访谈目的：搜集访谈企业创新管理运行经验和数据供学术研究之用。

二、访谈程序：访谈前对访谈人员、访谈目的、访谈内容和访谈程序进行介绍。

三、访谈对象：企业中高层管理人员、技术负责人员 2~3 名。

四、访谈内容提纲：

1. 被访谈对象者的基本情况了解。

2. 被访谈单位基本情况介绍，含企业基本情况、企业性质、技术队伍和知识结构、主营业务、竞争地位、主要竞争对手、基本财务情况。

3. 被访谈单位能够提供的材料、文件、制度、视频等资料搜集。

4. 被访谈单位的战略定位、经营目标、主要部门设置、主要业务流程、资源配置情况。

5. 开展组织学习的相关内容，包括学习氛围、学习机制、学习内容、学习方式、互动方式、人员范围、学习的组织形式。

6. 组织的知识转移机制，知识的共享情况，知识的互动情况。

7. 技术创新相关制度和激励措施，主要技术力量及相关团队的资源配置情况。

8. 公司的日常管理情况，员工之间的互动、协调和一致性如何。

9. 高管团队的构成，日常决策方式、高管的行为方式等，描述一下主要高层管理者有哪些显著的个人特征？

10. 公司组织结构体系变动频率及演化方向有哪些特征？认同开放、创新、包容、自组织、事业合伙吗？又是怎么做的？

11. 过去有哪些重大事件发生，如何解决或处理？未来5～10年有无明确的战略规划？拟何以实施？

12. 用3～5个词概括企业文化特征？如创新、友谊、协同、事业共创等。

13. 公司的技术力量和研发投入主要是在改进现有产品和服务上，还是在开发新的产品和服务上？或者两者并重？感觉两者有矛盾吗，如何协调两者之间的矛盾？

14. 公司的组织结构设计（金字塔型、扁平型/集权化、有机化）能经常适应业务需求吗，如何根据业务需求做调整和修正？如何理解挖掘性创新和探索性创新概念，怎样设计和调整组织结构、流程、人员和投入，以保证不同的战略需要？

15. 公司面临的技术环境、市场环境经常发生变化吗，如何预测这些变化？顾客需求和偏好经常变化吗，如何应对这些变化？

16. 公司是如何维持顾客关系和竞争对手关系的？在组织形式上做出了哪些努力或安排？

17. 公司在同行业的竞争地位如何，与外界的联系密切吗，有没有战略联盟伙伴，与经常的业务往来单位或者竞争对手之间是如何协作（合作协议、签署联盟协议）开展创新的，吸收来自企业外部的知识和技术能力如何？来自外部的知识或技术情况如何？如何整理、重构、内化？这些知识对企业绩效影响有多大？有专门的机构或个人负责内外部知识整理吗？

18. 公司部门之间或者员工之间能相互分享知识和技术吗？通过什么方式和渠道，有没有什么障碍？有没有专人负责协调？有没有相关文件规定？

19. 如何理解创新理念？如何理解双元性创新理念？企业发展中技术上和管理上主要存在哪些难题和制约？主要产品/服务的技术发展历程（研发、商业化、上市、成长、成熟、衰退）和替代品（改进产品或全新产品）带来的威胁有多大？竞争对手的反应如何？

20. 您认为公司主要的组织绩效来源是什么？如何理解组织学习、知识整合和创新绩效的关系？贵单位过去几年的经济运行成效如何？

　　五、材料提供：请提供公司简介、发展历程、主要业务介绍、组织结构设置、业务流程、内外部学习机制和交流机制等相关文字或视听材料，技术/市场/产品/管理方面成功和失败的典型案例。

　　六、问卷填写：请配合填写《调查问卷》1~3 份。

　　七、现场参观：请带领参观贵公司的主要业务部门、企业主要产品和技术展示平台、企业技术研究和开发中心。

专家推荐表

第十批《中国社会科学博士后文库》专家推荐表 1

　　《中国社会科学博士后文库》由中国社会科学院与全国博士后管理委员会共同设立，旨在集中推出选题立意高、成果质量高、真正反映当前我国哲学社会科学领域博士后研究最高学术水准的创新成果，充分发挥哲学社会科学优秀博士后科研成果和优秀博士后人才的引领示范作用，让《文库》著作真正成为时代的符号、学术的示范。

推荐专家姓名	任鸣鸣	电　话	
专业技术职务	教授	研究专长	创新管理
工作单位	河南师范大学	行政职务	管理学科带头人
推荐成果名称	基于知识整合的企业双元性创新平衡机制与组织实现研究		
成果作者姓名	李俊华		

（对书稿的学术创新、理论价值、现实意义、政治理论倾向及是否具有出版价值等方面做出全面评价，并指出其不足之处）

　　李俊华博士后的专著《基于知识整合的企业双元性创新平衡机制与组织实现研究》，以双元性创新为研究基石，综合利用理论的和实证的研究方法，探索知识价值实现过程中的知识整合问题和创新活动过程中的组织平衡问题，阐明企业知识资源在技术活动过程中以何种组织形式有序并有效地发挥其作用、基于知识价值实现的组织逻辑演化范式及其构建策略。研究综合运用理论和实证的方法，通过知识整合的组织学习前因对双元性创新的影响机制进行分析；结合三个企业案例的解剖和比较，分析双元性创新平衡运行的组织基础和组织过程；对双元性创新组织实现的逻辑范式和构建策略进行探讨，提出从基于知识整合的开放式创新模式、基于动态平衡的组织流程优化模式、基于三维创新融合的自组织模式、基于战略共识的 TMT 双元心智模式和基于事业合伙的价值创造与共享机制这五个途径构建双元性组织运行平衡机制，并给出具体的策略与建议。

　　李俊华博士后在日常研究中能够秉持严谨的治学态度，坚持正确的政治方向，关注社会经济主体的实际需要和民生诉求，研究既具有一定的理论高度，又能扎根本土、接地气、重实效。本书的研究内容新颖、方法运用恰当、引用格式规范、结论切实可靠，综合反映了作者较强的科研能力以及多年的研究积累和学术贡献，建议给予优先资助。

签字：任鸣鸣

2021 年 3 月 10 日

说明：该推荐表须由具有正高级专业技术职务的同行专家填写，并由推荐人亲自签字，一旦推荐，须承担个人信誉责任。如推荐书稿入选《文库》，推荐专家姓名及推荐意见将印入著作。

基于知识整合的企业双元性创新平衡机制与组织实现研究

第十批《中国社会科学博士后文库》专家推荐表 2

　　《中国社会科学博士后文库》由中国社会科学院与全国博士后管理委员会共同设立，旨在集中推出选题立意高、成果质量高、真正反映当前我国哲学社会科学领域博士后研究最高学术水准的创新成果，充分发挥哲学社会科学优秀博士后科研成果和优秀博士后人才的引领示范作用，让《文库》著作真正成为时代的符号、学术的示范。

推荐专家姓名	王耀德	电　　话	
专业技术职务	教授	研究专长	技术创新
工作单位	江西财经大学	行政职务	博士后管理办公室主任
推荐成果名称	基于知识整合的企业双元性创新平衡机制与组织实现研究		
成果作者姓名	李俊华		

（对书稿的学术创新、理论价值、现实意义、政治理论倾向及是否具有出版价值等方面做出全面评价，并指出其不足之处）

　　李俊华博士后从事研究工作以来，其研究方向都聚焦在双元性创新领域，近年来围绕该领域承担了国家和省部级课题 5 项，出版专著 1 部，发表文章 10 余篇。《基于知识整合的企业双元性创新平衡机制与组织实现研究》书稿是在其本人承担的国家社科基金项目资助下，对前期成果的深入推进。同时，作者研究过程中，一贯秉持正确的政治方向。

　　书稿以本土企业为研究对象，一方面为双元性理论和组织创新理论研究提供新的研究视角和新的框架分析体系，另一方面为知识经济时代的企业组织演化和构建提供实践建议。其博士论文以"挖掘性创新与探索性创新两种创新路径的冲突与平衡关系"为主要研究内容，而本书超越"关系"谈"关系"、超越"平衡"谈"平衡"，基于知识整合的视角从双元性创新平衡机制的内在要素"知识、技术与组织"三维创新融合角度出发研究了两类创新活动在组织知识基础、组织技术资源、组织结构体系方面的分化与集成，进而围绕知识整合过程和组织系统演化对双元性组织创新平衡机制及其构建策略进行纵深研究，研究具有较强的理论意义和实际意义。

　　鉴于李俊华博士后的研究贡献、专著的研究价值，本人力荐中国社会科学博士后出版文库能够优先考虑予以资助出版。

签字：

2021 年 3 月 10 日

　　说明：该推荐表须由具有正高级专业技术职务的同行专家填写，并由推荐人亲自签字，一旦推荐，须承担个人信誉责任。如推荐书稿入选《文库》，推荐专家姓名及推荐意见将印入著作。

经济管理出版社
《中国社会科学博士后文库》
成果目录

第一批《中国社会科学博士后文库》

序号	书　名	作　者
1	《"中国式"分权的一个理论探索》	汤玉刚
2	《独立审计信用监管机制研究》	王　慧
3	《对冲基金监管制度研究》	王　刚
4	《公开与透明：国有大企业信息披露制度研究》	郭媛媛
5	《公司转型：中国公司制度改革的新视角》	安青松
6	《基于社会资本视角的创业研究》	刘兴国
7	《金融效率与中国产业发展问题研究》	余　剑
8	《进入方式、内部贸易与外资企业绩效研究》	王进猛
9	《旅游生态位理论、方法与应用研究》	向延平
10	《农村经济管理研究的新视角》	孟　涛
11	《生产性服务业与中国产业结构演变关系的量化研究》	沈家文
12	《提升企业创新能力及其组织绩效研究》	王　涛
13	《体制转轨视角下的企业家精神及其对经济增长的影响》	董　昀
14	《刑事经济性处分研究》	向　燕
15	《中国行业收入差距问题研究》	武　鹏
16	《中国土地法体系构建与制度创新研究》	吴春岐
17	《转型经济条件下中国自然垄断产业的有效竞争研究》	胡德宝

第二批《中国社会科学博士后文库》

序号	书　名	作　者
1	《国有大型企业制度改造的理论与实践》	董仕军
2	《后福特制生产方式下的流通组织理论研究》	宋宪萍
3	《基于场景理论的我国城市择居行为及房价空间差异问题研究》	吴　迪
4	《基于能力方法的福利经济学》	汪毅霖
5	《金融发展与企业家创业》	张龙耀
6	《金融危机、影子银行与中国银行业发展研究》	郭春松
7	《经济周期、经济转型与商业银行系统性风险管理》	李关政
8	《境内企业境外上市监管问题研究》	刘　轶
9	《生态维度下土地规划管理及其法制考量》	胡耘通
10	《市场预期、利率期限结构与间接货币政策转型》	李宏瑾
11	《直线幕僚体系、异常管理决策与企业动态能力》	杜长征
12	《中国产业转移的区域福利效应研究》	孙浩进
13	《中国低碳经济发展与低碳金融机制研究》	乔海曙
14	《中国地方政府绩效管理研究》	朱衍强
15	《中国工业经济运行效益分析与评价》	张航燕
16	《中国经济增长：一个"破坏性创造"的内生增长模型》	韩忠亮
17	《中国老年收入保障体系研究》	梅　哲
18	《中国农民工的住房问题研究》	董　昕
19	《中美高管薪酬制度比较研究》	胡　玲
20	《转型与整合：跨国物流集团业务升级战略研究》	杜培枫

第三批《中国社会科学博士后文库》

序号	书　名	作　者
1	《程序正义与人的存在》	朱　丹
2	《高技术服务业外商直接投资对东道国制造业效率影响的研究》	华广敏
3	《国际货币体系多元化与人民币汇率动态研究》	林　楠
4	《基于经常项目失衡的金融危机研究》	匡可可
5	《金融创新与监管及其宏观效应研究》	薛昊旸
6	《金融服务县域经济发展研究》	郭兴平
7	《军事供应链集成》	曾　勇
8	《科技型中小企业金融服务研究》	刘　飞
9	《农村基层医疗卫生机构运行机制研究》	张奎力
10	《农村信贷风险研究》	高雄伟
11	《评级与监管》	武　钰
12	《企业吸收能力与技术创新关系实证研究》	孙　婧
13	《统筹城乡发展背景下的农民工返乡创业研究》	唐　杰
14	《我国购买美国国债策略研究》	王　立
15	《我国行业反垄断和公共行政改革研究》	谢国旺
16	《我国农村剩余劳动力向城镇转移的制度约束研究》	王海全
17	《我国吸引和有效发挥高端人才作用的对策研究》	张　瑾
18	《系统重要性金融机构的识别与监管研究》	钟　震
19	《中国地区经济发展差距与地区生产率差距研究》	李晓萍
20	《我国国有企业对外直接投资的微观效应研究》	常玉春
21	《中国可再生能源决策支持系统中的数据、方法与模型研究》	代春艳
22	《中国劳动力素质提升对产业升级的促进作用分析》	梁泳梅
23	《中国少数民族犯罪及其对策研究》	吴大华
24	《中国西部地区优势产业发展与促进政策》	赵果庆
25	《主权财富基金监管研究》	李　虹
26	《专家对第三人责任论》	周友军

第四批《中国社会科学博士后文库》

序号	书　名	作　者
1	《地方政府行为与中国经济波动》	李　猛
2	《东亚区域生产网络与全球经济失衡》	刘德伟
3	《互联网金融竞争力研究》	李继尊
4	《开放经济视角下中国环境污染的影响因素分析研究》	谢　锐
5	《矿业权政策性整合法律问题研究》	郜伟明
6	《老年长期照护：制度选择与国际比较》	张盈华
7	《农地征用冲突：形成机理与调适化解机制研究》	孟宏斌
8	《品牌原产地虚假对消费者购买意愿的影响研究》	南剑飞
9	《清朝旗民法律关系研究》	高中华
10	《人口结构与经济增长》	巩勋洲
11	《食用农产品战略供应关系治理研究》	陈　梅
12	《我国低碳发展的激励问题研究》	宋　蕾
13	《我国战略性海洋新兴产业发展政策研究》	仲雯雯
14	《银行集团并表管理与监管问题研究》	毛竹青
15	《中国村镇银行可持续发展研究》	常　戈
16	《中国地方政府规模与结构优化：理论、模型与实证研究》	罗　植
17	《中国服务外包发展战略及政策选择》	霍景东
18	《转变中的美联储》	黄胤英

第五批《中国社会科学博士后文库》

序号	书　名	作　者
1	《财务灵活性对上市公司财务政策的影响机制研究》	张玮婷
2	《财政分权、地方政府行为与经济发展》	杨志宏
3	《城市化进程中的劳动力流动与犯罪：实证研究与公共政策》	陈春良
4	《公司债券融资需求、工具选择和机制设计》	李　湛
5	《互补营销研究》	周　沛
6	《基于拍卖与金融契约的地方政府自行发债机制设计研究》	王治国
7	《经济学能够成为硬科学吗?》	汪毅霖
8	《科学知识网络理论与实践》	吕鹏辉
9	《欧盟社会养老保险开放性协调机制研究》	王美桃
10	《司法体制改革进程中的控权机制研究》	武晓慧
11	《我国商业银行资产管理业务的发展趋势与生态环境研究》	姚　良
12	《异质性企业国际化路径选择研究》	李春顶
13	《中国大学技术转移与知识产权制度关系演进的案例研究》	张　寒
14	《中国垄断性行业的政府管制体系研究》	陈　林

第六批《中国社会科学博士后文库》

序号	书 名	作 者
1	《城市化进程中土地资源配置的效率与平等》	戴媛媛
2	《高技术服务业进口对制造业效率影响研究》	华广敏
3	《环境监管中的"数字减排"困局及其成因机理研究》	董 阳
4	《基于竞争情报的战略联盟关系风险管理研究》	张 超
5	《基于劳动力迁移的城市规模增长研究》	王 宁
6	《金融支持战略性新兴产业发展研究》	余 剑
7	《粮食流通与市场整合——以乾隆时期长江中游为中心的考察》	赵伟洪
8	《文物保护绩效管理研究》	满 莉
9	《我国开放式基金绩效研究》	苏 辛
10	《医疗市场、医疗组织与激励动机研究》	方 燕
11	《中国的影子银行与股票市场：内在关联与作用机理》	李锦成
12	《中国应急预算管理与改革》	陈建华
13	《资本账户开放的金融风险及管理研究》	陈创练
14	《组织超越——企业如何克服组织惰性与实现持续成长》	白景坤

第七批《中国社会科学博士后文库》

序号	书　名	作　者
1	《行为金融视角下的人民币汇率形成机理及最优波动区间研究》	陈　华
2	《设计、制造与互联网"三业"融合创新与制造业转型升级研究》	赖红波
3	《复杂投资行为与资本市场异象——计算实验金融研究》	隆云滔
4	《长期经济增长的趋势与动力研究：国际比较与中国实证》	楠　玉
5	《流动性过剩与宏观资产负债表研究：基于流量存量一致性框架》	邵　宇
6	《绩效视角下我国政府执行力提升研究》	王福波
7	《互联网消费信贷：模式、风险与证券化》	王晋之
8	《农业低碳生产综合评价与技术采用研究——以施肥和保护性耕作为例》	王珊珊
9	《数字金融产业创新发展、传导效应与风险监管研究》	姚　博
10	《"互联网+"时代互联网产业相关市场界定研究》	占　佳
11	《我国面向西南开放的图书馆联盟战略研究》	赵益民
12	《全球价值链背景下中国服务外包产业竞争力测算及溢出效应研究》	朱福林
13	《债务、风险与监管——实体经济债务变化与金融系统性风险监管研究》	朱太辉

第八批《中国社会科学博士后文库》

序号	书　名	作　者
1	《分配正义的实证之维——实证社会选择的中国应用》	汪毅霖
2	《金融网络视角下的系统风险与宏观审慎政策》	贾彦东
3	《基于大数据的人口流动流量、流向新变化研究》	周晓津
4	《我国电力产业成本监管的机制设计——防范规制合谋视角》	杨菲菲
5	《货币政策、债务期限结构与企业投资行为研究》	钟　凯
6	《基层政区改革视野下的社区治理优化路径研究：以上海为例》	熊　竞
7	《大国版图：中国工业化70年空间格局演变》	胡　伟
8	《国家审计与预算绩效研究——基于服务国家治理的视角》	谢柳芳
9	《包容型领导对下属创造力的影响机制研究》	古银华
10	《国际传播范式的中国探索与策略重构——基于会展国际传播的研究》	郭　立
11	《唐代东都职官制度研究》	王　苗

第九批《中国社会科学博士后文库》

序号	书　名	作　者
1	《中度偏离单位根过程前沿理论研究》	郭刚正
2	《金融监管权"三维配置"体系研究》	钟　震
3	《大股东违规减持及其治理机制研究》	吴先聪
4	《阶段性技术进步细分与技术创新效率随机变动研究》	王必好
5	《养老金融发展及政策支持研究》	娄飞鹏
6	《中等收入转型特征与路径：基于新结构经济学的理论与实证分析》	朱　兰
7	《空间视角下产业平衡充分发展：理论探索与经验分析》	董亚宁
8	《中国城市住房金融化论》	李　嘉
9	《实验宏观经济学的理论框架与政策应用研究》	付婷婷

第十批《中国社会科学博士后文库》

序号	书　名	作　者
1	《中国服务业集聚研究：特征、成因及影响》	王　猛
2	《中国出口低加成率之谜：形成机制与优化路径》	许　明
3	《易地扶贫搬迁中的农户搬迁决策研究》	周君璧
4	《中国政府和社会资本合作发展评估》	程　哲
5	《公共转移支付、私人转移支付与反贫困》	解　垩
6	《基于知识整合的企业双元性创新平衡机制与组织实现研究》	李俊华
7	《我国流域水资源治理协同绩效及实现机制研究》	陈新明
8	《现代中央银行视角下的货币政策规则：理论基础、国际经验与中国的政策方向》	苏乃芳
9	《警察行政执法中法律规范适用的制度逻辑》	刘冰捷
10	《军事物流网络级联失效及抗毁性研究》	曾　勇
11	《基于铸牢中华民族共同体意识的苗族经济史研究》	孙　咏

《中国社会科学博士后文库》
征稿通知

　　为繁荣发展我国哲学社会科学领域博士后事业，打造集中展示哲学社会科学领域博士后优秀研究成果的学术平台，全国博士后管理委员会和中国社会科学院共同设立了《中国社会科学博士后文库》（以下简称《文库》），计划每年在全国范围内择优出版博士后成果。凡入选成果，将由《文库》设立单位予以资助出版，入选者同时将获得全国博士后管理委员会（省部级）颁发的"优秀博士后学术成果"证书。

　　《文库》现面向全国哲学社会科学领域的博士后科研流动站、工作站及广大博士后，征集代表博士后人员最高学术研究水平的相关学术著作。征稿长期有效，随时投稿，每年集中评选。征稿范围及具体要求参见《文库》征稿函。

　　联系人：宋　娜
　　联系电话：13911627532
　　电子邮箱：epostdoctoral@ 126. com
　　通讯地址：北京市海淀区北蜂窝 8 号中雅大厦 A 座 11 层经济管理出版社《中国社会科学博士后文库》编辑部
　　邮编：100038

经济管理出版社